在日朝鮮人
アイデンティティの
変容と揺らぎ

「民族」の想像／創造

鄭 栄鎭 著

CHUNG Youngjin

法律文化社

目　次

序　章　本書の視角
1　本書の問題意識……………………………………………………… 001
2　在日朝鮮人運動への批判………………………………………… 006
3　本書の構成……………………………………………………………… 012

第1章　在日朝鮮人はいかに自己を規定し，呼ぼうとするのか
──「在日朝鮮人」「在日韓国人」「在日コリアン」「在日」
1　在日朝鮮人を指すカテゴリー名称…………………………… 016
2　「朝鮮人」「韓国人」「韓国・朝鮮人」「コリアン」「在日」をめぐって… 020
3　「在日」という自称／他称とその思考……………………… 033
4　カテゴリー言説とその要因…………………………………… 039
5　小　　括………………………………………………………………… 041

第2章　朝鮮にたいするコンプレックス
──北朝鮮「帰国」をめぐって
1　なぜ帰国運動か……………………………………………………… 045
2　在日朝鮮人の北朝鮮「帰国」………………………………… 046
3　帰国運動の経緯と当時の在日朝鮮人像………………… 047
4　北朝鮮の描かれ方とその影響………………………………… 050
5　在日朝鮮人と「祖国」…………………………………………… 057
6　小　　括………………………………………………………………… 064

第3章　朝鮮人でなくさせられた朝鮮人
──金嬉老事件と在日朝鮮人の「民族」

1　金嬉老事件という「運動」……………………………………066

2　「金嬉老事件」………………………………………………067

3　金嬉老への共感と嫌悪感……………………………………068

4　金嬉老にうつし出された「民族」……………………………074

5　在日朝鮮人にとっての「民族」………………………………078

6　小　　括……………………………………………………082

第4章　自らの民族性をとりもどす闘い
──反差別闘争と「民族性」の堅持

1　地域運動という先駆け………………………………………085

2　トッカビ子ども会……………………………………………086

3　トッカビ発足までの社会的状況と時代的状況………………093

4　運動の論理と展開……………………………………………095

5　日本人の常識知との作用……………………………………103

6　小　　括……………………………………………………106

第5章　日本でしか生活しえない存在
──定住化と指紋押捺拒否運動

1　個々人の運動──指紋押捺拒否運動………………………108

2　外国人登録法と指紋押捺制度………………………………109

3　指紋押捺拒否運動の論理──「民族的屈辱」と「人間性の回復」……111

4　「市民」／「住民」としての在日朝鮮人……………………116

5　日本社会への参加を求めた運動として……………………120

6　小　　括……………………………………………………123

第6章　最も身近な外国人
──国籍条項撤廃運動をめぐって

1　国籍条項撤廃運動とは………………………………………127

2　外国籍者を公務員の職から排除するための論理……………………………128

　　3　国籍条項撤廃運動の経緯と撤廃を求める側の論理………………………133

　　4　公務員の区分の明確化をめぐって……………………………………135

　　5　差異の固定化へ…………………………………………………………137

　　6　小　　括………………………………………………………………141

第7章　「コリア系日本人」という衣装に着替える時代
——日本国籍取得論をめぐって

　　1　いかに日本社会に参加していくか……………………………………144

　　2　在日朝鮮人の国籍の状況………………………………………………145

　　3　国籍取得の論理…………………………………………………………146

　　4　同質感と異質感をめぐって……………………………………………160

　　5　小　　括………………………………………………………………163

終　章　在日朝鮮人を「在日朝鮮人」たらしめるのはなにか

　　1　「在日朝鮮人」という存在……………………………………………167

　　2　言説の変化と不変化……………………………………………………170

　　3　境界線の固定化から曖昧化・流動化へ………………………………176

あとがき

参考文献

事項索引

人名索引

目　次　*iii*

序　章
本書の視角

1　本書の問題意識

金時鐘は以下のように「朝鮮人」を述べる。

> 「在日」を生きる私の主動的な意志からすると，「在日」の符丁とさえ
> なっている「チョウセンジン」という陰にこもった呼び名は，「朝鮮人」
> という同じひびきの中でこそ回復されるべき名誉であり，友情であり，愛
> でさえあると思っているものである。同族同士のお互いが，せめて「在日
> 朝鮮人」の韓国籍の者であり，「在日朝鮮人として」の朝鮮籍のままの者
> である，といったぐらいの総和の和は，共同の「在日」の実存の中から取
> り戻したいものだ。[金時鐘（1986）2001：457]

ここで金時鐘が「朝鮮人」が陰の表現だというのは，日本では在日朝鮮人が
被差別の立場にあり，かつ，「朝鮮人」がその蔑称として扱われてきたという
ことである。金時鐘は「朝鮮人」という陰の呼び名を積極的に用いることで価
値転換をはかり，陽の表現へと転化させるべきだという。「朝鮮人」という
「呼び名」で差別されるにもかかわらず，それとは異なる「呼び名」を用いて
差別に抗えば，「朝鮮人」が差別的表現とされるのを放置することとなる。で
あるならば，差別に抗うには，金時鐘が指摘するように朝鮮人という「同じひ
びき」のなかでこそ回復し，陽へと導く必要がある。

さらに，金時鐘がいう「朝鮮人」には，大韓民国（韓国），朝鮮民主主義人
民共和国（北朝鮮）のいずれからも距離をおきつつ，朝鮮半島出身者の総称と

する意が込められてもいる。在日朝鮮人を指すカテゴリー呼称については，「在日韓国人」，「在日韓国・朝鮮人」，「在日コリアン」，「在日」など多々あり，以降に考察していくが，本書では，金時鐘が差別に抗うのと同様の意を込めて，その呼称の総和として「朝鮮人」，「在日朝鮮人」と表記していく。[1]

　では，金時鐘がいうところの「在日朝鮮人」とは誰を指しているのであろうか。金時鐘は実体的存在の「朝鮮人」を自明視して述べているが，そのような「朝鮮人」は存在するのであろうか。在日朝鮮人と名指しされる者がいれば，在日朝鮮人と名のる者もいる。誰が在日朝鮮人と名指しされ，誰が在日朝鮮人と名のるのか。在日朝鮮人ははたして自明の存在なのだろうか。

　「在日朝鮮人」を広辞苑でみてみよう。「第二次大戦前の日本の朝鮮支配の結果，日本に渡航したり，戦時中に労働力として強制連行され，戦後の南北朝鮮の分断，持帰り資産の制限などにより日本に残留せざるをえなくなったりした朝鮮人とその子孫」［新村編 2008：1094］とある。これは日本社会での一般的な「在日朝鮮人」定義であろう。

　「日本帝国主義の朝鮮植民地支配の結果，日本への渡航・移住を余儀なくされたか，あるいは日中戦争，太平洋戦争中労働力として国民徴用令などで強制連行され，戦後は米・ソによる南北朝鮮の分割占領，朝鮮戦争などによって日本に在留せざるをえなくなった者およびその子孫」［伊藤ほか編 2000：158-159］とするものがあれば，「自らを在日朝鮮人，在日韓国人，在日韓国・朝鮮人，「在日」，朝鮮・韓国系日本人等と認識して日本に居住する人々の大多数は，19世紀後半以降，日本の朝鮮植民地統治下において，日本に居住するようになった人々と，その子孫」［和田・石坂編 2002：102］ともある。

　第4章でみる大阪府八尾市の資料では，在日朝鮮人とは「1910年から1945年まで続いた日本の朝鮮半島及び台湾に対する植民地支配の過程で，日本への渡航と定住を余儀なくされた（略）」［八尾市教育委員会 1990：4］人々である。

　これらの共通点としてみられるのは，「在日朝鮮人」とは日本の植民地支配とその結果，日本に渡ってきた人々とその子孫であり，「在日朝鮮人」を語るにまず述べられるのは日本の植民地支配となる。さらには，朝鮮半島からの来歴，その子孫であることも必須条件となる。

　つまり，在日朝鮮人が自明の存在とされるには，朝鮮半島からの来歴，血

統，血縁による関係が重きを占めており，これを本書では野口の言葉を借用し，「血縁的系譜的関係」と以降よんでいくが，これらの関係が日本人と在日朝鮮人とが異なる存在としてとらえられる一因だと考えられる。しかし一方では，世代を重ねるにつれて，その使用言語，生活習慣の変化などから，在日朝鮮人の実態は「日本人」化しつつある。

　鈴木は，在日朝鮮人三世以降の子どもについて，「なんの実態もない国籍〈韓国または朝鮮〉を付与されて「なぜ韓国人なの？」「なぜ外国人なの？」と，人知れず悩んでいる子が多いのではないでしょうか。親や教師たちは，その悩みに気づいたとき，「血統」を持ち出してきて説明するのが関の山なのではないでしょうか。祖父や祖母が朝鮮半島の出身であることがわかっても（略），朝鮮民族の血を引いていることと国籍とは，そもそも別の次元のこと」[鈴木 2006]という。

　「韓国または朝鮮」の国籍を「なんの実態もない国籍」とするように，鈴木は在日朝鮮人の子どもの実態が「日本人」化しているという。にもかかわらず，国籍が「韓国または朝鮮」となり，その国籍は「血統」を持って説明されるともいう。鈴木は，「朝鮮民族の血を引いていることと国籍とは，そもそも別の次元のこと」として血統による朝鮮人と日本人との違いを説明しているが，血統を自明視し，自然化しているのが明らかでもある。

　このような在日朝鮮人と日本人とを異なる存在と自明視する規定をこれから本書で検討していくが，そのような規定が自明視されるに至るには，在日朝鮮人運動によりつくられた言説が少なくない役割を担ったと考えられる。

　1945年の日本の植民地支配の終焉は在日朝鮮人にとっては解放となる。解放以後——解放以前からでもあるが——日本において多くの在日朝鮮人運動が繰り広げられてきた。1950年代後半の北朝鮮帰国運動のような朝鮮半島上の「祖国」との結びつきを深めようとする運動もあれば，外国籍を有しながら公務員採用試験などの受験を求めた，いわゆる国籍条項撤廃運動のような在日朝鮮人の日本での定住を志向した運動も行われている。

　在日朝鮮人運動は，在日朝鮮人による，その日本社会で被る差別の撤廃，社会的地位の向上等をはかるために推しすすめた運動である。これら運動を展開する要因である在日朝鮮人が日本社会から被る差別は，自明視され，自然化さ

れた日本人と在日朝鮮人の「違い」——「血縁」,「国籍」,「民族」,「文化」,等——が根拠である。したがって,在日朝鮮人差別への対抗として在日朝鮮人が日本人と「同じ」であることを主張すれば,「違い」を根拠とした差別を放置することとなり,「違い」は差別の根拠となり続ける。よって,在日朝鮮人運動が「違い」を根拠とした差別に抗い,撤廃へと導くには,「違い」を肯定し,かつ,「違い」に積極性を持たせる必要がある。在日朝鮮人運動が差別に抗い,自己の社会的地位の向上をはかるには,日本人との「違い」を根拠とした差別の不合理性や差別の根拠となる日本人との「違い」を否定するのでなく,積極的に肯定する言説をつくり,展開する必要が生じる。

　このような運動がつくりあげた「在日朝鮮人」の言説は,メディア等を介して流布されることで在日朝鮮人総体をうつし出すものとして社会で扱われる。それらが説得力を有していれば社会的同意を得ることとなり,日本社会に受容され浸透することで差別は撤廃——または在日朝鮮人の社会的地位が向上——する。いいかえれば,在日朝鮮人差別の撤廃,社会的地位の向上は在日朝鮮人運動の言説が展開され,社会的同意が得られない限りは行われない。しかし同時に,在日朝鮮人と日本人を異なる存在とする言説も社会的同意を得て,日本社会に受容され浸透していく。そして,新たな運動がはじまり,日本人と在日朝鮮人が異なるとする言説がさらに展開されることによって,在日朝鮮人と日本人を異なる存在とする認知は再生産されていく。

　したがって,日本人とは異なるとする／される在日朝鮮人の「祖国」と「民族」,在日朝鮮人にとって「異国」となる／される「日本」「日本社会」をあらわす在日朝鮮人運動による言説とその変容に注目すれば,日本人とは異なる存在としての「在日朝鮮人」がいかに表象され,変容したのかが明らかにもなる。

　本書が用いる「言説」について,バーは「何らかの仕方でまとまって,出来事の特定のヴァージョンを生み出す一群の意味,メタファー,表象,イメージ,ストーリー,陳述,等々を指している。それは,一つの出来事(あるいは人,あるいは人びとの種類)について描写された特定の像,つまりそれないしそれらをある観点から表現する特定の仕方を指す(略)あらゆる対象,出来事,人,等々をめぐり,さまざまの異なる言説がそれぞれ,当該の対象について異

なるストーリーや，世界にそれを表現する異なる仕方を伴って存在する」[Burr 1995=1997：74‐75] と指摘する。

「言説」とは「ある観点」から描き出されたものである。在日朝鮮人，もしくは日本人が各々の差異を表象すること，または在日朝鮮人，日本人が在日朝鮮人についてのメタファー，イメージ，ストーリー等を「ある観点」から描き出したものが「言説」である。在日朝鮮人運動の言説の「ある観点」とはなにか。本書の問題意識からそれを問えば，日本人と在日朝鮮人を異なる存在とした前提である。その前提がどのように生じているのか。これから検討していきたい。

本書では，植民地支配からの解放以後の主な在日朝鮮人運動を10年間隔の経年で取りあげる。これらの運動で展開された言説から，血縁的系譜的関係により日本人とは異なるとする／される在日朝鮮人の「祖国」または「民族」，そして，「異国」となる／される「日本」「日本社会」が表象されたものを検証していく。あわせて，運動の言説を経年で追うことで，運動が表象した「在日朝鮮人」像の変化はみられるか否か，また，変化がみられるならば，どのような変化なのかをも検証する。そして，これらの言説がどのような関係性によって構築され，いかに在日朝鮮人を日本人とは異なる存在として表象し，規定したのか，すなわち，在日朝鮮人は在日朝鮮人運動の言説により，いかに「在日朝鮮人」として日本人とは異なる存在とする／されたのかを明らかにしていく。したがって，在日朝鮮人運動を経年で追うが運動史を述べるものではない。

なお，本書がいうところの「運動」とは，在日朝鮮人差別の撤廃，在日朝鮮人の社会的地位向上，さらには，日本人，日本社会の変革を求めた集団，組織，個人の行動である。「運動」を集団による直接的な要求運動，誓願運動，抗議運動と狭義にとらえるのではなく，言論による在日朝鮮人の主張の展開，さらには，個人レベルによる在日朝鮮人差別への抗議行動なども「運動」として広義にとらえている。これは，在日朝鮮人差別の撤廃もしくは社会的地位の向上，日本社会のなんらかの変革をはかったものならば，個人レベルの行動や言論による主張の展開であったとしても，集団，組織での要求運動等とその手法こそ異なるものの，求める先は同じだからである。

序　章　本書の視角　　*005*

2 在日朝鮮人運動への批判

　在日朝鮮人もしくは在日朝鮮人のアイデンティティを論じた先行研究は多々あるが，在日朝鮮人運動の言説に注目した先行研究は筆者のみたところでは皆無に近い。一方，在日朝鮮人運動への批判，在日朝鮮人運動を検証した研究は少ないものの，ある。

　まずは朴慶植をみていこう。朴慶植は，1945年以降の在日朝鮮人運動を「埋もれている在日朝鮮人の闘いを掘りおこし，その歴史的事実を認識することは，朝鮮人自身にとっていうまでもなくその主体性の確立において不可欠なものであり，又日本人にとっても重要なことである（略）日本の近代・現代の社会発展，人権の確立・民主化闘争の歴史において，在日朝鮮人の闘いは重要な役割を果たしており，それを正しく認識することは日本人民の民族的差別と偏見を克服し，日本人民の主体性，国際連帯の確立の上で不可欠な課題でもある（略）在日朝鮮人運動は，日本における民族問題を，そしてまた国際主義的連帯の闘いにおいての世界史的な問題を提起している」［朴慶植 1989：28 - 29］という。

　朴慶植は在日朝鮮人問題を「日本における民族問題」としており，在日朝鮮人が日本国籍を保有する日本の少数民族と規定しているかに読める。しかし，「国際主義的連帯の闘い」ともあることからは，日本人と朝鮮人との連帯とは「国」と「国」との連帯であり，すなわち，日本人と朝鮮人が異なる国に帰属していることが前提になっている。

　ついで，「在日朝鮮人の闘いを掘りおこし，その歴史的事実を認識すること」が朝鮮人の主体性の確立に不可欠ともしている。朴慶植が在日朝鮮人運動の歴史を追う目的は在日朝鮮人が「朝鮮人」としての自覚を得ることであるが，それは「朝鮮人」の自覚を持たない在日朝鮮人の存在があることの裏返しである。

　さらに朴慶植をみると，その運動を主にすすめてきた在日本朝鮮人総聯合会（朝鮮総聯，総聯），在日本大韓民国民団（韓国民団，民団）が，朝鮮半島上の「南北両政権の延長線上の活動を行っているところから，在日朝鮮人運動史は

朝鮮総連，韓国民団各団体の立場からの相対立した内容のものになっている」
［朴慶植 1989：5］として，「これでは真実の在日朝鮮人運動史は把握できない」
［朴慶植 1989：5］ともいう。

　先にみたが，朴慶植は在日朝鮮人が「朝鮮人」としての自覚を得るには在日
朝鮮人運動の歴史を知ることが必要だとしていた。また，「在日朝鮮人運動
は，日本における民族問題を，そしてまた国際主義的連帯の闘いにおいての世
界史的な問題を提起している」［朴慶植 1989：29］として，在日朝鮮人が日本人
とは異なる存在ともしていた。さらには，朝鮮総聯，韓国民団が述べる運動史
が各々の支持する南北両政権の延長線上の活動から導き出されたともしてい
る。

　以上をふまえて朴慶植がいう「真実の在日朝鮮人運動史」とはなにかを考え
ると，南北両政権に与しない，在日に根ざした在日朝鮮人運動の歴史だといえ
よう。同時に，在日朝鮮人運動を通じて，在日朝鮮人と日本人が異なる存在と
認知するために構築した歴史でもある。朴慶植は，朝鮮総聯，韓国民団の運動
を批判しているが，その運動で展開された言説は検討の課題とはなっていな
い。また，「朝鮮人」の自覚を持たない在日朝鮮人の存在を認めてはいるが，
それはあくまで自覚を持たないだけであり，在日朝鮮人と日本人を異なる存在
とする前提への疑問はみられない。

　在日朝鮮人運動へのもっとも熾烈な批判を展開しているのは鄭大均である。
鄭大均の批判は集団・組織で行われる在日朝鮮人運動のみならず，本書がいう
ところの在日朝鮮人個人の運動，すなわち，言論レベルの運動へもむけられて
いる。

　一例をあげると，鄭大均は『在日・強制連行の神話』において，在日朝鮮人
の日本への来歴が，いわゆる「強制連行」にあるとする通説への批判を行って
いる。鄭大均は，「朝鮮人強制連行」という言葉が1960年代初期では左派の一
部のみに知られるジャーゴンであったと指摘する［鄭大均 2004：119］。それ
が，「80年代に入り，日本のマス・メディアが第二次世界大戦中の日本の国家
犯罪を語り，在日コリアンに対する差別の問題を語るようになると，「強制連
行」という言葉はにわかに大衆化した」［鄭大均 2004：120］という。その「大
衆化」に寄与したのは朴慶植による『朝鮮人強制連行の記録』（1965年，未来

社）だとしており，つまり，鄭大均は在日朝鮮人がつくり出した言説が社会に受容され，「大衆化」したと指摘しているのである。

　鄭大均は，「80年代以後，日本のマス・メディアが第二次世界大戦中の日本の国家犯罪を語り，在日の犠牲者性を語る過程で，在日は無垢化されると共に，「被害者性」や「犠牲者」の神話が実現していく」［鄭大均 2004：33］ともいう。これらの鄭大均の批判は，在日朝鮮人によってつくられ展開された言説が社会に受容されたというものであり，本書の問題意識とも似かよってはいるが，あくまで運動への批判にとどまっている。

　鄭大均は，在日朝鮮人の日本国籍取得論を展開する数少ない在日朝鮮人知識人でもある。その日本国籍取得論は，在日朝鮮人を「日本人」でもなければ朝鮮半島上の「本国」上の朝鮮人（韓国人）とも異なる，どちらでもないとするものである。しかし，それは，在日朝鮮人という存在を「日本人」とは異なる存在として扱うことでもある。つまり，「朝鮮人」と「日本人」が異なるという前提から言説を展開し，かつ，在日朝鮮人に日本国籍の取得をすすめている。鄭大均は，国家，国民という視野から在日朝鮮人という存在を包囲して言説化しており，それは先述のとおりに日本人と在日朝鮮人が異なるという前提に拠っている。鄭大均については，第7章であらためて検討する。

　鄭大均が国民，国家の視点からの言説を展開しているとすれば，文京洙はそのような論理への批判を展開している。文京洙は1945年の植民地支配解放以降，「在日朝鮮人を待ち受けていたのは，国民や国籍の論理による囲い込みや排除の過程であった」［文京洙 2007：3］という。文京洙がいう「国民や国籍の論理による囲い込みや排除」とは，第2章で後述する1952年の在日朝鮮人の日本国籍剥奪，以降の朝鮮籍，韓国籍，もしくは日本国籍といった当該国の「国籍」保有により，日本人，もしくは「朝鮮人（韓国人）」とされる／されないことである。文京洙は以上のような問題意識から1945年以降の在日朝鮮人問題を検討しており，在日朝鮮人問題の検討は，問題をうみ出す日本社会のみならず，問題の解決にあたる在日朝鮮人運動の検討へとつながっている。

　第2章であらためて述べるが，1955年，一部の在日朝鮮人運動は在日本朝鮮人連盟（朝連）とその後身である在日朝鮮民主統一戦線（民戦）が日本共産党と一体となってすすめた日本革命路線を「路線転換」し，在日朝鮮人を北朝鮮

の「海外公民」と位置づけて，日本社会への政治的関与を「内政干渉」として否定した［文京洙 2007：34］。

この運動上の「路線転換」を，文京洙は「日本政府が，在日朝鮮人の定住者としての生活実態を無視して彼らを一律に「外国人」としたのに対して，在日朝鮮人の側もみずからを「外国人」として律したのである。日本の敗北から（略）在日朝鮮人運動の「路線転換」へと至る戦後10年の道のりは，在日朝鮮人にまつわる問題が，「国民」の論理に収斂されていく過程であり，その後に成長する戦後世代の在日二世たちの発想や観念も，ひとまずはこれに縛られるほかなかった」［文京洙 2007：35］と指摘する。文京洙は在日朝鮮人運動が在日朝鮮人の発想や観念を規定したという。その指摘は本書の問題意識と重なり，以降で検討していく主題でもある。

文京洙は日本国家もしくは在日朝鮮人運動がつくり出した国籍の論理への批判を展開している。しかし，国籍の論理への批判はあくまで「国籍」にとどまっており，在日朝鮮人を「朝鮮人」とする／される，日本人を「日本人」とする／される在日朝鮮人運動が有する前提への批判はなされていない。在日朝鮮人運動が展開した言説によって「国籍の論理」がつくり出されたとすれば，朝鮮人と日本人が異なるとされる前提もその言説によってつくり出されたと考えられよう。文京洙は在日朝鮮人が在日朝鮮人運動の言説によって「国籍の論理」に縛られたとはしているが，「朝鮮人」と「日本人」が異なる存在とする前提を否定していない。

朴一は，1945年の植民地支配解放から1990年代後半に展開された在日朝鮮人の参政権獲得運動までを検証している。朴一は1960年代の在日朝鮮人運動を，韓国民団，朝鮮総聯といった朝鮮半島上の「本国」との結びつきの強い民族団体による運動であり，「上からの組織運動」だとしている［朴一 1999：38］。そのうえで，「上からの組織運動」が「在日コリアン一人一人の民族的利害よりも，むしろ組織や国家の利害が優先されていたと言っても過言ではない」［朴一 1999：38］として，「大多数の在日コリアンが飢えと貧困のなかで明日の生活を確保するために民族よりも生きていくことを優先せざるをえなかった時代状況を考えれば，国家や組織を媒介にしなければこの時期の民族差別撤廃運動を推し進めることができなかったことも，否定できない事実であった」［朴一

1999：38 - 39] という。

　そして，1970年代からの在日朝鮮人運動は「既存の民族団体や組織に頼り
きってきた60年代の在日コリアン運動とは異なり，不条理な民族差別には決し
て屈しないという在日コリアンの一人一人の思いから出発した下からの市民運
動によって支えられたものであった。大きな組織基盤を持つ民族団体とは距離
をとった彼らの運動は，民族運動というよりもむしろ多くの日本人の支援や協
力に支えられながら成長していった点にその特徴がある。それは，まさに「日
韓，日朝連帯」型の新たな市民運動の幕開けであった」と指摘している［朴一
1999：52 - 53]。

　朴一は，上からの国家，組織に依拠した在日朝鮮人運動が「下からの市民運
動」へと変遷したという。もちろん，「下からの市民運動」が行われると同時
に「上からの組織運動」も行われていたのもたしかだが，「下からの市民運動」
が公営住宅の入居や児童手当受給資格の国籍条項撤廃，公務員採用試験の国籍
条項撤廃に取り組み，成果を得たことで，「上からの組織運動」は「下からの
市民運動」からなんらかの影響を受けざるをえない。韓国民団がのちに公務員
採用試験の国籍条項撤廃運動などに取り組んでいることからも，それは明らか
であろう。

　ただし，「下からの市民運動」とはしているが，「「日韓，日朝」型連帯の新
たな市民運動」ともあり，これら在日朝鮮人運動が日本人，朝鮮人の各々の違
いを自明視していたのも明らかである。朴一は，在日朝鮮人を「朝鮮半島上の
「本国」の朝鮮民族と同一視できない独自のエスニック集団に変貌した」［朴一
1999：234] といい，それが在日朝鮮人の「独自性」だという。そのうえで，
「韓国や北朝鮮の国民に統合する，いいかえれば本国の人びとと変わらぬ存在
にすること自体，彼らの「日本人でもない朝鮮人でもない」エスニシティとし
てのオリジナリティを損なうことになりかねない。在日コリアンはそろそろ，
日本の国民にも統合されない生き方を探ると同時に，本国の国民にも統合され
ない新たなエスニック集団としての独自性をもっと模索すべき段階にきている
のではないだろうか」［朴一 1999：234] とする。

　朴一は，在日朝鮮人が「日本人」でもなければ朝鮮半島上の「朝鮮人（韓国
人)」でもないといい，しかもそのような状態を，おそらくではあるが肯定的

に述べている。しかし，「日本人」，「朝鮮人」のどちらでもないということは，「朝鮮人」，「日本人」のどちらもがあらかじめある，ということでもある。この，「朝鮮人」，「日本人」ともあらかじめある，という在日朝鮮人，日本人の思考が「在日朝鮮人」という存在を本質的存在として表象し，その運動の言説をつくりあげたのではないだろうか。

　以上，鄭大均の批判は運動の言説に対してであり，言説が展開されることで鄭大均がいうところの「被害者性」を有する「犠牲者」としての「在日朝鮮人」がつくり出されたというものであった。しかしながら，鄭大均の批判は，「日本人」，「朝鮮人」の違いが言説によってつくり出されたというものではなく，「日本人」と「朝鮮人」が異なる存在とする前提に依拠している。

　鄭大均以外でも，文京洙，朴慶植による運動批判は，日本人と朝鮮人が異なる存在とする前提から展開されていたのは明らかであった。そのほとんどは運動への批判が主眼であり，在日朝鮮人，日本人の違いが運動の言説によりつくり出されたという本書の問題意識とは異なっている。

　朴一は，1960年代後半以降の数ある在日朝鮮人の言説のうち，国籍が民族の不可欠な属性とされ，韓国籍，朝鮮籍の保有が最後の民族的砦とした言説が日本国籍を取得した在日朝鮮人を「民族の離脱者」という立場に追いこんでいった面があるとして，批判している［朴一 1999：86 - 87］。朴一の批判は「朝鮮人」と「日本人」が各々異なる存在とする前提があるが，国籍を民族の属性とする言説にむけられているのはたしかである。この朴一の批判が，国籍と民族を一致させようとする言説に対してのみ有効とは思えない。

　あらためて本書の問題意識を述べたい。それは，在日朝鮮人運動が在日朝鮮人差別の撤廃，在日朝鮮人の社会的地位向上を目的として在日朝鮮人を日本人とは異なる存在として表象し，展開した言説が，集団としての「在日朝鮮人」という存在を再生産したというものである。しかし，これまでみてきたが，日本人とは異なる存在としての「在日朝鮮人」がいかに表象され，言説が展開されてきたかを明らかにした先行の在日朝鮮人運動批判，研究は，筆者のみた限りではみられない。本書は在日朝鮮人運動の言説を経年で追うことで，在日朝鮮人運動の言説の変容のみならず，「在日朝鮮人」とされる集団の自己表象及び他者表象の変容をも明らかにすることとなり，ここに本書の社会的意義がある。

3 本書の構成

本書の構成は以下のとおりである。

第1章では，1945年以降の在日朝鮮人のカテゴリー名称の変遷を考察する。在日朝鮮人のカテゴリー名称の変遷を追い，「朝鮮人」「韓国人」「在日」などの異なる名称に込められた意を検証し，在日朝鮮人論，在日朝鮮人表象の変容をふりかえっていく。カテゴリー名称の誕生と在日朝鮮人論，在日朝鮮人表象の変容が在日朝鮮人を取りまく関係性の変化によることを明らかにしたうえで，以降の章で扱う在日朝鮮人運動の言説を検討する基礎的な考察としたい。

第2章からは，1950年代以降の個別の在日朝鮮人運動のケースを取りあげ検討する。まず，第2章では，1950年代末の北朝鮮帰国運動の言説を検証する。本文中で述べるが，帰国運動は約9万人以上もの在日朝鮮人が北朝鮮を自らの「祖国」と選び，帰国に至ったものであり，その多くは，朝鮮半島南部出身もしくは日本生まれの者であった。多数の在日朝鮮人が北朝鮮という「祖国」への帰国を選んだことで，在日朝鮮人とはいつかは朝鮮半島上の「祖国」に帰る人たちであり，日本人とは異なる存在，つまり，「外国人」としてとらえる思考を日本人のみならず在日朝鮮人にも醸成したと考えられる。

また，在日朝鮮人が「帰国」ではなく日本での居住を選んだとしても，朝鮮半島上の「祖国」への帰属意識を有するとする／される思考を日本人と在日朝鮮人にもたらし，現在の日本社会での「在日朝鮮人」観に影響をあたえたとも考えられる。[3]在日朝鮮人が日本での生活ではなく，北朝鮮を「祖国」として選ぶに至った言説が，どのような関係性で構築されたのかを明らかにしていく。

第3章では，1960年代末の金嬉老事件を扱う。この事件は後年，「日本社会に潜んできた深刻な民族問題を，マスコミを通じて多くの日本人に知らしめた象徴的な出来事であった」[国際高麗学会日本支部『在日コリアン辞典』編集委員会2010：123]と述懐されるように，在日朝鮮人差別を社会にさらけ出した象徴的事件である。当事者である金嬉老は殺人，籠城という手段ではあったが，社会に差別を訴え，抗うものだとする行為を在日朝鮮人に示した。本文中でもみていくが，手段の是非は別として，この事件が後年の在日朝鮮人差別撤廃運動に

あたえた影響——社会に差別を訴え，抗う——は，けっして少なくないと考えられる。

　事件時に金嬉老は自己が被った差別体験の言説を展開し，さらには支援者たちも在日朝鮮人という存在とその被差別体験を「民族」や「祖国」，もしくは日本社会との関係性によって表象し，その言説を展開している。本書は，この金嬉老事件を在日朝鮮人差別を訴える個人レベルの運動ととらえ，金嬉老のみならず，事件に対する肯定，反発の言説をも検討する。これによって，事件を契機として展開された在日朝鮮人が表象した「民族」と「祖国」を検証し，日本人との「違い」を訴える言説がいかに展開されたのかを明らかにする。

　第4章では，1970年代以降の地域運動を扱う。1970年代以降，神奈川県川崎市，大阪府高槻市などの在日朝鮮人の多住地において，在日朝鮮人が地域社会で暮らし続けるための権利獲得運動が日本人とともに繰り広げられた。そのなかでも，大阪府八尾市に活動の拠点をおく「トッカビ子ども会（現・トッカビ）」は，大阪府下ではじめて公務員一般職採用試験の国籍条項撤廃運動に取り組む運動を行い，撤廃に導いている。朴一はこの運動での勝利を，「やがて燎原の火のように広がる地方公務員の国籍条項撤廃運動の先駆けとなった」［朴一 1999：51］と指摘する。

　さらに，トッカビはその民族教育の実践が行政施策化されるなど，韓国民団や朝鮮総聯のような全国組織ではない地域の小団体の運動ではあったが，朴一が指摘するように在日朝鮮人運動に大きな影響をあたえた。このトッカビの運動が在日朝鮮人をどのように表象し，かつ，運動をすすめる際に言説をどのように展開したのかを追い，それらはいかに地域社会に受容されていったのかを検証する。

　第5章では，1980年代の指紋押捺拒否運動を扱う。1980年，外国人登録法に定められた指紋押捺の義務をたった一人の在日朝鮮人が拒否して以降，日本全国で散発的にあらわれた押捺拒否者は，ピーク時には1万人近くになったとされる。これは組織的に全国レベルではじめられたのではなく，個々人が自己の意思で法に抗ったものである。そのような個人の運動が幾重にも積み重なって法の改定へとつながっており，在日朝鮮人差別撤廃の象徴的運動でもある。実際に指紋押捺を拒否した個々の在日朝鮮人は，どのような思考のもとで指紋押

序　章　本書の視角　*013*

捺制度と押捺拒否をとらえていたのか。さらには，在日朝鮮人としての自己を
どのように規定し表象したのか，また，日本社会との関係性をもどう規定し，
言説化したのかを検証していく。

第6章では，主に1980年代から90年代に全国各地で行われた外国籍保有者の
公務員採用試験受験資格を求める運動，いわゆる国籍条項撤廃運動を扱う。本
文中でも述べるが，この運動は，外国籍である在日朝鮮人が日本国籍者と同等
の権利を獲得すべく行われた運動である。在日朝鮮人が差別に抗うために在日
朝鮮人としての自己をいかに表象したのかをまずは検証する。ついで，反する
ように，それら表象と展開された言説によって在日朝鮮人という存在が日本人
とは本質的，生来的に異なる存在として囚われていく過程を検証する。

第7章で扱うのは，1990年代から2000年代にかけての日本国籍取得運動であ
る。日本国籍取得運動は主に言論で展開されている。地域運動，国籍条項撤廃
運動，指紋押捺拒否運動のいずれとも日本社会への参加を目指した運動である
が，在日朝鮮人が日本国籍を取得すればその政治的権利は日本人となんら変わ
らなくなり，政治的参加の機会が増大する。在日朝鮮人運動が日本で暮らし続
ける在日朝鮮人の現実をふまえてすすめられるとすれば，日本国籍取得への対
応は不可避である。その是非は別として，在日朝鮮人の日本国籍取得運動は，
在日朝鮮人運動，在日朝鮮人の歩むべき道の一端を指し示している。日本国籍
取得運動は在日朝鮮人の現状をどのようにとらえ，いかなる言説を展開したの
か。さらには，どのような関係性からそれらの言説がうみ出されたのかを検討
する。

終章では，本文中で検証し明らかにしてきたことをふまえて，それらの共通
性，または相違性を明らかにしつつ，筆者の考えを述べたい。

なお，本書は社会構築主義の視点に立ち，言説分析の手法を用いていく。こ
こでいう社会構築主義の定義について，バーはその特定できる唯一の特徴は存
在しないとする［Burr 1995=1997：3］。そのうえで，「自明の知識への批判的
スタンス」，「歴史的および文化的な特殊性」，「知識は社会過程によって支えら
れている」，「知識と社会的行為は相伴う」，これらのうちの一つ，あるいはそ
れ以上を持つアプローチなら，大まかに社会構築主義に分類することができる
としている［Burr 1995=1997：3－7］。

本書は在日朝鮮人運動の言説を扱い，言説に展開された「在日朝鮮人」を批判的に検討していくが，在日朝鮮人を／が「在日朝鮮人」とカテゴライズする／されるにあたり，バーがいうところの「自明の知識」がそれらを支えているのはいうまでもない。本書はこれらを批判的に再検討していくのであり，つまり，本書の視点は社会構築主義に依拠している。

　なお，バーは言説分析について，すべてが言語をその関心主題としており，インタビュー記録や会話の録音，本からの抜粋等々を基礎資料として使うとし，さらに，その特質は主観的で解釈的だともする［Burr 1995＝1997：251］。言説分析とは分析を行う者の主観性，解釈に委ねられており，同じテキストを使用したとしてもどれも一様とはならず，分析者が100人いれば，100とおりの分析があるというものである。したがって，本書の分析にかんしてもあくまでも筆者の分析であって，万人に納得のいく結果をもたらすものではない。

　しかしながら，在日朝鮮人の「祖国」または「民族」，さらには「日本」との関係性をあらわし，現代の「在日朝鮮人」像の形成に荷担したと考えられる在日朝鮮人運動の言説を言説分析の手法を用いて検証することによって，日本人とは異なる存在として自明視されている「在日朝鮮人」を批判的に検討するのは可能であり，それが本書の意義でもある。

　　［注］
　1）　本論は過去の文献を多く用いる。それらでは現在からみれば差別的表現とされる表記等があるが，それらはその時代の状況を伝える表記であることからも，そのまま記載した。旧字体，仮名遣いもほぼそのまま記載した。朝鮮半島上の国家名称については「北朝鮮」，「韓国」を主に用いる。
　2）　野口は，従来の部落民概念が属地的要素と属人的要素が不可欠なものとして含まれており，「部落民とは，近世の被差別身分の人を祖先にもつ人」という定義が血縁的系譜的関係にもとづいていると指摘する［野口 2000：17］。野口の指摘は従来の部落民概念への問題意識からであり，本書での「在日朝鮮人」概念への問題意識と似かよっている。
　3）　現代の日本社会における在日朝鮮人の朝鮮半島上の「祖国」への帰属意識を有するとする／される思考については，第7章であらためて検討する。

第1章
在日朝鮮人はいかに自己を規定し，呼ぼうとするのか
——「在日朝鮮人」「在日韓国人」「在日コリアン」「在日」

1　在日朝鮮人を指すカテゴリー名称

　本章では，1945年の解放以降での，「朝鮮人」「韓国人」などの在日朝鮮人を日本人とは異なる存在としてカテゴリー化する言説を，先行の在日朝鮮人研究，在日朝鮮人論から経年で検証していく。

　これらの言説は，在日朝鮮人が日本社会で生きていくうえで自らの集団をどう表象して／されてきたのか，自らをどう規定する／されてきたかが述べられている。これらを検証することで在日朝鮮人を在日朝鮮人とする言説の変容，すなわち，在日朝鮮人がどのようにカテゴリー化されていったか／しようとしたかが明らかにできると考えられる。また，これらカテゴリー名称の変遷と変容を経年で検証することで，言説を構築する関係性が後述する社会的文脈の影響を多分に受けていることをも検討する。

　さて，先述したとおり，「在日朝鮮人」「在日韓国・朝鮮人」「在日コリアン」「在日」「在日韓人」「在日韓朝鮮人」「コリア系日本人」など，日本の旧植民地であった朝鮮出身者とその子孫を指し示す表現が多々ある。これらのカテゴリー呼称は日本人が使用するのみならず，これから検証していくが，在日朝鮮人自身もそれぞれを選択して用いている。

　尹健次は，「在日朝鮮人の場合には，日常生活のレベルで南北の分断を抱えているので，「在日朝鮮人」とか「在日韓国人」，「在日韓国・朝鮮人」，さらには「在日コリアン」といった表現そのものが，そうした言葉を使う者の政治性やアイデンティティを示すものと理解されがちである」〔尹健次（1990）2001：144〕という。在日朝鮮人が自らの属する集団をどう呼ぶか。これは数ある呼

称から特定のものを選択して用いることからも，単にカテゴリーをどう呼ぶか
という行動にとどまらない，尹健次が指摘するような，在日朝鮮人が自らをど
う規定するのかという各々の思想に直結する行動である。

　本章は在日朝鮮人のカテゴリー呼称の変遷と変容を在日朝鮮人の関係性に着
目しながらみていく。ガーゲンは，「言語を含むあらゆる表現は，人々の関係
の中でどのように用いられるかによって，その意味を獲得する」〔Gergen
1999=2004：73〕と述べ，さらに「意味は，人々の関係の中で──人々の同意，
交渉，肯定によって──作り出される」〔Gergen 1999=2004：73〕と指摘する。
この言葉を解釈すれば，在日朝鮮人──のみならず日本人も──が自と他を隔
てるカテゴリーをつくり出す言説とは，関係性によってその意味を持つのであ
り，関係性が言説の意味をつくり出すともいえる。さらには，言説によりつく
り出されたカテゴリーは，ガーゲンがいうところの「人々」──社会的同意と
解釈できる──の同意，交渉，肯定をともなわない限り意味を持たず，決定も
されない。つまり，「韓国人」「朝鮮人」「在日」などといった自己と他者を区
分するカテゴリーの呼称は自己と他者を隔てる言説としてつくり出され，展開
され，社会的同意を得たからこそ用いられている。

　なお，ここで，「在日朝鮮人」と「日本人」を異なる集団として言説化され
たカテゴリーを同意，肯定させるのは，序章で述べた在日朝鮮人の血縁的系譜
的関係であろう。血縁的系譜的関係による在日朝鮮人の規定は，在日朝鮮人を
本質的存在として扱うことである。本書の問題意識の一つは，在日朝鮮人運動
の言説が「在日朝鮮人」という存在をつくり出したということであり，在日朝
鮮人を本質的存在とは考えていない。つまり，血縁的系譜的関係をも疑ってい
る。

　血縁による関係は，同じ祖先を持つという共同体の思考から発している。こ
れを在日朝鮮人でいえば，自己が朝鮮半島上でうまれた祖先から発した存在と
する規定が血縁的系譜的関係を常識知とすることになり，かつ，在日朝鮮人を
本質的存在として扱うことになる。この血縁の関係について，小坂井は「血縁
という概念は本来，主観的なものであり，社会的に構成される虚構の産物だ」
〔小坂井 2011：71〕という。また，「自らがどこからやってきたかを知り，記憶
し，場合によっては捏造する欲望が前提されて初めて，血縁概念がわれわれの

第1章　在日朝鮮人はいかに自己を規定し，呼ぼうとするのか　　*017*

生活において意味を持つ。つまり血縁や民族は集団的記憶と密接な関わりがある。」［小坂井 2011：72］とも指摘する。

　小坂井は，血縁が集団的記憶と密接な関係があり，しかも，「社会的記憶装置」がつくり出すという。この指摘から在日朝鮮人の血縁を考えるには，まずは在日朝鮮人の集団的記憶とはなにかを考える必要があろう。在日朝鮮人と日本人を異なるものとする記憶とは，朝鮮半島上の祖先，韓国併合と日本の植民地支配による来歴，被差別体験などである。在日朝鮮人は，「在日朝鮮人」という集団に関係を持つ，もしくは持とうとする限りでこれらの集団的記憶を喚起し，維持することで，自己と他者である日本人を隔てることになる。あわせて，日本人が在日朝鮮人を他者として隔てることも可能となる。つまり，集団的記憶とは自と他を隔てる思考であり，このような集団的記憶の保有が主観的と指摘される血縁概念を実体的に扱い，系譜的関係をも実体的に扱うのである。

　さらに小坂井は，「ある個人が民族集団に属するとみなされるかどうかは，その民族集団が父系か母系かでも異なる。たとえば母系列で血縁をたどるユダヤ人の場合，父親が非ユダヤ人であっても子供は血縁が連続しているとみなされる。ここで，血統が連続していると感じるのは，母方の系列だけに注目するからであり，もう一方の系統である父方に目を向ければ，世代が進むにつれて結婚によって血統が切り裂かれているとすぐにわかる。血縁とは，社会的記憶装置が作り出す虚構だ」［小坂井 2011：73］とも指摘する。

　小坂井は血縁を主観的概念ともいう。主観的とは血縁がけっして客観的にとらえられないということであり，であるならば，それが連続しているか否かも主観的にとらえたものとなる。在日朝鮮人が自己の血縁を朝鮮人とする決定的証拠はたしかになく，朝鮮半島出身の祖先を有するという「事実」，もしくは集団的記憶の保有から自己を朝鮮人としているに過ぎない。

　そして，血縁は「社会的記憶装置」がつくり出すとされるが，「社会的記憶装置」とは，どのようなものであろうか。社会的記憶とされていることからも，個人の記憶を指すのではなく，個人の記憶をつくり出す社会的なものと考えるべきであろう。考えられるのは，博物館の展示や出版などで流布される「歴史」などであるが，そこで流布されるのは他者によって表象される「集団」

としての「記憶」であり，それはガーゲンがいうような「人々」の同意，交渉，肯定をともなったことで意味を有して──流布されて──いる。つまりは「言説」である。血縁的系譜的関係は，社会的記憶装置を経た言説によって構築された虚構である。

　一方，血縁的系譜的関係は社会的に構築されたにもかかわらず，在日朝鮮人，または日本人に自然化，自明視されており，それらを疑う作業は在日朝鮮人，日本人ともに行われていないのではないだろうか。血縁的系譜的関係が自然化され自明視されることで，在日朝鮮人の血縁的系譜的関係に関連した関係性がカテゴリーの決定に重要な役割を持つのである。

　では，在日朝鮮人の血縁的系譜的関係に関連する関係性とは，いかなるものであろうか。より大きな視点からこの関係性を考えると，北朝鮮，韓国の「祖国」がまずはあげられる。朝鮮総聯，韓国民団といった民族団体もそうであろう。さらには，血縁的系譜的関係により在日朝鮮人を日本人ではなく在日朝鮮人と名指しする日本人や日本社会といったものにも着目できる。このような関係性は社会的文脈といいかえ可能であり，これが本書の分析の中心軸になる。もっとも，社会的文脈はけっして不変ではなく，時代の経過や世代の変化とともに変化していくのは当然である。よって，これら関係性・社会的文脈の変化を時間軸にそって注意深くみていくのも欠かせない。

　以降，本章では運動を広義にとらえ，知識人や著名人など自らの主張を活字化できる立場にある者を中心に，在日朝鮮人を指すカテゴリー呼称の言説，すなわち，在日朝鮮人と他者とを隔てる言説を検証していく。特に一般的に流通しているであろう「在日朝鮮人」，「在日韓国人」，「在日韓国・朝鮮人」，「在日コリアン」，「在日」を扱う。これらの言説を追うことで，各々の時代の社会的文脈下での在日朝鮮人の支配的言説，さらには，在日朝鮮人が在日朝鮮人自身をどのように表象し，また，日本人にどのように表象されてきたかをみることが可能になる。

2 「朝鮮人」「韓国人」「韓国・朝鮮人」「コリアン」「在日」をめぐって

1)「朝鮮」「朝鮮人」「在日朝鮮人」

「朝鮮」,「朝鮮人」からまずはみていこう。2012年の外国人登録制度廃止[2]以降,本書で扱う在日朝鮮人でいえば,特別永住者証明書を保有する者が多いと思われる。そこでの「国籍・地域」記載で「韓国」と表記される者が「韓国人」とされるのに対し,「朝鮮」と表記される者は「朝鮮人」と扱われ,イコール北朝鮮支持者ととらえられているのではないだろうか。しかし,ここでの「朝鮮」とは地域としての「朝鮮」を指しており,国家の朝鮮民主主義人民共和国(北朝鮮)を指してはいない。[3]

では,このような法的な扱い以外では,「朝鮮」「朝鮮人」はどう扱われてきたのであろうか。

「「朝鮮」のコトバは,38度線で,南北に分断されている現実をふまえ,日本と朝鮮との関係で朝鮮民族全体を示しているコトバだと考えている」[公立学校に在籍する朝鮮人子弟の教育を考える会 1971]とする指摘がある。在日朝鮮人教育の現場では「朝鮮」,「朝鮮人」が朝鮮半島,朝鮮半島出身者の総称として言説化されていたと考えられ,すなわち,「朝鮮」「朝鮮人」という表現が北朝鮮支持につながると短絡的に理解するには注意が必要である。

さらに,第4章で取りあげるトッカビ子ども会[4]の資料では,「祖国の分断に伴う南北の政治的主張をのりこえ(略)民族の呼称についてもさまざまな議論をへて,対外文書については,誤解をさけるため「韓国・朝鮮人」「朝鮮・韓国人」と呼称してきましたが,子どもたちに話しかけるときの口語は「朝鮮人」で統一してきました。これとて深い政治的意図は全くありません」[トッカビ子ども会 1984:30]とある。在日朝鮮人を指して「朝鮮人」と表記すれば韓国支持者から非難され,「韓国人」とすれば北朝鮮支持者から非難されるのであり,よって,文書では「韓国・朝鮮人」という表現を用いながらも,口語では「朝鮮人」と表現している。それを「深い政治的意図は全くありません」と記述せざるをえないところに,1980年代当時の南北対立の根深さが理解できる。

020

1965年，締結間近となった日本と韓国の国交正常化について取りあげた「私はこう思う「法的地位」在日朝鮮人の声」という記事では在日朝鮮人知識人7人のコメントが掲載され，タイトルは「在日朝鮮人」とある。「ここで使った「朝鮮人」という呼び方は，英語のKOREANにあたり，韓国系と北朝鮮系を問わず「朝鮮半島に本籍を持つもの」をさします[5]」と「注」が設けられており，この記事でも，「朝鮮人」が北朝鮮支持者のみではなく，朝鮮半島につながりを持つ者の総称として用いられている。つまり，「朝鮮人」は朝鮮半島出身者の総称として扱われていたのである。

　他方では，以下の朴寿南のように，総称としての「朝鮮人」ではない，異なる意を込めている場合もある。

　　抵抗なく「朝鮮人」と言えるか言えないかということが，朝鮮問題に対する日本人の基本的姿勢の一つの踏絵みたいなもの（略）朝鮮人という言葉自体が蔑称であった。ですから解放された朝鮮人に対して「朝鮮人」と言うことに抵抗を感ずるということは，そこからまだ日本人が解放されていないから（略）解放された日本人は抵抗なく気持ちのよい響きで「朝鮮人」とわたしたちに向って言う。そのときわたしたちは日本人・朝鮮人ということではじめて対等に向かい合えるわけです。[朴寿南ほか 1964]

　朴寿南は，「朝鮮人」という言葉がかつて蔑称的に用いられていたと指摘する。そして，植民地支配の解放後にもかかわらず朝鮮人を「朝鮮人」と素直に発せない日本人への苦言を呈しつつ，日本人が「朝鮮人」とこだわりもなく言えることが日本人と朝鮮人が対等になれる条件だと指摘する。つまり，「朝鮮人」という言葉には朝鮮人と日本人との支配被支配の関係がひそんでおり，双方を対等な関係におきかえるためにも，あえて「朝鮮人」という言葉を用いる必要があるというのである。

　ただし，朴寿南は「朝鮮民主主義人民共和国の存在は認めない。その公民の権利は認めない。民族教育も認めない。これは教育権だけではなくあらゆる点で言えるんです。最も典型的なのは朝鮮民主主義人民共和国との往来が自由に出来ないことです」[朴寿南ほか 1964]との日本政府への批判を行っている。そ

の文脈からは，北朝鮮の在外公民として自己を表象していると理解でき，そのような立ち位置からの「朝鮮人」と日本人との対等な関係をめざした言説だったといえよう。

このような朴寿南とは異なり，金時鐘は「日本での定住を自明としていながら，なお「韓国」，「朝鮮」にすり寄っていねばならない従属の生を，私は拒否する」［金時鐘（1986）2001：457］として，北朝鮮，韓国の両国家に与しない姿勢を述べている。そのうえで，「「在日」を生きる私の主動的な意志からすると，「在日」の符丁とさえなっている「チョウセンジン」という陰にこもった呼び名は，「朝鮮人」という同じひびきの中でこそ回復されるべき名誉であり，友情であり，愛でさえあると思っているものである。同族同士のお互いが，せめて「在日朝鮮人」の韓国籍の者であり，「在日朝鮮人として」の朝鮮籍のままの者である，といったぐらいの総和の和は，共同の「在日」の実存の中から取り戻したいものだ」［金時鐘（1986）2001：457］として，「朝鮮人」という言葉を扱っている。

朴寿南，金時鐘とも「朝鮮人」という呼称を用いる前提は異なっているが，上記の限りでは，両者とも自身が日本人とは異なる朝鮮人という理由のみで「朝鮮人」という言説をつくり出したとは考えにくい。朴寿南がいう「朝鮮人」には支配被支配の関係の打破という意図がみられるのを先に指摘したが，金時鐘には，日本人との関係において「朝鮮人」が自他共に認める被差別の存在とする意味が含まれている。

朴寿南の引用は1964年からであり，金時鐘は初出が1986年となる。その約20年以上の間，国際社会に占める韓国と北朝鮮の位置は逆転しつつあり，朴寿南，金時鐘の言説とも，この二つの国家の在日朝鮮人に占める位置の変容を視野にいれて検討する必要がある。先に朴寿南の「朝鮮人」には北朝鮮公民としての意が含まれているのを指摘したが，朴寿南が述べた1964年時にめざましい発展を続けていると喧伝されていた北朝鮮に対し，韓国はその対極にあった。朴寿南はいわば北朝鮮公民として，解放された国家を構成する「国民」として「朝鮮人」の意を負から正へと転化させる必要があると述べ，そのような意図から言説をつくり上げていた。

一方，金時鐘の1986年は，北朝鮮の国際社会での位置は低下しつつあった。

第2章で取りあげるが，1959年にはじまり，朴寿南の1964年時にまだ実施されていた北朝鮮への「帰国」事業は，「帰国」者の窮乏，粛清が伝聞されるにつれ帰国者が減少し，1984年時にはわずかな帰国者しかおらず，相対するように，韓国の経済発展が「漢江の奇跡」と喧伝されていた。20年以上が経過する間，在日朝鮮人は北朝鮮，韓国の両国家の変遷を日本という位置から客観的にみつめる視点を有することが可能になり，他方では，在日朝鮮人の日本定住が疑いのない事実と化していた。金時鐘が「日本での定住を自明としていながら，なお「韓国」，「朝鮮」にすり寄っていねばならない従属の生を，私は拒否する」〔金時鐘（1986）2001：457〕と記述したのも，このような社会的文脈からみていく必要があろう。

　しかし一方では，この両者の指摘からは，その約20年間に在日朝鮮人の被差別性が皆無になっていないのが明らかでもある。在日朝鮮人を取りまく社会的文脈が大きく変化したにもかかわらず，在日朝鮮人が日本において被差別の存在であるのは——制度的差別の減少などで差別の質が変化しようとも——変わりがなかったのである。

　つまり，朴寿南，金時鐘の両者の言説を包囲する思想的立場，社会的文脈は異なっているが，にもかかわらず，在日朝鮮人が被差別的立場であることに変化はない。負の実体として反映された意味が「朝鮮人」という言葉にひそんでいるのを両者は指摘し，だからこそ，それに抗い，「朝鮮人」という言葉に積極性を持たせるために「朝鮮人」という言説を構築したと考えるべきである。植民地支配下，さらには解放後であっても被差別の存在であり「負」の存在であった朝鮮人を，負の価値が込められた「朝鮮人」という言葉を忌避するのではなく積極的に用いることでその意を反転させ，「朝鮮人」の存在そのものを「負」から「正」に価値転換させる意図がその言説には含まれていたのである。したがって，朴寿南，金時鐘がつくりあげた「朝鮮人」言説とは，被差別の存在であり，かつ，「日本人」ではない外国人としての「朝鮮人」というカテゴリーを積極的に引き受ける自覚的な行動であり，その意図が含まれている。

　なお，「わたしたちが「朝鮮」といういいならわしには単に慣用語としてではなく，土俗的な朝鮮，反転させる差別的な「朝鮮」とともに，現実のことと

して想定される「統一朝鮮」の像がある」[中谷 1975：215] とする指摘もあり，総称としての「朝鮮」，「朝鮮人」を正へ転化させる意図を有していたのは，在日朝鮮人だけではなかったことがわかる。

　いずれにしろ，「朝鮮」，「朝鮮人」とは単に総称として用いられていたのではない。南北分断の現実を在日朝鮮人にあてはめて韓国支持，北朝鮮支持と区分せず，それら現実を乗り越え，統一された「朝鮮」，「朝鮮人」を想像／創造した，かつ，「負」から「正」へとその価値を反転させるための言説であった。

2)「韓国」，「韓国人」，「在日韓国人」

　尹健次は「韓国」「韓国人」という言葉について，「「韓国」という言葉は「大韓民国」の略称であり，現実に存在している分断国家の片方のみをさす国家の名称であるということである。しかも，日本語としての「韓国」という言葉は，基本的には，あくまで大韓民国の統治領域である朝鮮半島の南部のみを意味している。したがって「朝鮮」「朝鮮人」という言葉が，歴史的・文化的なものを含めての総称であるとともに，とくに朝鮮半島のすべての領域，すべての人びとをさす意味をもつのにたいして，「韓国」「韓国人」という言葉は，朝鮮半島の南部の地域，南部の人びとしか意味しないものである」[尹健次(1990) 2001：154 - 155] と指摘する。先に，「朝鮮」が総称として言説化されていたのをみたが，尹健次は「韓国」がそうとはなっておらず，かつ，「韓国」が特定の国家を指す言葉だとしている。

　筆者がみたところでは，1952年11月に「在日韓国人」という表現が新聞紙面上ではじめて用いられている[8]。このわずか数行の記事は，韓国国会が「韓国居留民団からの要請にもとづいて同居留民団を代表する6名をオブザーバーとして国会に出席させることを可決，在日韓国人の実情を聴くことになった」というものである。

　あとでもふれるが，解放後に発足した在日朝鮮人の民族組織である「在日本朝鮮人連盟（朝連）」の左傾化に反発し，発足した組織が「在日本朝鮮居留民団」である。これは，朝鮮半島南部に大韓民国が成立するのにあわせてその組織名称を「在日本大韓民国居留民団（民団，韓国民団）[9]」と変更している。「朝鮮居留民」とは在日朝鮮人の自己定義であるが，それを「大韓民国居留民」へ

と変更したのは単なる名称変更ではないであろう。韓国国家成立にあわせて自己定義を変更しているのであり，「朝鮮」とは異なり，朝鮮半島の38度線以南でしかない「韓国」，「韓国人」という言葉をあえて用いていることからも，韓国国家への帰属の意が多分に含まれていたのが明らかである。

　先にみた「私はこう思う「法的地位」在日朝鮮人の声」では，「「朝鮮人」という呼び方は，英語の KOREAN にあたり，韓国系と北朝鮮系を問わず」との説明が付されていた。「韓国系」であっても第三者からは朝鮮人と表現されており，つまり，「韓国人」という言葉が国籍保有の現実から用いられていたのではなく，当人の帰属意識によって当人が用いていたと考えるべきである。

　1965年，日韓基本条約と法的地位協定の締結にともない，韓国籍を保有する在日朝鮮人に対して朝鮮籍者よりも比較的安定した日本での在留資格が与えられている。これによって在日朝鮮人の多くが朝鮮籍から韓国籍へ変更したといわれる[10]。これら条約等は日本において韓国という国家を法的に実体化させたが，同時に，韓国人という存在を韓国の国籍を持つ者として実体化させている。国籍保有の有無にかかわらず韓国国家に帰属意識を持つ者としてではなく，ましてや「韓国系」「北朝鮮系」というものでもない，名実ともに韓国籍を保有することによる韓国人という存在がここにあらわれたのである。このような社会的文脈の変化が在日朝鮮人を「韓国人」，「在日韓国人」と名指し，もしくは自己認知させ，自称／他称させるに至らせたと考えられる。つまり，保有する国籍により自己規定しているのである。

　国籍による自己規定を尹健次は，「日帝支配下の時代に日本に渡航してきた在日朝鮮人およびその子孫の多くが，なぜ「韓国」「韓国人」という言葉を好んで使い，そこにアイデンティティを見いだすのかというと，それはやはり，大韓民国という「国家」「国民」「国籍」の概念を受け入れているからと考えるしかない。つまり，「民族」と同時に「国民」概念によって自己を認識し，区別されることを自ら望み，選択している，あるいは選択させられているということである」［尹健次（1990）2001：166‐167］と批判している。

　この尹健次がいうところの国民概念とは，日本国籍の保有がすなわち「日本人」とされることであるが，これは国籍と自己との関係性を認知する常識知であり，在日朝鮮人のみならず日本人にもあてはまるのではないだろうか。なら

ば，在日朝鮮人の国籍による自己認知と日本人の日本国籍保有により自己を
「日本人」とする認知は通底している。このような在日朝鮮人の認知が日本社
会に暮らすことで培われたのかどうかは不明である。しかしながら，在日朝鮮
人が日本社会に居住する限り，事象を認知するフレームが日本人と同質に近づ
くことが明らかだと考えられなくもない。

　以上，「韓国」，「韓国人」が韓国を支持する者による言葉としてあらわれた
経緯をみてきたが，朝鮮半島南部の国家を支持する者の自称／他称であり，政
治的意図が含まれていたのは明らかである。しかしながら，現在では，韓国籍
を保有する現実によって主に用いられている。「日本国籍」の保有が「日本人」
とされるように，「韓国籍」の保有により在日朝鮮人はその実態，帰属意識が
無視されて韓国人として扱われることになる。「韓国人」という言葉が日本人
の一般的な国籍概念と通底することによって，韓国籍の保有者はその実態を無
視され，「韓国人」として客体化され続けるのである。

3) 「韓国・朝鮮」，「韓国・朝鮮人」，「在日韓国・朝鮮人」

　「朝鮮人」と「韓国人」の折衷ともいえる表現が「韓国・朝鮮人」である。
尹健次は誰が最初にこれを意図的に使ったかを特定するのは困難だとしながら
も，1973年10月に在日朝鮮人が創刊した雑誌『季刊まだん』[11]が，その書名の下
に「在日朝鮮・韓国人（原文ママ）のひろば」としているのが確認できるとし
ている［尹健次（1990）2001：159］。

　さらに，在日朝鮮人大学教員の団体である「ムグンファ会」が1974年8月に
「在日韓国・朝鮮人大学教員懇談会」に改称したといい，民闘連が発行する[12]
「民闘連ニュース」が1975年6月の創刊号から一貫して「在日韓国・朝鮮人」
を用いているとも指摘している［尹健次（1990）2001：160］。朝日新聞では，
1976年に在日朝鮮人を扱った連載記事が50回にわたって掲載されたが，そのタ
イトルは「65万人――在日韓国・朝鮮人」である[13]。

　この「在日韓国・朝鮮人」という呼称を最初に提唱したのは徐龍達だといわ
れる［原尻 1998：156］。徐龍達が韓国と朝鮮を併記する根拠を「韓国語」と
「朝鮮語」の呼称の考察からではあるが検証していくが，まずは「在日韓国・
朝鮮人」表現への批判をみていこう。

原尻は「在日韓国・朝鮮人」について，「地方自治体などでもこの表記が使われており，最近韓国から来て日本語のわからない子どもたちも，分類上「韓国・朝鮮人」に入れられていることである。日本語のわからないニューカマーのなかにはひとりも北朝鮮から来たものがいないにもかかわらず，「韓国・朝鮮人」が使われているのである。お役所や何らかの組織で表現が一度採択されてからは，その意味を考えることなく，その表現が使われるのが日本である。一度決まったことを覆すのはよほどのことがないかぎり不可能なのが日本のお役所である。この体質があって初めて「在日韓国・朝鮮人」がつくられたのであり，当事者の意向が反映されてつくられたのではないのである。しかも発案者が「在日」の「インテリ」であるので，文句の出ないようにする表現法として広まる下地をもっていた。「在日」の方のお墨付きをもらったようなものなのである」［原尻 1998：157］と指摘する。

原尻は，「韓国・朝鮮」という表現を安直に用いる日本人の，特に行政の姿勢を批判しているが，原尻が指摘するようにこの発案者が在日朝鮮人のインテリ（大学教授）であったことからも，影響力が伝播しやすかったことはたしかであろう。行政資料では「在日韓国・朝鮮人」という表現はきわめて多く，[14]「韓国人」だけでなく「朝鮮人」だけでもない，どちらも併記してどちらにも配慮した，いわば政治的に正しい言葉として定着したといえる。

では，徐龍達である。「社会科学を学ぶわたしも，長らくの間，韓国と朝鮮の用語について悩み続け，時には「韓国」を，時には「朝鮮」を用いるなど心はゆれにゆれた経験をもつ」［徐龍達 1987：111］と告白する。そのうえで，「日本でまだ残っている総称としての朝鮮，朝鮮人は，南・北を構成する主権者の実情からも，早急に改める必要がある。「韓国・朝鮮人」の用語は，かなりマスコミに定着した。南・北を統一的にとらえるならば，それは事実上，「韓国・朝鮮」でしかないのである」［徐龍達 1987：115］ともいう。

徐龍達は，「朝鮮」または「朝鮮・韓国」ではなく「韓国・朝鮮」とする理由として，「韓」，「朝鮮」ともに朝鮮半島で古くから用いられてきたことや，朝鮮半島上の韓国の人口が北朝鮮のおよそ2倍に達しており，在日朝鮮人の韓国籍も40数万人（当時，筆者注）と朝鮮籍に比べてはるかに多いことをあげている。そのうえで，「日本に定住する韓国・朝鮮人の立場からいえば，南・北

は第二次大戦後の後天的な与件である。そこには対立の必然性はない。むしろ，在日主体の創造，韓国・朝鮮人社会独自の文化形成を考えるならば，南・北の38度線を取り払って，韓国・朝鮮を東西概念として考え，発想の転換をはかることも可能である。いや，むしろそのように転換すべきであろう」［徐龍達 1987：118］という。

さらには，「この日本で民族の誇りをもち，品位のある生活を営むことのできる在日主体の創造のために，南・北に関係なく文化・歴史を学びとっていく姿勢をとるならば，統一的な理想像として「韓国・朝鮮」学がより積極的な意味をもつことになる」［徐龍達 1987：118 - 119］ともしており，この主張をみれば，「韓国・朝鮮（人）」がまったく妥当性に欠けるともいいづらい。

しかしながら，南・北の分断が後天的与件ならば，分断前の統一的呼称を用いるのが合理的とも考えられるが，徐龍達はそうなっていない。ならば，徐龍達が「韓国」と「朝鮮」を併記するには別の意図があると考えられなくもない。

徐龍達がつくりあげた「韓国・朝鮮」には，「南・北を構成する主権者の実情」［徐龍達 1987：115］とあるように，「主権者」という国家の主権を有する者を指す言葉が用いられている。ここから理解できるのは，徐龍達がいう朝鮮半島の分断とは，地域の分断ではなく国家の分断である。徐龍達が「韓国」という表記を強調するのは人口，国籍からであり，これらも国家の存立を前提としている。すなわち，「韓国・朝鮮」は，尹健次が指摘するように，「国家」「国民」「国籍」の概念が反映されているのは明らかであろう。先の「韓国」「韓国人」と同様，「韓国・朝鮮」「韓国・朝鮮人」も国家と国籍概念に囚われた言説なのである。

尹健次は「在日韓国・朝鮮人」という言葉が普及した理由として，「たんに南北の分断が固定化したこと，「韓国」籍所持者が「朝鮮」籍所持者を大きく上回ったことなどだけではなく，その間の韓国の経済成長が著しく，日本人の韓国をみる目が変化してきたこと，そしてそれと連動して「韓国」という言葉に秘められていた差別・偏見・蔑視の語感が微妙に変質してきたことである（略）「チョーセン」と蔑まされてきたのが，いつのまにか「韓国人」とされた戸惑いがみられ，日本人そして朝鮮人（韓国人）が，植民地時代の遺産である

差別的ひびきを避けるために「韓国」「韓国人」という言葉を使う場合が少なくない」[尹健次（1990）2001：163]としており，「朝鮮」と「韓国」の日本における立場の逆転や，「朝鮮」に含まれる差別的語感を避けるためとも推測している。

　尹健次の指摘からは，社会的文脈が言説の意を変化させる要因になると理解できる。先に朴寿南が「朝鮮人」を反転させる意で言説を展開していたのをみたが，これは1964年のことである。先述のとおり，その当時は北朝鮮が日本では好意的にみられており，だからこそ，その意を反転させることが可能であったと解釈できる。

　一方では，金時鐘が述べた1986年では韓国が優位になりつつあった。関係性の変化があったにもかかわらず，朴寿南，金時鐘だけでなく尹健次もが指摘するように，「朝鮮人」という言葉には差別的響きがひそんでおり，その響きが社会的文脈の変化の影響を受けなかったのは先にみたとおりである。これを朴寿南，金時鐘はあえて「朝鮮人」を用いることでその意を反転させようとした。一方の徐龍達は，その主張を尹健次の指摘から解釈すれば，「韓国」という言葉を「朝鮮人」に付け合わせることで，その差別的響きを薄める意図を有して流布したとも考えられるが，これは定かではない。

　なお，社会的文脈の変化が言説の意の変化をもたらすならば，ポジティブに変化した「韓国（人）」言説が再び蔑視の語感に包囲されることも充分にありえる。「韓国・朝鮮人」，さらにはあとでふれる「在日コリアン」，「在日」もが，いつでもネガティブに扱われる用意があるのである。

4）「コリアン」，「在日コリアン」

　尹健次は，「在日コリアン」を，「日本で「コリアン」ないしは「在日コリアン」という言葉が一部の人によって使われたのは，なにも最近のことではなく，たぶん1960年代，あるいはそれ以前のことからであったと思われる」[尹健次（1990）2001：165]という。先の「韓国・朝鮮人」が韓国ないしは北朝鮮という国家，国籍概念を多分に含んでいたのに比較すると，「コリアン」ではそれが薄まった感がある。

　先にふれた民闘連が発展改組した「在日コリアン人権協会」は，「1995年に

組織改編を行い（略）在日コリアン（朝鮮半島にルーツを持つ者，日本国籍者含む）の民族組織に改編しました[15]」といい，「コリアン」が韓国籍者，朝鮮籍者とイコールではなく，日本国籍者も含む朝鮮半島にルーツを持つ者の総体だとしている。

　韓国民団が企画した『歴史教科書 在日コリアンの歴史』は，在日朝鮮人の総称を「コリアン」としている。「本書は在日コリアンを相対的に網羅し，個人の信条や所属団体，あるいは国籍に関係なく，あくまでも客観的な歴史の事実を伝えること，すなわち史実中心の立場をとることを根幹にしています。タイトルを『歴史教科書 在日コリアンの歴史』とし，文脈上の例外を除いて，ほぼ解放前は「朝鮮人」，解放後は「在日コリアン」と表記しているのも，そのような趣旨にあわせたものです」［李英秀 2006：4］とその理由を述べている。

　つまり，「コリアン」を用いることで，「個人の信条や所属団体，あるいは国籍に関係なく」［李英秀 2006：4］在日朝鮮人を網羅できるとしており，であるならば，「韓国人」，「朝鮮人」，「韓国・朝鮮人」では，個人の信条，所属団体，国籍が反映されてしまうため，在日朝鮮人を網羅できないということである。「コリアン」は国籍概念に囚われない言葉として用いられているのである。

　先の「在日韓国・朝鮮人」が朝鮮半島上の分断国家を前提として，在日朝鮮人がいずれかの国籍を保持し，国家への帰属をも前提としていたのに対し，「コリアン」には，韓国籍または朝鮮籍のみでなく日本国籍保持をも視野とした在日朝鮮人観がある。このような在日朝鮮人像の変化が社会的文脈の変化にともなうものとは容易に考えられる。

　一例をあげれば，日本の国籍法は「「父系血統主義」をとっていたため，外国人と結婚した日本人の母は（略）その子に日本国籍を継承させることができない」［田中 1991：155］ことから，韓国籍，朝鮮籍の父を持った子は自動的にいずれかの国籍となっていた。だが，1985年に「両性平等が導入され，「父または母が日本国民」の子は，日本国民」［田中 1991：156］へと改定施行され，「在日韓国・朝鮮人の人口動態に一定の変化をもたらし」［田中 1991：157］たとされる。この指摘を裏付けるように，出生から死亡と帰化を差し引いた人口動態の増減をみると，1984年にプラスだった在日朝鮮人は1985年以降，1989年

まではあるがマイナスに転じている［田中 1991：154］。これをみても，在日朝鮮人の日本国籍取得が増加しつつある状況が，「コリアン」という言説が広まる変化をもたらしたといえよう。

　つまり，「韓国人」「朝鮮人」が韓国籍，朝鮮籍の保有が前提であるのに対し，「コリアン」は，韓国籍，朝鮮籍と合致しない「朝鮮人」の出現，すなわち，「朝鮮人」が多様化する状況が反映されている。さらには，朝鮮半島出身者を「朝鮮人」と総称せずに「コリアン」とするのは，在日朝鮮人が「朝鮮人」という言葉への抵抗感を有するからだと推測できるのは先述のとおりである。

5）「在日」という言葉

　昨今，在日朝鮮人を指す言葉としてもっとも流通しているのは「在日」であろう。「在日」を広辞苑でみると「外国から来て日本に在住していること」［新村編 2008：1041］の意となる。さらに「在住」を紐解くと，「そこに住んでいること。居住」［新村編 2008：1037］である。しかしながら，現在の在日朝鮮人がほぼ日本生まれであることから考えれば，在日朝鮮人を指して「在日」とするのは，広辞苑が指す本来的な意味とは合致していない。

　国立情報学研究所の論文データベースで「在日」を検索すると，「在日米軍」，「在日外銀」などが含まれるため幾分かは差し引く必要があるが，全6,445件がヒットする[16]。それらのなかで，1945年の日本の植民地支配解放以後に執筆され，かつ，年代が明らかなもので最初にヒットするのは，1948年10月発行の『中国公論』誌上に掲載された李殷直の「在日朝鮮文学の擡頭」である。その内容を承知していないが，タイトルから想像する限りでは，在日朝鮮人作家が執筆した文学作品の評論であろう。

　ついで，朝日新聞の過去記事データベースで「在日」を1945年以後で検索すると，もっとも古いものは，解放後間もない1945年9月4日の「在日本朝鮮人聯盟」と題する，わずか10行ほどの組織発足を伝える記事である[17]。

　いずれのタイトルとも，「在日」は「朝鮮」とワンセットで扱われている。したがって，ここでの「在日朝鮮（人，文学）」は日本に居住する朝鮮人の意であり，先の広辞苑のとおりの，「外国から来て日本に居住している」日本人で

はない朝鮮人である。これらからは，植民地支配解放後の数年間，「在日」という言葉には，まさしく「日本に居住する」という意が含まれていたのが理解できる。

　しかしながら，「外国から来て日本に居住する」という意によって「在日」が用いられていたのならば，朝鮮を外国とする認識はおかしいと考えられなくもない。なぜならば，解放間もない日本では多くの在日朝鮮人が生活を営んでいたが，これらの朝鮮人は植民地朝鮮から日本に渡って来たのであり，この植民地朝鮮とはすなわち日本であった。にもかかわらず，植民地支配の終焉と共に朝鮮人には「在日」の冠がつくようになっている。ならば，日本の敗戦，植民地支配の終焉といった在日朝鮮人，日本人双方の社会的変化とそれまでの価値観の崩壊がおこる以前から，日本人にとっての植民地朝鮮とは，「日本」といえども，実は日本ではなく，すなわち「外国」だったのではないだろうか。

　あわせて，朝鮮人にとっても日本が異国だからこそ，「在日」が「朝鮮（人）」とワンセットになった言葉がつくり出されたのであろう。日本生まれであるか否かを問わず，朝鮮人が日本を異国と理解していたことが，外国に居住するという意を含んだ「在日」という言葉を朝鮮人，そして，日本人の双方が用いる根拠になったと考えられるのである。

　さらには，朝鮮人は日本に居住しているが，あくまで仮住まいであるという思考が含まれていたでもあろう。たとえば，先の「在日本朝鮮人総聯盟（朝連）」であるが，この「在日本」という名称からは，外国である日本に居住する朝鮮人とする思考が読み取れる。朝連は在日朝鮮人の朝鮮半島への引き揚げを綱領に掲げたが，日本が仮住まいという思考があるからこそ，つまりは，自分たちが日本人とは異なる「外国人」だという思考のゆえに，朝鮮半島への引き揚げを掲げたのに疑いはない。また，「在日本朝鮮居留民団」が「居留」を用いたのも，日本は仮住まいという思考があったのはたしかであろう[20]。

　在日朝鮮人が日本を仮住まいと考えるのは，先述のとおりに，朝鮮人と日本人が異なるという前提に依拠しており，つまりは，在日朝鮮人，日本人の各々が違う存在だと自明視していたからである。日本人は日本に住み，朝鮮人は朝鮮半島に住む。朝鮮人にとって日本とは外国であり，日本人は外国人であった。朝鮮人は日本人との同質性ではなく異質性をとらまえ，日本人は朝鮮人と

は異なる存在とするカテゴリー化が各々に客体化され，内在化されていたのである。

　同様に，日本人にとっても「朝鮮」が外国であり，朝鮮人は「外国人」とするカテゴリー化が行われていた。たとえ植民地支配の解放まで朝鮮人が「日本人」であったとしても，それはけっして日本人が定義するところの「日本人」ではなく，「日本人」として扱われていなかったのは明らかであろう。「在日」とは，かつては同じ「日本人」であっても，自己が「日本人」ではないとする思考を朝鮮人が有していたのをあらわし，一方の日本人も，自己と朝鮮人が異なる存在とする思考を有することをあらわすのである。

3 「在日」という自称／他称とその思考

　21世紀の現代日本では，在日朝鮮人を指して「在日」と自称／他称する／されることが多いが，これは解放間もない頃の「在日」とは明らかに異なる。

　姜尚中の『在日』には，「自分が「在日」であり，いかにも「韓国・朝鮮系」の顔をしていると思い込み，写真をみることでやはり自分は紛れもなく「韓国・朝鮮人」であると再確認することがいやだったのかもしれない。「在日」であることにつきまとううしろめたさは（略）いつしか写真に撮られることを忌み嫌うようになっていたのだ」［姜尚中（2004）2008：1-12］という記述がある。

　さらに，「「在日」であることが，わたしの思春期に暗い影を落とす宿命的な桎梏と思われたとすれば，母にとって「在日」を生きるとは，自分の母体から引き裂かれるように，無念にも失われた故郷（パトリ）の記憶を，異国の地で新しく再生させることを意味していた［姜尚中（2004）2008：14］ともある。

　同書での「在日」は，「外国から来て日本に居住する」の意の「在日」と，在日朝鮮人を指しての「在日」が混交しているが，いずれにしろ，ここでの「在日」が在日朝鮮人を指しているのに間違いはない。しかしながら，姜尚中は同書上で「在日」の定義を行っていない。先にみたが，「在日」とは，「外国から来て日本に在住していること」［新村編 2008：1041］である。よって，「在日」という言葉は「在日ベトナム人」，「在日中国人」，「在日イギリス人」等々

でも用いられる。にもかかわらず，同書の読者には「在日」イコール在日朝鮮人との理解が行われているからこそ，「在日」の定義が不要となる。これは「在日」が在日朝鮮人を指す言葉として一般化されているからである。

　鄭大世は，「僕は日本で生まれ，日本でずっと育った人間だけれど，日本人ではなく，「在日」です。日本に在留するコリアンのことを「在日」というのだから，ドイツに行ったら文字どおりには「在日」ではなくなるというのは笑い話で，ドイツに住もうが，アメリカに行こうが，どこまで行っても在日は在日」[鄭大世 2011：18] と述べているが，これも「在日」が「在日アメリカ人」や「在日フランス人」等を指すのではなく，すでに在日朝鮮人として一般化されているからこそ，定義付けを行わないまま用いることが可能となっている。

　この「在日」について，福岡は以下のように指摘する。

　　「在日」という表現は「在日本」のつづまった言い回しであり，もともとは在日韓国・朝鮮人の当事者自身が使いはじめた言葉である，「在日本大韓民国居留民団」（1948年〜）「在日本朝鮮人総連合会」（1955年〜）というのが，日本国内の二つの大きな民族組織の正式名称である。当事者自身が，"日本は仮住まい"という意識を強くもっていたことの表れだ。現在では，在日韓国・朝鮮人自身にとっては，「在日」という言葉は，"日本は仮住まい"という意味とは別の意味で使われるようになってきている。たとえば"北でも南でもなく在日として"（略）"日本人でもなければ，本国の韓国人・朝鮮人とも違う存在だ"という意味でも用いられる。（略）在日韓国・朝鮮人の日本への定住化は，否定しえない現実だ。にもかかわらず，定住外国人たる彼ら／彼女らを，日本社会の一般的構成員たちは，「在日」という言葉で呼びつづけている。「在どこそこ」という日本語の表現は，ほんらい，その国への一時的滞在を意味する言葉だ。すでに実態とは乖離した「在日（傍点原文）」という表現を，日本人側がなんらの疑問を抱かずに使いつづけているということ自体のなかに，問題がひそんでいよう。つまり，彼ら／彼女らの定住化の現実から目をそむけ，彼ら／彼女らを日本社会を共に構成しているメンバーとして認めようとしないメンタリティが，「在日」という用語法の背後に透視されるのではないか。（傍点原

文）［福岡 1993：18 - 19］

　原尻の「在日」の指摘も，福岡と類似している。

　　「在日」というと一時滞在の意味として受け取られるきらいがあるとい
　うことと，日本社会の構成メンバーではないという意味で「ソトの人」＝
　「外国人」であると思われてしまうことである。「在日」とは朝鮮半島出身
　者およびその子孫だが日本に永住する意思のある人々であって，単なる一
　時滞在の外国人ではない。つまり，「在日」は国籍が日本でなくとも日本
　社会のメンバーである。しかしながら，メンバーであるという日本社会内
　部での認知が達成されているわけではない（略）いわば「在日」とは「い
　るのにいないことになっている」人々であり，その歴史や現在の生活等が
　社会的に認知されていない人々である［原尻 1998：3 - 5］

　福岡，原尻に共通するのは，「在日」に日本人の排除的思考がひそむとして
いることである。福岡が「もともとは在日韓国・朝鮮人の当事者自身が使いは
じめた言葉である」［福岡 1993：18］と指摘するように，「在日」は在日朝鮮人
が使いはじめた言葉であり，これは福岡が例示し，本章でも考察してきたよう
に「外国から来て日本に在住していること」［新村編 2008：1041］，すなわち，
仮住まいという意が含まれ，言説化されたものである。
　しかしながら，福岡，原尻が指摘し，先の姜尚中や鄭大世からも理解できる
ように，「在日」には日本に在住するという思考だけではなく，自と他を隔て
る思考もが込められ言説化されている。これを福岡，原尻は，日本人側の思考
を批判するが，はたして，日本人のみを批判するだけでよいのであろうか。
　金石範は，姜尚中の『在日』の約20年前に『「在日」の思想』を著している
が，そこでは「在日」を以下のようにいう。

　　いうまでもなく「在日」しているのは朝鮮だけではない。しかしわれわ
　れは，この「在日」をあたかも在日朝鮮人を特定しているもののようにし
　てよく使う（略）「在日」の意味内容も在日朝鮮人一世，二世たちの人口

第1章　在日朝鮮人はいかに自己を規定し，呼ぼうとするのか　　035

構成とその意識の変容とともに，いままでとはかなりニュアンスが違うものになりつつあるといえよう。「在日」とは何かとか，「在日」の思想とか，いままでとは違った形での「在日」が問われたりしており，そしてその場合，他に在日外国人は存在しないか，「在日」は在日朝鮮人が代表しているかの如くである。繰返していえば，在日外国人は朝鮮人だけではない（果して若い世代を主体にした在日朝鮮人の内実が，日本人と違う "外国人" になっているか，どうかは疑問のあるところだが（略）［金石範（1981）2001：11］

　金石範のこの記述は植民地支配の解放から35年以上もの経過後であり，在日朝鮮人の世代の中心を二世が占めはじめていた頃にあたる。しかし，「疑問のあるところ」とすることからみれば，その内実は，金石範のような旧世代の在日朝鮮人からは，「朝鮮人」とみなしづらい実態があったと思われる。[22)]

　金石範は，さらに，「「在日」を限定することで，そこに他と違う者，個別的なもの，そして異質な存在としての自分を認めているのでないのか。また「在日」を限定することで何らかの共同意識が形成されるだろう」［金石範（1981）2001：54］ともいう。在日朝鮮人の世代の中心が二世に移行しはじめていた時期にこれは書かれている。一世などの在日朝鮮人の旧世代にとっては，使用言語，保有文化などから判断して「朝鮮人」とはみなしづらい層が「朝鮮人」と名指しされ，二世が中心になるにつれて朝鮮人としての共通体験，共通感情——朝鮮半島からの渡航，被差別体験など——が希薄化したことにより，朝鮮人としての同族意識さえもがみえづらくなっていたと考えられよう。金石範が「在日」を限定するのは，自明視されていた在日朝鮮人と日本人との境界線が揺らぎはじめていたからこそ，日本人とは異なるとする／される在日朝鮮人のカテゴリーを「在日」という言葉で区分する企図があり，それは自明視されていた在日朝鮮人と日本人の境界線が揺らぎはじめていたからである。

　つまり，在日朝鮮人の実態が「日本人」化しはじめていたからこそ，「朝鮮人」，「韓国人」，「日本人」のいずれでもない「在日」という言葉を用い，日本人との境界線を画定する作業を企て，言説を展開したのである。境界線を画定し，その内側に在日朝鮮人を配置することで，在日朝鮮人としての自覚を促すのみではなく，在日朝鮮人どうしが金石範のいうところの「共同意識」を育む

ことさえも意図しているのである。

　尹健次は、「「在日」という言葉は、1970年代後半以降、主として日本に住む在日朝鮮人を指すものとして使われてきた。「朝鮮」籍や「韓国」籍という国籍（表示）の違いを超えて、在日朝鮮人を総称するだけではなく、とりわけ、若い世代の生き方を示す一定の思想やイデオロギー、ないしは歴史的意味合いを含むものとして認識されてきた」［尹健次（1990）2001：14］として、その使用には使う者の思想性が含まると指摘する。[23]

　金石範、尹健次ともに共通するのは、世代を重ねているにもかかわらず、在日朝鮮人が日本人とは異なるという前提である。一方、時代の変化は在日朝鮮人の実態を「日本人」化しつつあり、先述したが、それは金石範が認めているとおりでもある。にもかかわらず、在日朝鮮人と日本人が異なるという前提に依拠し、かつ曖昧化しつつあった日本人、朝鮮人の境界線を強化するには、双方を異質とする思考を強化する必要がある。そこで用いられた言葉こそ「在日」ではないだろうか。まさしく、そこには思想性が含まれている。では、なぜ、「朝鮮人」や「韓国人」などの国家、民族への帰属意識をあらわす言葉ではなく「在日」が選ばれたのであろうか。

　第7章で取りあげるが、鄭大均は在日朝鮮人を、「韓国・朝鮮籍を持ちながらも朝鮮半島への帰属意識が希薄であり、外国籍をもちながらも外国人意識が希薄である」［鄭大均 1996］といい、さらには、「在日はすでに日本人との間に文化的、心理的異質性を喪失しているのであり、他の日本人と変わらない生活をし、変わらない意識をもてる」［鄭大均 1996］ともいう。つまり、鄭大均は、在日朝鮮人がいわば日本人と変わらない姿があるとしている。

　ついで、姜尚中は、「「在日」について言えば、植民地支配の意識が完全に断ち切れていないため、日本人に限りなく近く、しかし「非日本人」にとどまるという微妙な距離感が作られているのである。その意味で、「在日」は他の定住外国人や民族的少数者と違う。きわめてデリケートな位置に置かれているとも言える。そのことが逆に、「在日」が自分たちに特殊なアイデンティティを与えようとする動機にもなってきた」［姜尚中［2004］2008：190 - 191］という。

　鄭大均が在日朝鮮人の被害者性を否定し、かつ日本国籍取得を主張する論者であるのに対し、姜尚中は在日朝鮮人の被害者性を訴える論者だといえ、双方

第1章　在日朝鮮人はいかに自己を規定し、呼ぼうとするのか　　037

の主張は対極にある。さらには，「外国人」として中途半端な存在の在日朝鮮人が日本国籍取得によって「日本人」化したアイデンティティを獲得すべきというのが鄭大均だとすれば，姜尚中は在日朝鮮人の被害者性にこだわりつづけることで「朝鮮人」アイデンティティを保持しようする論者だといえなくもない。にもかかわらず，程度の差はあれ，在日朝鮮人の内実が日本人と同質化しつつあるとする，両者の「在日朝鮮人」認知は似かよっている。両者がいうところの「在日朝鮮人」は日本人でもなければ「本国」の朝鮮人でもないというものであり，互いとも「在日」という言葉を用いてその集団を指し示している。

　ここまでみれば，在日朝鮮人が日本人とも朝鮮半島上の「本国」の朝鮮人（韓国人）とも異なるという思考が「在日」という言説をつくりあげたのは明らかである。しかし，これまでみてきたとおり，植民地支配からの解放後の「在日」には日本は仮住まいという思考——朝鮮人は「外国人」である——が含まれていたのに対し，金石範，尹健次らがいう1970年代後半以降の「在日」は，日本が仮住まいという思考とは対極の日本定住の思考が明らかに含まれている。そして，それは「日本人」と同質化しつつある在日朝鮮人の現実への理解からつくられている。同じ「在日」ではあるが，そこに込められた意はまったく変容しているのである。

　この「在日」言説の変容は，これまで述べてきたように，日韓条約等での永住資格取得，北朝鮮「帰国」者の減少，北朝鮮と韓国の国際社会での位置の逆転，日本での制度的差別の撤廃，在日朝鮮人の世代の移行などといった社会的文脈の変化により導かれているのは明らかである。さらにいえば，先述のとおりに，「在日」言説には日本人とは異質な存在としての在日朝鮮人をあらわすと同時に，本国の「朝鮮人（韓国人）」とも異なるという思考もが含まれている。かつては自明であった「朝鮮人（韓国人）」とする根拠が社会的文脈の変化，朝鮮半島上の「本国」との相互作用などによって揺らいだのがその一因であり，かつ，朝鮮半島上の「本国」への帰属意識の希薄化もが「在日」には含まれているのである。

4　カテゴリー言説とその要因

　以上，カテゴリー言説がつくり出される要因を在日朝鮮人の関係性に着目しながら検討してきた。各々の呼称を用いるのは在日朝鮮人自身であり，尹健次が指摘するとおり，それぞれの選択には政治性が含まれている。

　しかしながら，カテゴリーがつくり出されるには，まずは在日朝鮮人を在日朝鮮人として名指しする作業が必要であり，さらには，自身を在日朝鮮人として名のる作業もが必要である。カテゴリーを在日朝鮮人がつくり出すには，在日朝鮮人が日本人という他者からの，自己を在日朝鮮人とする「呼びかけ」にすでに応答していなければならない。

　日本社会において，日本人が多数者であり強者であることを疑う者はいないであろう。この強者たる日本人によって在日朝鮮人は日本社会にて対置され，少数者化，つまりマイノリティとされる。この少数者化について上野は，「（社会的）少数者とは，人口学的少数者とはちがって，社会資源の不均等配分を含む権力関係の用語」だとする。「だれかが対象を「マイノリティ化」しなければ，マイノリティは存在しない。つまり少数者とは，少数者化という言説実践の効果としてしか存在しない。したがって少数者のカテゴリーを拒むには，「誰がわたしをマイノリティにしたのか？　Who minoritizes us?」と問いかえしてもよい（傍点原文）」［上野 2005：30 - 31］として，マイノリティがあらかじめマイノリティとして存在するのでなく，権力関係の作用からマジョリティによってマイノリティへと化すという。

　上野の指摘では，少数者化とは言説実践の効果により行われる。これまでみてきたが，「朝鮮人」，「韓国人」，「在日」などのカテゴリーが言説によりつくられることは，在日朝鮮人が日本人とは異なるとする／され，言説によって少数者化する／されるということでもあった。これらのカテゴリーは在日朝鮮人によってつくられてきたが，つくりあげるには，在日朝鮮人が自らを日本人とは異なる他者として認知し，かつ，日本人からも異なる他者だと認知される必要がある。

　在日朝鮮人が日本人とは異なるとする／される一因となるのは，在日朝鮮人

の血縁的系譜的関係であろう。この社会的に構築された血縁的系譜的関係を在
日朝鮮人自身が客体化し，内在化しているからこそ，在日朝鮮人が日本人とは
異なるとする／されるのが有効となる。実態的に日本人に類似するとしても，
血縁的系譜的関係が在日朝鮮人を日本人とは認知させないのであり，だからこ
そ言説によってつくり出された在日朝鮮人というカテゴリーに収斂され同一化
していく。そして，これらのカテゴリーの名称が社会的文脈によって変容，も
しくは新たに創出されていくのは，これまでみてきたとおりである。

　また，日本社会において在日朝鮮人と日本人とのイコールな関係が構築され
ていない，先の言葉を借りれば，在日朝鮮人，日本人との間で社会資源の均等
配分がなされていないことをふまえると，言説化されカテゴリーがつくり出さ
れた段階において，両者にはすでに非対称な権力関係が発生している。「強者」
とされる日本人ではない「弱者」としての在日朝鮮人が言説によってカテゴ
リー化され，うみ出されているのである。しかしながら，これらの権力関係に
充分な注意がはらわれないまま，カテゴリーをつくり出す言説が在日朝鮮人自
身によって展開され，さらには，日本人によっても展開されているといわざる
をえない。

　これらのカテゴリーをつくり出す言説は，血縁的系譜的関係にともなう常識
知によって効果を持ち，さらには，常識知とカテゴリーをつくりあげる言説の
相互作用によってさらなる常識知として浸透していき，各々に内在化されてい
く。在日朝鮮人が世代を重ね，実態的に日本人に近づいていくにもかかわら
ず，新たなカテゴリーをつくり出す言説が常にあらわれ，在日朝鮮人が日本人
とは異なる存在として常にカテゴリー化されていくのも，これまでの検証から
は明らかである。新たなカテゴリーをつくり出す言説が生まれるには，在日朝
鮮人を包囲する社会的文脈に着目する必要もある。

　解放直後とは異なり，日本生まれ，日本育ちがほとんどであり，在日朝鮮人
は明らかに朝鮮半島上の「朝鮮人（韓国人）」とは異なる存在と化している。し
かし，日本人と似かよっているのを認知したとしても，「日本人」と自称でき
ない思考を有し，「朝鮮人（韓国人）」とも自称しきれない思考を在日朝鮮人，
日本人ともに有しているからこそ，在日朝鮮人が日本人とは異なる，朝鮮半島
上の「朝鮮人（韓国人）」とも異なるとする言説がうまれた。また，「強者」で

ある日本人という他者のカテゴリーを在日朝鮮人がすでに固定化して／されているからこそ，これに対置する／されることで，「弱者」としての在日朝鮮人というカテゴリーもが成立する。日本人が「強者」の「日本人」というカテゴリーを認知するには「弱者」の「在日朝鮮人」というカテゴリーが必要であり，在日朝鮮人が自己を「在日朝鮮人」と認知するためには「日本人」というカテゴリーが必要である。各々の違いを確認するためにこそ各々の違いを強調する言説がうまれ，カテゴリーがつくり出されていくのである。

5　小　　括

　以上，在日朝鮮人を指すカテゴリー名称とその言説を，主に在日朝鮮人，日本人の言論レベルから検証してきた。本章で検証した「朝鮮人」，「韓国人」，「韓国・朝鮮人」，「コリアン」，「在日」のいずれも，在日朝鮮人が日本人とは違う・異なるという前提から言説化されてきたのは明らかであり，かつ，これらの言説が在日朝鮮人，日本人の違いをあらたにつくり出していたのも明らかである。

　在日朝鮮人によってカテゴリーをつくり出す言説が展開されてきたのはたしかだが，福岡や原尻が指摘するように，日本人の排除的思考によってこれらの言説が維持されてもいる。両者の相互作用は，在日朝鮮人，日本人とも血縁的系譜的関係による「違い」を常識知としてとらえていたからこそ生じたのも明らかであろう。

　このようなカテゴリーを自明視する言説が在日朝鮮人を「在日朝鮮人」と規定し，表象し続けるのに荷担したのであるが，他方では，在日朝鮮人を束縛し続けたともいえ，在日朝鮮人としてその運動，事件，行動の駆動力になったのである。

[注]
　1）　筆者がここでいう「朝鮮半島上でうまれた祖先」の「朝鮮半島」は，旧植民地である朝鮮の意で用いており，そこには済州島なども含まれる。
　2）　外国人登録制度の廃止と新たな在留管理制度については第5章を参照のこと。
　3）　在日朝鮮人の外国人登録に記載される国籍について，「1952年の平和条約発効時に日本政府は韓国を正式な国家として承認し，かつ国籍欄の表記を「朝鮮」から「韓国」へ書き換え

る条件として在外国民登録書などの韓国政府が発行する国籍証明書を提出させている。この
ことから考えると、日本の外国人登録の国籍欄に「韓国」と記載されている者は韓国国籍が
手続き上確認された者と判断される。一方、国籍欄が「朝鮮」の者はその手続きが行われて
いない者であり、国籍欄の記載された「朝鮮」が北朝鮮国民という実体法上の国籍帰属を示
す概念ではないと考えられる。したがって、日本の外国人登録欄に「朝鮮」と記載されてい
る者を単純に「北朝鮮国民」と判断することはできない」という指摘がある［国際高麗学会
日本支部『在日コリアン辞典』編集委員会 2010：147 - 148]。この指摘は外国人登録にかん
してだが、特別永住者証明書上の記載においても変わりがないと思われる。

4) トッカビ子ども会については第4章を参照のこと。

5) 朝日新聞1965年3月27日付東京版夕刊。ここでコメントを述べている者は、「元東亜日報
主筆 金三奎」、「東映フライヤーズ 張本勲」、「作家、在日朝鮮文学芸術家同盟副委員長（北
朝鮮支持) 金達寿」、「中央土地会社社長 朴容九」、「韓国連合通信社編集長代理 崔景佑」、
「弁護士 朴宗根」、「在日大韓民国婦人会会長 呉基文」である（肩書きは原文中に記載どお
り)。

6) 1960年代までの北朝鮮、韓国については第2章の注5)を参照のこと。それ以降を『朝鮮を
知る事典』による韓国経済と北朝鮮経済の一例からみれば、韓国は、「60年代後半から70年
代後半まで、韓国経済は外貨に依存しつつ輸出の顕著な伸びを実現し、高度成長を持続する
ことができた。GDPの年平均成長率は、第1次五ヵ年計画（1962〜1966) では7.8%、第2
次五ヵ年計画（1967〜1971) では9.7%、第3次五ヵ年計画（1972〜1976) では8.5%と
(略) 全体として順調に成長を遂げて」いき、「このような経済的躍進が、第1次石油危機
(1973) を契機とする世界的不況と対照的に達成されたため、韓国は70年代に登場したシン
ガポール、台湾などの新興工業国家群（NICs、その語 NIEs) の代表として国際的に注目を
集め、開発途上国の成功モデルと評価されるにいたった」［伊藤ほか 2000：495 - 496] とさ
れるものであった。一方の北朝鮮は、「50年代末から60年代初めにかけては非常に速いテン
ポでの経済発展がもたらされた」が、「共和国の貿易構造をみると（略）明らかに一時産品
輸出国型の特徴を持っている。このことから、第三世界の非産油途上国と同様に石油危機の
打撃を強く受け、貿易収支が悪化した。それに70年代初めの大規模プラント輸入の延払い負
担が重なり、75 - 76年以降、債務延滞問題が顕在化したのである」［伊藤ほか 2000：511 -
512] とある。

7) 北朝鮮「帰国」は第2章でも取りあげるが、そのピークは7万5,000人あまりが帰国した
1959年から1961年までの3年間であり、1984年時ではわずか30人となって［金英達・高柳
1995：341]、この年で「帰国」事業は終了している。重村は、「朝日新聞の朝鮮半島報道
は、北朝鮮一辺倒から韓国傾斜へとその振幅の大きさでは、定評がある」［重村 1997：83]
と皮肉的に前置きしながら、1976年10月6日に朝日新聞が「北朝鮮の謎」という連載記事を
開始し、「北朝鮮についての報道姿勢を最初に変えようと試みた」［重村 1997：83] として
いる。重村の指摘からは、北朝鮮への批判が公に行われはじめたのは1970年代中旬といえ
る。北朝鮮社会の実情と北朝鮮「帰国」者の窮乏を「自分の感情を抑えて事実をありのま
ま、客観的に記そうと努めた」［金元祚 1984：346] として、「これまで「地上の「楽園」」と宣
伝されてきた共和国の偽善と虚構を、ある程度暴き得たと思う」ともする「凍土の「共和
国」――朝総連同胞の「北」訪問日記」が在日朝鮮人系の「統一日報」紙上で連載が開始さ
れたのが1983年3月29日である。これは100回にわたる連載後、1984年に単行本化されてい
る。

8) 朝日新聞1952年11月25日付東京版朝刊。

9) 大韓民国の成立は1948年8月15日であり，民団がその名称を変更したのは同年9月8日である。その際に民団は綱領を変更し，「第一条に「われわれは大韓民国の国是を遵守する」と掲げた」とされる［李瑜煥 1980：33］。

10) 在日朝鮮人の朝鮮籍から韓国籍への移行については第4章を参照のこと。

11) 「まだん」は朝鮮語で「広場」の意である。『季刊まだん』の刊行趣意は，「特殊な環境社会に育まれてきた在日同胞は，共通の原点に立って，共に語り，論じ，かつ興じたいという衝動をおさえ難く，ひとつの「マダン広場」を求めてやまない。わたしたちはこのような在日同胞の願いを充たし，相互不信を取り除く作業をとおして，1日も早い祖国統一の日を迎えたい」というものである。『季刊まだん』は1975年に6号で休刊したとされる［国際高麗学会日本支部『在日コリアン辞典』編集委員会 2010：87］。

12) 民闘連は，日立製作所の就職差別を糾す運動にかかわった人々によって1974年に結成され，その初代代表には第3章でみる金嬉老事件の特別弁護人を務め，のちには北朝鮮による拉致被害者救出運動にかかわる佐藤勝巳氏が就いていた。民闘連の運動には，1．在日韓国・朝鮮人の生活現実を踏まえて民族差別と闘う実践をする，2．在日韓国・朝鮮人の民族差別と闘う各地の実践を強化するために交流の場を保障する，3．在日韓国・朝鮮人と日本人とが共闘していくという「三原則」があり，在日朝鮮人の二世代が中心メンバーだったとされ，現代も民闘連の流れを汲むいくつかのグループが個々に活動を継続しているとされる［国際高麗学会日本支部『在日コリアン辞典』編集委員会 2010：415］。日立製作所の就職差別事件については第4章注3)を参照のこと。

13) この連載はのちに宮田浩人名義で単行本化され，その際にタイトルが『65万人──在日朝鮮人』となっている。同連載の最後には記者座談会があり，「「在日韓国・朝鮮人」という言葉に対して，朝鮮総連系の人からは「朝鮮の分断を固定する表現だ」と非難された。一方，民団系の人からは「われわれは朝鮮人ではなく韓国人だ。それなのに文中で「在日朝鮮人」を使うのはなにごとだ。在日韓国人と直せ」といわれた。表現一つにも南北分断の厳しさを感じさせられた」とある（朝日新聞1976年4月25日東京版朝刊）。

14) 大阪市を例にみれば，1972年の大阪市教育委員会発行『学校教育の進歩 1972』では，「在日朝鮮人子弟（在日する全朝鮮民族の子弟）を，主権をもつ独立国家の在外国民として認識し，その人権を尊重すること」［大阪市教育委員会 1972：24］とあるとおり，その表記は「在日朝鮮人」である。しかし，大阪市教育センターの1988年発行『研究紀要第18号 戦後大阪市教育史（Ⅳ）』では，「大阪市立学校園に在籍した在日韓国・朝鮮人（以下朝鮮と略記）」［大阪市教育センター 1988：166］となり，1994年発行の『研究紀要第71号 国際理解教育の構想とその展開（Ⅱ）』では，「本市立校園には，13,147人（1991年5月1日現在）の韓国・朝鮮人児童・生徒が在籍している」［大阪市教育センター 1994：5］，「日本の朝鮮植民地支配という不幸な歴史的背景と経緯のなかで渡日し，戦後も引き続いて在日することとなった韓国・朝鮮人」［大阪市教育センター 1994：5］と変化している。

15) http://www.koreanhr.jp/about.html，2011年11月8日アクセス。

16) http://ci.nii.ac.jp，2012年5月30日アクセス。

17) 朝日新聞1945年9月4日東京版朝刊。

18) 森田芳夫が国勢調査等にもとづき作成した統計によれば，1940年時の在日朝鮮人人口は124万1,178人であり，1950年時は46万4,277人となる［森田 1996：120-121］。坪井豊吉による「朝鮮人登録数の推移表」では，1947年9月が52万9,907人，1950年10月の登録数54万2,624人，国勢調査46万4,277人となり，1955年では登録数56万7,053人である［坪井 1975：11］。

19) 1945年10月に開かれた朝連の結成大会で採択された宣言には,「われわれの当面する目標である日本国民との友誼保全,在留同胞の生活安定,帰国同胞の便宜をはかろうとする」とあり,全6条の綱領中に「われわれは帰国同胞の便宜と秩序を期する」とある[呉圭祥 2009:14]。

20) 「居留」を広辞苑で紐解くと,「一時留まり住むこと。寄留」,「居留地に住むこと」とあり,「居留民」は「居留地に住む外国人。また,その国に滞在する外国人」[新村編 2008:751]となる。韓国民団は1994年にその名称から「居留」を削除している。当時の団長は,「居留の二字を団名から外したのは,日本に定住する意思を明確にしたかったからです」[辛容祥 1996]としており,「民団は94年,その名称(略)から,「居留」を取り去って「在日本大韓民国民団」と改称し,日本定住を宣言した。言い換えると,「日本の地域住民」として地域社会の発展に直接的に参加して貢献していくべきだという認識に立ってのことである」[辛容祥(1997)1998]とも記している。

21) 鄭大世は北朝鮮代表としてサッカーワールドカップに出場している。民族学校に通い続け,北朝鮮代表までになった彼が自己を「北朝鮮公民」「朝鮮人」とするのではなく,「在日」だといい切るところに,筆者はまさしく社会的文脈の変化を感じ,驚きを禁じえなかった。

22) 金石範は,1925年に大阪で出生しており,厳密にいえば在日朝鮮人二世にあたる。しかしながら,青年期に植民地支配下の済州島で生活していた経緯などからは,植民地支配解放後に生まれた二世とはその生育の環境がまったく異なっている。そのメンタリティはきわめて一世に近かったのではないだろうか。

23) 在日朝鮮人カテゴリーの変容を検証するにあたり,尹健次の指摘に多くをゆだねたが,これらが尹健次の政治性にもとづいていないかを注意深く検討する必要もある。

第 2 章
朝鮮にたいするコンプレックス
──北朝鮮「帰国」をめぐって

1 なぜ帰国運動か

　本章からは個別の運動を取りあげ，その言説を検証していくが，まずは1950年代末の在日朝鮮人の北朝鮮帰国運動からみていきたい。

　在日朝鮮人は日本の植民地支配により日本国籍を有していたが，1952年4月28日のサンフランシスコ講和条約締結によって日本国籍を失った。以降，在日朝鮮人は朝鮮半島出身，日本生まれを問わず法的に外国人となり，在日朝鮮人を取りまく関係性は大きく変化した。帰国運動がおきた1950年代末は在日朝鮮人の日本国籍喪失から比較的年数が経過しておらず，在日朝鮮人の実態はともかくとして，法的に日本人とは異なる存在とされてまだ浅い時期である。

　これからみていくが，帰国運動では，北朝鮮「帰国」は「民族の悲願」［張斗植 1959］，「第二の解放」［鄭雨沢 1959a］とする言説がつくられている。「民族の悲願」とも「第二の解放」ともする言説が日本社会に流布されるには，在日朝鮮人が当時どのような状況におかれていたかを検証する必要がある。

　後述するが，「帰国」した在日朝鮮人の多くは朝鮮半島南部出身者である。それらの者にとって北朝鮮は「祖国」とはいえない場所である。にもかかわらず，北朝鮮が「祖国」とされるには，「祖国」とする言説がより有効性を持つ社会的文脈があったのに疑いはない。

　また，日本での居住ではなく，北朝鮮という「祖国」への帰国を多数の在日朝鮮人が選んだことで，在日朝鮮人とはいつかは朝鮮半島上の「祖国」へ帰国する人々であり，日本人とは異なる存在，つまり，「外国人」としてとらえる思考を日本人のみならず在日朝鮮人にも醸成したと考えられる。さらには，在

日朝鮮人が「帰国」を選ばず日本に居住し続けたとしても，朝鮮半島上の「祖国」への帰属意識を有するとする／される思考を日本人，在日朝鮮人の双方にもたらし，現代の日本社会での「在日朝鮮人」観に影響をあたえたといえなくもない[1]。よって，本章では，帰国運動当時の社会的文脈に着目して，その言説を検証していく。

2　在日朝鮮人の北朝鮮「帰国」

　北朝鮮への帰国事業は，1959年12月14日，新潟港より北朝鮮の清津港へむけて第一船が出港して以降，1984年まで計187回にわたって行われ，在日朝鮮人と日本人，中国人などの随伴家族をあわせた合計9万3,340人が帰国の途についている。1968年から1970年の3年間は中断され，再開後の1971年には帰国者数が1,318人，翌1972年は1,003人と激減している［金・高柳 1995：341］。そのピークは7万5,000人あまりが帰国した1959年から1961年までの3年間である。

　帰国事業初期の統計では，朝鮮半島南部出身者は9割以上を占めている［法務省入国管理局 1971a］。1971年までの帰国者数8万1,962人の年齢別構成をみれば，1930年以降生まれ，つまり帰国事業開始時に30歳未満だった者が5万6,144人と7割近くなっている［法務省入国管理局 1971b］。これらの数字からは，帰国者の大多数が朝鮮半島南部出身であり，かつ，日本生まれ，もしくは幼少期に日本に渡ってきたと推測できる。

　この「帰国」は，各々の立場によってあらわす言葉が異なる。北朝鮮，北朝鮮を支持する朝鮮総聯からは「帰国」であった。一方，韓国，韓国を支持する韓国民団は，北朝鮮とは朝鮮半島北部を不法支配下におく「北韓傀儡・北傀」であり，「帰国」は「北韓傀儡の欺瞞政策と政治的利用目的に狂奔し，韓民族を追放しようとする日本政府との陰謀」［朴慶植 1989：401－402］である「北送」だとして，「北送反対闘争委員会」を結成し，ハンスト，新潟駅構内での線路や鉄橋上での座り込みなどの抗議活動を繰り広げた。日本政府をみれば，外務省発行『わが外交の近況』（1960年）の「在日朝鮮人の北朝鮮帰還」，内閣調査室発行「在日朝鮮人の北鮮帰還について」（1968年）ともあるように，「帰国」ではなく「帰還」としていた。

日本政府が「帰還」という言葉を用い，そして在日朝鮮人のなかでもいずれの国家を支持し，帰属するかにより「帰国」または「北送」と表現が異なっている。これらからも，在日朝鮮人の「祖国」がけっして自明でないのは明らかである。にもかかわらず，北朝鮮は在日朝鮮人の「祖国」として選ばれ，実際に9万人以上もが「帰国」の途についている。

　「祖国」を社会意識としてみると，広辞苑にあるように「祖先以来住んできた国。自分の生まれた国」「国民の分れ出たもとの国。本国」［新村編 2008：1643］であろう。しかし，多くの在日朝鮮人にとって，北朝鮮は生まれた国や場所ではなく，ましてや住んだこともない場所である。在日朝鮮人にこの「祖国」の図式はあてはまらないと思われるが，先述のとおりに，9万人以上もの在日朝鮮人が北朝鮮を「祖国」として「帰国」している。

　では，在日朝鮮人が北朝鮮を「祖国」として選び，「帰国」へと至るにはどのような言説が社会的文脈によってつくりだされ，展開されたのであろうか。

3　帰国運動の経緯と当時の在日朝鮮人像

　北朝鮮帰国を求める大衆運動は，1959年8月11日，神奈川県川崎市中留耕地の朝鮮人部落で開かれた北朝鮮の事情を聞く集会で出された結論，金日成北朝鮮首相（当時）への手紙を送ったことからはじまったといわれる［藤島 1959］。

　同集会での決議では「私たちは日本で日本政府の迫害と差別の中で苦しい生活をつづけているよりも，すぐに祖国に帰って祖国の建設に参加する（以下略）」［藤島 1959］とある。金達寿は日本の友人から帰りを急ぐ理由を尋ねられ，その理由「生活難」［金達寿 1959］の原因に「民族的差別」［金達寿 1959］があるからとし，「働こうにもその働くところがないのである。大企業はもちろんのこと，小企業も朝鮮人を受け入れようとは，――つまり，働かしてはくれないのである」［金達寿 1959］としている。

　1959年当時の日本社会では，外国籍である在日朝鮮人に対しての制度的差別が多数存在した。国民健康保険の加入資格がない，公営住宅に入居できない，公務員採用試験を受験できない等々。そのような差別のなかで，在日朝鮮人の多くが「働こうにもその働くところがない」［金達寿 1959］という状況におか

第2章　朝鮮にたいするコンプレックス　*047*

れていた。

　当時の政府系の資料をみてみよう。1955年当時の在日朝鮮人の多くが貧困に
あえいでいた様子が報告されている。

　　　昭和30年10月の国勢調査によると，定職者は，朝鮮人総数58万3,000人
　　のうち，約15万人である。その内訳をみると，農，漁業約1万9,000人，
　　製造，加工業約6万5,000人およびサービス業約6万6,000人となってい
　　る。その他酒密造，麻薬業など反社会的職業約1万8,000人で，無職者は
　　約23万7,000人に達している。大ざっぱにいうと全体の一割五分に当る約
　　9万人ぐらいの人たちは安定した生活をしているが，少なくとも7－8割
　　は常に生活の脅威にさらされているということになる。[外務省情報文化局
　　1959]

　　　昭和30年における在日朝鮮人被生活保護者数をみてみると，外国人登録
　　者数約57万7,000人中被保護者数は，約13万7,000人で被保護者率は実に
　　1,000人中237,8人の高率に上ったのであった。[内閣調査室 1968]

ついで，1958年12月に発行された『中央公論』では以下がみられる。

　　　「南大門」の部落は，板切れとトタンをつなぎ合わせた五，六棟の長屋
　　である。屋根の高さは，ちょうど私たちの背丈とすれすれだから，中に入
　　つたら，もちろん背をのばせない。どれも一棟を十世帯ぐらいに分けて住
　　んでいる。（略）もとは全部がニワトリ小屋だつたという。[藤島ほか 1958]

　　　橋の下のハモニカ式バラックの中は，異様な臭気が立ちこめ昼間でもま
　　つくらだが，電燈をつけている“家”はほとんどない。何をして生活して
　　いるのか，文字どおりの「失業部落」である。[藤島ほか 1958]

などといった劣悪な住環境を描くことにはじまり，

四十年ちかくも働き通して，まだ屑屋じゃ情なくなります。私のところ
　　の部落じゃ，まつたく生きる希望がない人達ばかりだ。みんな明日にでも
　　朝鮮に帰りたい。生活の地盤がないから，つい最近まで青年たちで不良化
　　した者が多く，ヒロポン常習者もかなりあつた。[藤島ほか 1958]

とあるように，貧困下にある在日朝鮮人が描き出されていた。
　このような状況に追い込んだのは，1956年に行われた生活保護費の削減等も
一因である。同年１月，厚生省は「外国人保護に関する一斉実態調査について
(昭和31・１・30社発53)」を都道府県に通知のうえ，二回に渡って調査を実施
し，「その過程で在日朝鮮人の保護の停止・廃止・あるいは保護費の削減等の
措置を強行」[吉岡 1980：228] した。この調査自体は「苦しい予算のなかでの
支出の節約にあったものと思われる」[吉岡 1980：228] というものである。し
かし，廃止等の措置は「在日朝鮮人の生活状況を無視し，ただ被保護者数の大
幅な削減を一挙に強行しようとするもの」[吉岡 1980：231] であり，「廃止，
減額，停止など20,717件」[坪井 1975：649] に達するものであった。
　厚生省の通知には「外国人」とあり，在日朝鮮人以外の外国人も調査対象に
含まれてはいる。しかし，多国籍化する現代の日本とは異なり，1956年時の日
本で生活保護を受給する外国人とは在日朝鮮人が大多数であった。この当時の
在日朝鮮人の生活保護率は24.06％にのぼっていたが，「要保護生活状態者」
[朴在一 (1957) 1979：149] のうち三分の一のみしか受給できない状況であり，
しかも，日本人の被保護世帯の世帯員数が少ないのとは異なり，在日朝鮮人の
場合は世帯員数が多い世帯に被保護世帯が集中していた。にもかかわらず実施
された生活保護廃止等の措置は，「朝鮮人被保護世帯のそれに集中された感が
ある」[朴在一 [1957] 1979：149] というものであった。在日朝鮮人の多くが生
活保護を受給するに至った要因は就労の困難であり，それが差別の結果であっ
たのは明らかであろう。
　なお，先の外務省情報文化局の資料では，朝鮮人総数58万3,000人のうち定
職者約15万人としていた。この総数には未成年，乳幼児などが含まれている
が，それにはふれずに定職者数が導き出されている。内閣調査室の報告では外
国人登録者数約57万7,000人のうち被保護者数を約13万7,000人としていた。こ

第２章　朝鮮にたいするコンプレックス　　049

の外国人登録者数にも未成年，乳幼児などが含まれているが，それらを無視したうえで被保護率が1,000人中237，8人の高率とされているのに留意すべきであろう。つまり，在日朝鮮人の貧困が過度に強調されていたと考えられるのである。

帰国事業開始6年後ではあるが，足立巻一による「在日朝鮮人の表情」は，在日朝鮮人が多住する大阪市生野区のルポである。そこでは生野区に住む在日朝鮮人について，「生態は，きわめて複雑である。億のつく金を持つパチンコ王もいるし，たった一頭の豚を飼っている男もいる」［足立 1965］として在日朝鮮人に富裕層がいることが記されている。つまり，すべての在日朝鮮人が貧困下にあったかはいささか疑問が生じる。

先の引用では，貧困下にあった在日朝鮮人の状況から，「このような地帯から，つよい帰国希望が出て来たとしても無理はあるまい」［藤島ほか 1958］ともある。朴在一も「斯くして在日朝鮮人は近い将来に於て失業と貧窮化から結果する生活不能状態からして全般的に引き揚げ問題に当面せざるをえない」［朴在一［1957］1979：150］という。日本での厳しい生活状況が北朝鮮への帰国に意識を方向づける一因になったのはたしかである。しかしながら，貧困が帰国と一体となって語られることで，帰国が貧困の解決策であるかのような言説がつくられていたのは明らかである。

4　北朝鮮の描かれ方とその影響

貧困の解決策として帰国が言説化されたといえるが，それが在日朝鮮人の生活実態と照らし合わされ，いかに支配的言説になったとしても，それのみで在日朝鮮人の大勢が「帰国」へと傾くとは考えにくい。「帰国」先とされた北朝鮮のみならず，朝鮮半島もがどのように言説化されたかを検証する必要がある。

1）日本人が描いた北朝鮮

帰国運動が行われた1950年代末は，朝鮮戦争の停戦から数年しか経過していない。にもかかわらず，北朝鮮では国家建設が進展しているとした紀行文が日

本人によって発表されていた。そのなかでも「在日朝鮮人が読めば，誰でも共和国に帰りたくなるように叙述されていた」［金元祚 1984：153］とされ，在日朝鮮人の北朝鮮に対する憧れと希望をもっとも膨らませたのが，寺尾五郎による『38度線の北』である。これは，日朝協会常任理事であった寺尾が訪朝使節団の一員として北朝鮮を訪問した際の紀行文である。

　板門店の軍事境界線近くでの北側——北朝鮮の青々とした畑——と南側——韓国の荒れ地——との対比からこの著作ははじまる。「一晩ねて，朝起きたら，街の様相が一変している。という言葉は，こと平壤の建設状態に関するかぎり決してウソでもなければ，大仰でもない」［寺尾 1959：18］といった状況や，「五カ年計画が完了したときには鉄鋼をのぞくすべての分野で，朝鮮は日本の一昨年の水準を追いぬくわけである」［寺尾 1959：80］と発展する姿がみられる。「すべての朝鮮人が，それぞれの持場持場で必死の向上と努力を日夜積みかさねているという相互信頼に朝鮮人は生きている」［寺尾 1959：71］とされ，北朝鮮とそこに生きる朝鮮人を賛美する表現があふれている。

　しかしながら注意深く読むと，「消費生活のいわゆる「文化性」などはおよそゼロである。（略）総括していって，たしかに，朝鮮の生活は低いし，経済はおくれているし，お義理にもモダンな社会とはいえない，まさしく低くおくれている」［寺尾 1959：69］や，「概して朝鮮側は，きれいごとの説明をする傾向は強い」［寺尾 1959：165］ともある。しかし，それらは日本の植民地支配の責任であり，「きれいごとの説明」も外国からの来客には日本も含めて当然として，けっして北朝鮮を批判していない。

　この著作は，「日本人なら第三者的立場で，客観的に共和国のことを書いたり，いったりするようだから信用できる」［金元祚 1984：153］との指摘があるように，在日朝鮮人にあたえた影響は大きかった。被差別の立場にある在日朝鮮人が，その立場へと追い込んだといえる日本人の言説を信用したとはいささか皮肉でもあるが，いずれにしろ，当時の日本社会にあふれていた北朝鮮を評価，賛美する言説は，実際に現地を訪れた日本人の視点からのものが多数であった。

　では，『38度線の北』以外のいくつかをみてみよう。1959年1月の『エコノミスト』には「日本にいどむ北鮮経済」がある。北朝鮮では帰国者の受け入れ

体制が整い，それは「社会主義建設の急速度の進展という物質的基礎の上に立っている」[中川 1959]というものである。

『北朝鮮の記録 訪朝記者団の報告』（新読書社，1960年）は，日本人記者団7人の訪朝記録をまとめたものである。紙幅からその詳細にはふれないが，『38度線の北』と同様に北朝鮮を賛美するものであるが，これも在日朝鮮人の帰国に大きな影響を与えたと金元祚は指摘している [金元祚 1984：153]。

「科学者のみた北朝鮮」は，科学評論家の鎮目による1959年夏の北朝鮮訪問記である。「北鮮の実情は，経済建設に関するかぎり総連の連中が宣伝しているほとんどそのとおり」[鎮目 1960]と評価している。

在日朝鮮人帰国協力会代表委員だった岩本[2]も実際に北朝鮮を訪れている。「この国で最も優れた特色は，社会保障と教育である。（略）一切の治療は勿論無料だが，（略）国民健康保険で国の負担が多いの少ないの，治療費の点数制がどうのこうのいうのとは桁違いである」[岩本 1960]や，「教育であるが，（略）高等学校（略）にも授業料は無料で相当の助成があるし，大学に至っては，（略）学生にとっては授業料を納めるのとは逆に授業料を貰うのである」[岩本 1960]として，在日朝鮮人の日本での苦しい生活と対照的な姿を記している。

帰国運動が行われる以前のものもある。社会評論家の淡は1953年に北朝鮮訪問団の一員として訪れ，「終戦直後の日本で見られたような瘠せおとろえて，目だけギョロギョロひからせた人には殆どであわさない」や，「今は復興建設の仕事がいそがしいので，失業者はおらぬと見え，町に浮浪者や乞食の姿は，一人も見当らない」[淡 1954]という印象を残している。

これら北朝鮮への評価は，金元祚の指摘にしたがえば，当事者ではない第三者のものだったからこそ信頼できたのであろう。そこにうつし出された発展する北朝鮮は，在日朝鮮人が差別，失業，貧困にあえぐ状況からは憧憬を抱くことが当然な姿でもある。苦しく容易に抜け出せない環境に身をおかざるをえない状況が彼方の発展をあまりにも眩しくみせたのである[3]。行ったこともみたこともない北朝鮮が「祖国」として選ばれ，思い描かれるには，在日朝鮮人の差別，失業，貧困といった状況に加え，当事者ではない第三者がつくりあげた言説が大きな役割を担ったのである。

2) 在日朝鮮人が描いた北朝鮮——鄭雨沢から

　周知のとおり，帰国運動を展開したのは朝鮮総聯である。では，朝鮮総聯は在日朝鮮人と北朝鮮をどのように描き，「帰国」の言説をつくりあげたのであろうか。これらについて，帰国運動当時，朝鮮総聯中央常任委員で宣伝部副部長でもあった鄭雨沢[4]からふりかえっていこう。

　鄭雨沢は，元妻のロシア文学研究者である角圭子が著した自伝的小説『鄭雨沢の妻——「さよなら」も言えないで』によれば，帰国運動当時に上記の要職に就き，「帰国運動の先頭に立っていた」［角 1996：3］人物である。そして，日本の各雑誌で帰国についての論文を発表しており，その論理を朝鮮総聯の公式見解ととらえて間違いはない。

　鄭雨沢は，筆者が把握する限りではあるが，帰国について，「帰国を希望する在日朝鮮人」（『世界』1958年12月号），「歸国問題の歴史と現実」（『新日本文学』1959年4月号）「北朝鮮はこういっている——帰還調印に当たつて日本・韓国側を批判」（『世界週報』1959年8月号）の3本の論文を発表している。そのなかから，全6章11ページにわたって帰国の論理を述べた「歸国問題の歴史と現実」［鄭雨沢 1959b］（以下「歸国問題」）を取りあげる。

　まず北朝鮮の状況である。同論文では，北朝鮮の第一次五ヵ年計画が「二カ年四ケ月も短縮して（略）達成する予定」であり，その結果として「重工業生産高は，日本の57年度の人口一人当り生産高をはるかに追いこす」としている。

　先に在日朝鮮人の劣悪な住環境を引用したが，対照的に「住宅建設は8分間で一世帯のスピード」で行われ，「平壌市をはじめ各都市には5～7階の勤労者アパートが立ちならびはじめ」る姿がそこにはある。

　また，「穀物生産も昨年370万トンに達し，食糧の不足地帯から，食糧のありあまる地帯となつた。」と食の話題にもふれ，教育にかんしても「人民学校（小学）から大学までの授業料が全廃された」としており，具体的な数字を用いて発展めざましい北朝鮮の姿を生活に関連した事柄から伝わるように描いている。

　ついで在日朝鮮人像である。この「歸国問題」の冒頭には，懇話中に在日朝鮮人が60万人も存在することに新聞記者が驚く記述があるが，これは在日朝鮮人の存在がいかに知られていないかを示したものである。

鄭雨沢は朝鮮総聯が実施した調査にもとづき，その60万のうち定職に就いているものがわずか「29.5％」にすぎず，残り「70％が失業および半失業状態である」という。「戦時中，生血を吸いとられるように酷使されてきたわれわれは，終戦と同時に，廃物をハキだめにすてるように，あらゆる日本の産業，公共企業からしめ出され，生業の道を絶たれた」ことがそのような状態に至った理由だとする。

　「民族教育の問題」はどうか。朝鮮人が解放後はじめた「民主民族教育」が日本政府からの弾圧にもかかわらず，「苦難にみちた試練をもちぬいて（略）発展の一路をたどつている」が，日本当局が報復措置として私立学校認可を与えないために「朝鮮高校を出ても日本の大学に入れない。日本の高校や大学を出ても就職できない。その上多くの青少年が日本で生れ，日本の教育をうけているため，自国の言葉と歴史はおろか，自民族の誇りさえもてない」者が増えており，「こうして多くの朝鮮人青少年が明日への希望をもてないまま，毎日を不安の中で暮らしている」としている。

　さらには，当時起きた小松川事件の被告であった李珍宇の行為が「これらの環境が作用していることはいなめない事実」であり，「いく多の朝鮮人父兄が，李少年の犯罪を自分の子弟の境遇と結びつけ，いかほど身のすくむ思いをしたことだろうか？」とし，実在の事件を絡ませながら，在日朝鮮人の多くが日本社会で抱く疎外感を説明している。

　鄭雨沢は，在日朝鮮人が存在するのは「日本帝国主義が武力をもつて朝鮮を併合した1910年の「日韓合併」」をまずはその原因とし，「「土地調査事業」に名をかりて行われた土地収奪の結果」による労働力の流出，「産米増殖計画」による朝鮮農村の破綻と，「日本帝国主義」による朝鮮の「兵站基地化」などが「ただちに朝鮮農民の日本渡航をもたらし」たこと，「42年5月の「国民総動員法」によつて，朝鮮人にたいする日本への強制的な「労務供出」，徴用がはじめられた」ことなどをその理由としてあげ，「在日朝鮮人は，かつての日本帝国主義の大陸侵略の所産であり，太平洋戦争のツメ跡である。したがつて在日朝鮮人問題は日本帝国主義の戦争責任とも直接結びつく問題」だとして日本の責任を訴えている。

　鄭雨沢は在日朝鮮人の定義をも行つている。沖縄人や部落民の問題が「日本

国内における人種問題であり，身分制遺制の問題」であるのに対し，在日朝鮮人は「人民が主権をにぎり，社会主義を設建しているところの朝鮮民主主義人民共和国の公民である」として，在日朝鮮人が北朝鮮の公民であり，在日朝鮮人問題を国際問題とする言説をつくりあげている。そのうえで，戦後あらゆる分野から排除されたこと，多くの青少年が自国の言葉と歴史，自民族の誇りを持てないといったことが，「帰国運動のモメント」になったとするのである。

　鄭雨沢は，在日朝鮮人の97％が朝鮮半島南部出身でありながら，故郷の南でなく北へ帰ろうとする理由を，「この疑問を容易にといてくれるのは，南北両朝鮮の現実である」ともしている。そこには，「アメリカ独占資本の支配と，おしよせるアメリカ余剰商品の洪水の前に，民族経済は破壊しつくされ，57年度の工業総生産高は解放前，1940年の63％にすぎず，輸入は輸出量の15倍というありさま」や，「かつて穀倉地帯といわれた南朝鮮は慢性的な飢饉地帯にかわり果ててしまつた。(失業者が420万，絶糧農民300万。)」，「李承晩の前代未聞のファッショ的弾圧はつづき，毎年20数万の青壮年を強制徴兵し，同族相はむ戦争へと狩りたてている」として，同論文で鄭雨沢が述べた北朝鮮社会とは対照的な姿があるとしている。

　このような南北朝鮮の姿，そして日本社会で差別と貧困により生活を営むことの難しさと，在日朝鮮人を北朝鮮の「在外公民」と定義したうえで，「南朝鮮と，日本と，北朝鮮——在日朝鮮人はこの三つの社会の在り方と現実を見きわめた上で，みずからの運命を祖国，朝鮮民主主義人民共和国に托したのである。にっちもさっちも行かなくなつてきた生活打開の活路を，共和国への帰国にもとめた」として，鄭雨沢は帰国の言説をつくりあげている。

　北朝鮮の理想化と帰国の正当化を訴えるその言葉は扇動的でもある。鄭雨沢が朝鮮総聯の要職に就き，帰国運動の先頭にいたことを考えれば，そうなるのは当然である。先に推測したとおり，帰国した者の多くは幼少時に日本に渡航してきた，もしくは日本生まれである。それらの意識を北朝鮮へとむけるには，日本社会での被差別の状況を訴えつつ，発展する北朝鮮と疲弊する韓国を対比的に喧伝しながら，在日朝鮮人を北朝鮮の「在外公民」と定義し，北朝鮮という「祖国」との心理的結びつきをはかる必要があった。

　先に紹介した角の著作には，角が鄭雨沢の書いた論文の評価——ただし，こ

第2章　朝鮮にたいするコンプレックス　*055*

こに引用した論文とは別のものであるが――を放送局で働く友人に求めている箇所がある。その友人は、「なかなか説得力のある良いものでした」［角 1996：251］と評価し、「『朝鮮日報』だの『韓国日報』など韓国サイドの発表に数字を依拠して論じておられるから素直に読める」［角 1996：251］とその内容を受容し、また、鄭雨沢が執筆した「帰国を熱望する在日朝鮮人」が局内で読まれているとも述べている［角 1996：251］。これらからは、鄭雨沢がつくりあげた帰国の言説――それは朝鮮総聯の言説でもあった――の説得力と、帰国を支援する日本人に与えた影響が理解できる。

　鄭雨沢の論にあらわれた数字と状況の真偽[6]を明らかにすることは本書の目的ではない。しかし、この論文が発表された『新日本文学』の読者層が社会主義を支持する日本人が多いと考えると、それら読者に対し、社会主義体制下で北朝鮮が躍進する姿をもアピールする意図があったと考えられる。日本人、在日朝鮮人を問わず、社会主義体制を支持する者にとっては、植民地支配を脱し、韓国――そしてその庇護者であったアメリカ――との戦争によって焦土と化した国土を人民の力により復興に励む北朝鮮の姿は、冷戦下で社会主義体制の優越性を証明するには絶好のモデルであった。その反対に、資本主義国家アメリカとの関係と困窮が強調される韓国という国家像が言説化されたのも必然である。

　以上、日本人がつくりあげた在日朝鮮人像、北朝鮮像と在日朝鮮人のそれは似かよっていた。しかしながら、日本人の描いた北朝鮮が実際に旅した者の体験談、紀行文が多い――誇張した可能性はあるが――のに比較すると、在日朝鮮人が描いた北朝鮮は、鄭雨沢の「帰国問題」がそうであるように、発表された数字にもとづいてはいるが、実体験がともなっていない。現在とは異なり、当時の在日朝鮮人が簡単に日本国外に往来できず、在日朝鮮人の多くが朝鮮半島南部出身であり、北部の状況に詳しい者が少なかったことが、結果として祖国への幻想を駆り立てる役割をはたしたといえる。

　帰国運動当時、朝鮮総聯幹部であった韓光熙は、帰国をすすめるために朝鮮半島北部出身の在日朝鮮人を訪ねた際、「ワシは北の出身だから、向こうの生活の苦しさはよく知っている。あんなところは人間の棲むところじゃない」［韓光熙 2002：63］、「あの地方がそんなに早く発展するわけがない」［韓光熙

2002：63］といい返されたとのエピソードを後年著している。北部出身者ほど気候的条件などから北朝鮮を客観的にとらえることができたのであろう。しかしながら，彼の地を実際にみたことがない者たちは，言説としてつくりあげられた，極度に理想化された社会に極端なまでの片思いを抱いたのである。

5　在日朝鮮人と「祖国」

　ではここで，植民地支配の解放から帰国運動がおこるまでの，在日朝鮮人をめぐる社会的文脈を簡単にみていこう。

1）在日朝鮮人運動

　1945年に植民地支配から解放された在日朝鮮人は，日本国籍を持つ「日本国民」であると同時に，「第三国人」ともいわれる状態にあった。そのようななか，1948年，朝鮮半島の38度線以北に北朝鮮，以南に韓国の分断国家が成立している。

　先の鄭雨沢は，在日朝鮮人の存在を「日本帝国主義の大陸侵略，朝鮮侵略の所産」［鄭雨沢 1959b］であるとしていた。同時に，「人民が主権をにぎり社会主義を設建しているところの朝鮮民主主義人民共和国の公民なのである」［鄭雨沢 1959b］ともして，その立場を「外国人」，そして，北朝鮮の「公民」と規定する言説をつくりあげていた。ならば，その植民地支配からの解放と自民族国家を持つこと，帰属は念願となる。しかしながら，このような言説が解放後から流布されていたのではない。

　解放後の在日朝鮮人にもっとも影響力のあった在日本朝鮮人連盟（朝連）がすすめた運動は，「日共と一体となって，日本の民主革命をめざして，果敢な人民闘争を展開し，常に日共の前衛的実力行動部隊として，大きな役割を果した」［坪井 1975：40］とされるものである。「日共の有力な前衛部隊として動員され，常に果敢な実力闘争を展開した」［坪井 1975：44］ともあるように日本革命の先頭に立つものであり，「民族」や「国家」ではなく共産主義社会樹立をめざした「インターナショナリズム」の運動であった[7]。1949年に朝連が「団体等規制令」により解散を命ぜられた後に発足した在日朝鮮民主統一戦線（民

戦）も同様であった。

　しかし，1955年の民戦解散とそれを引き継いだ朝鮮総聯発足は，「終戦以来実に11年の間，否戦前からも引き続いて，日共の旗のもとにすすめられてきた在日朝鮮人運動は，（略）いわゆる祖国を背景とする独自的な民族的運動の母体を，初めて確立した」[坪井 1975：570]とされるような，「インターナショナリズム」の運動からの路線変換であった。それにより在日朝鮮人は朝鮮民主主義人民共和国の在外公民と規定され，「インターナショナリズム」よりも「ナショナリズム」，そして「国民」とする意識が在日朝鮮人運動であらためて構築された。それは帰属する自らの「祖国」の存在を前提とした「民族」や「祖国」への路線変換であった[8]。

　それに先立つ1952年には，日本がサンフランシスコ講和条約を締結し，占領統治から解放され主権国家として再スタートしたが，同時に，在日朝鮮人は日本国籍を失い，法的に外国人となっている。占領統治から解放された日本人が日本国家に帰属するように，外国人である在日朝鮮人は北朝鮮，もしくは韓国への帰属が当然とされる社会的文脈が運動の路線変換前にあらわれてもいた。在日朝鮮人を「人民が主権をにぎり社会主義を設建しているところの朝鮮民主主義人民共和国の公民」[鄭雨沢 1959b]とする言説は，以上のような社会的文脈の反映であろう。かつ，言説と社会的状況の相互作用が，在日朝鮮人の北朝鮮，もしくは韓国への帰属を常識知としていたとも考えられる。

　帰国運動当時，中学二年生であった張明姫は，「日本人の故国が日本であるように，朝鮮人の故国が朝鮮にあるという事です。もちろん，それは，不思議でも何でもなく当り前の事です」[張明姫 1959]と記している。日本人の国家への帰属意識と在日朝鮮人のそれとはコインの裏表の関係でもあった。

　しかし，民族組織が在日朝鮮人を朝鮮人，そして外国人と規定する言説をつくりあげ，個々人が北朝鮮，もしくは韓国に帰属意識を有したとしても，在日朝鮮人が自らを朝鮮人，外国人とする根拠は不安定なものとして表象されていた。さらにみていこう。

2）在日朝鮮人二世の民族意識

　「ぼくたち二世は，別なコンプレックスをもっています。それは祖国・朝鮮

にたいするコンプレックスです。何しろ，ぼくたちは朝鮮人でありながらその
ことばもよく知らなければ，その朝鮮がどういうところであるのか，みたこと
もないのですからね」［金達寿 1959］という青年からの問いに対し，金達寿
は，「「ふむ，なるほど」と私は思つたが，「朝鮮にたいするコンプレックス」
——それは大したことはない，もともとが朝鮮人であつてみれば，それは朝鮮
へ帰つて二，三年もキタエられればいい」［金達寿 1959］と述べている。

　朴京子は，「時々學校や近所で「朝鮮人」といわれて「あっ私は朝鮮人なの
か」？　と思った。自分がどんな民族であるかを，他國の人から教えられたの
だ」［朴京子 1953］という。

　日本に生まれ，言葉を理解できず，実在する朝鮮をみたこともない。にもか
かわらず自身を朝鮮人とする根拠は，親が朝鮮半島から渡ってきたこと，国籍
が日本でないこと，そして，上記のように日本人から朝鮮人として名指しされ
ることがあげられよう。血縁的系譜的関係によって在日朝鮮人として名指しさ
れ，それを在日朝鮮人自身が自然化し，受容しているが，自然化に至るには先
にみた解放後の自民族の「祖国」成立がその一因になったとも考えられよう。

　朝鮮という地で生まれ育った在日朝鮮人一世であれば，二世と比較して自ら
を朝鮮人だとするアイデンティティの揺らぎは少なかったのかもしれない。[9]し
かし，日本で生まれ育った在日朝鮮人二世には，いかに自然化し，自己を「朝
鮮人」としようとしても，一世にはない朝鮮人としての存在と意識の不安定さ
があった。金達寿が「もともとが朝鮮人であつて」［金達寿 1959］というよう
に，その姿は「朝鮮人」ではなかった。にもかかわらず，「朝鮮人」とされた
のである。

　先の「帰国問題」では，「日本語を語れず，日本語で読み書きのできぬ日本
人を，皆さんはどう見るであろうか？　それが，まして次代の日本を背負う青
少年であつた場合。われわれ在日朝鮮人の苦悩はここにもある」［鄭雨沢 1959b］
ともあり，ここからも当時の朝鮮人——特に二世以降の姿が理解できる。だか
らこそ，鄭雨沢は共通の祖先や集団的記憶を強調し，在日朝鮮人の共同意識を
培うともいえる言説を展開する必要があった。このような「朝鮮人」として不
安定な存在であるほどに，自らに連なる祖国が発展しているとする言説に惹か
れ，同一化をはたしていくと考えられよう。それは在日二世に限らず，幼少時

に日本に渡り，日本暮らしが長期となる一世にとっても同様であった。

　8才で日本に渡り，在日生活が35年になりすでに朝鮮語が使えなくなっていたという張斗植は，「私は，自分がパンチョッパリ，だという意識を8・15の解放後いっそう強くした。（略）私が何かの会に出て，できない朝鮮語で無理して発言し，苦しくなって日本語に切換えると，「われわれの言葉でいえ！」「あの野郎，またなんで日本語でしゃべるんだ！」とヤジられ，私は立往生をしてしまうのだった」［張斗植 1959］といい，そのような状況から，「私は別に生活に困ってはいない。しかし私は，子供たちのためにも一日も早く母なる祖国へ帰らなければならない。たとえ，四十面下げて自由に母国語がしゃべれなくても。せめて子供たちだけにはパンチョッパリとしての苦い経験をさせたくない。ノビノビと自分の国の言葉を語り，自由に読み書きができる子供たち……，ああ，どんなに嬉しいことだろう」（傍点原文）［張斗植 1959］ともいう。我が子を理由としながらも，自らの「パンチョッパリ」意識を解消し，不安定な朝鮮人意識を確固たるものにするために祖国への帰国を熱望しているのである。

　「パンチョッパリ」とは「半日本人」の意味であり，「チョッパリ」は朝鮮人が日本人を指す差別的表現といわれる。張斗植は「パンチョッパリ」を，「朝鮮人でありながら自分の国の言葉を自由にしゃべれない人たちにつけられたニックネームとでもいおうか」［張斗植 1959］として，自らの不安定な民族意識を「パンチョッパリ」と表象している。先に在日朝鮮人が自らを日本の少数民族と規定する者は皆無に近かったと述べたが，「パンチョッパリ」という言葉からは，否定的ではあるが，半分は日本人としての意識があったと考えられる。しかし，それはあくまでも半分であり，その残り半分は朝鮮人の意識でもある。

　一方，「パンチョッパリ」という言葉で否定的に日本人化をとらえているということは，あくまでも自らを「朝鮮人」とする意識が強かったということのあらわれであるが，どちらも半分であって，日本人，朝鮮人のいずれも完全ではない。すなわち，どちらでもないとする意識がより強かったのであり，自己を「日本人」ととらえようと「朝鮮人」ととらえようとも，いずれであっても不安定な民族意識を有していたのである。さらには，「日本人」，「朝鮮人」の

二つの意識を持つといえる者は中途半端な存在として否定的にとらえられ，一つを持つ者のみが肯定的にみられてもいる。二つを持つという不安定な民族意識だからこそ「パンチョッパリ」を否定的に述べ，一つのみを，ここでいえば「朝鮮人」意識のみを肯定的にとらえているからこそ，北朝鮮という自らの民族に連なる国家がたしかなものだととらえ，帰属を求めている。

　日本でなく朝鮮が選ばれたのは，先にみたとおりに各々の違いが自明視され，かつ，朝鮮人は朝鮮に住むのが当然とする常識知が作用していたからである。血縁的系譜的関係により自己を朝鮮人ととらえていたからこそ，「朝鮮人」としての不安定な民族意識の解消を，日本に住む朝鮮人ではなく朝鮮に住む朝鮮人として，帰国によって名実のともなった「国民」になることによって，はかろうとしたのである。

　李丞玉は，「働くことが，生きることが直接に祖国の建設に役だつのだ」［李丞玉 1960］と，働くことだけでなく自らの存在自体を直接祖国に役立てたいという意識をみせ，高春枝は「朝鮮人が朝鮮人として生きる，ということは，なにものにもまさる大きな喜びでありますし，「未来に生きる若者」としての自分が，祖国の建設に少しでも参加できるとしたら，これ以上人間らしい生き方は無いと信じているからなのです」［高春枝 1959］として，祖国建設への参加によって人間らしい生き方を送りたいとする希望をみせる。この「人間らしい生き方」とは，確固たる朝鮮人としての意識を持った生き方であり，朝鮮人である自らを卑下しない生き方でもあった。しかし，これまでみてきたように，それは日本では不可能であり，北朝鮮「国民」となることがその解決策だと考えられ，そのような言説がつくりあげられてきたのである。

　先に引用した張明姫は，「「朝鮮人，朝鮮人」といって白い目で見られると言う事を考えて見れば，どうしても帰ってみたいと言う気持をおさえる事が出来ません」［張明姫 1959］と述べ，李丞玉も帰国について，「異国での希望のない生活に光がさしだした」［李丞玉 1960］として，日本での疎外感をあらわしている。金助殷は，「日本を食いつめて帰る」［金助殷 1960］として，自らの境遇が貧困下にあったことを示すと同時に，「貧富の差が少なく，みんな一緒に力をあわせて働く社会。そして自分の働きが社会を繁栄させ，目に見えてそれが自分にも，自分の周囲にもかえって来る社会。それが現在の祖国朝鮮人民共和

国なのだ，と理解している」［金助殷 1960］という。

　先の金達寿や張斗植にあるような民族意識の不安感が祖国への帰国意志を高めたが，他方で，差別と貧困が在日朝鮮人に閉塞感を呼び起こし，日本での生活ではなく，祖国への帰国意志を高めてもいたのである。

　一方，高春枝は「建設途上にあるから，消費物資等も，ここ日本よりもはるかに不足しているだろうと思います」［高春枝 1959］とも述べ，喧伝された北朝鮮像を完全に信用していない様子が垣間みられる。同様に李丞玉も「日本のように物資は豊富でないにしても」［李丞玉 1960］という。金助殷は，「祖国の一般の生活程度は，たぶん日本のそれよりはまだ低く，遅れているだろう」［金助殷 1960］と北朝鮮での生活レベルをけっして高くないと考えているが，「平壌の友人からも，何ひとつ持たずに帰っても心配することはない，何も困ることはない，（略）という手紙が来ている。私は楽観的に，それを信用している」［金助殷 1960］としている。「楽観的に」とあるように，わずかながらも北朝鮮への疑いをむけていたのがわかる。

　岡田による「帰国を待つ人々」と題したルポでは，「主人はこう言うんですよ，国へ帰っても決して楽になれるんだと考えるなつて。もつともつと苦労しなければならないことを覚悟しろつて，ねエ。私も本当にそうだと思うんですよ」［岡田 1959］という在日朝鮮人が紹介されている。つまり，「帰国」こそ在日朝鮮人の被る諸困難の解決策とする言説がつくられたとしても，すべての在日朝鮮人が言説化された北朝鮮像を無条件に受け入れていなかったのである。

　しかしながら，同時に高春枝は「明日のない社会は私はもういやです」［高春枝 1959］と述べ，その文言からは，北朝鮮が明日のある社会だとしているのがわかる。李丞玉も「働くことが，生きることが直接に祖国の建設に役だつのだ」［李丞玉 1960］と北朝鮮を肯定的にとらえている。張明姫も「希望通りであっても，またそうでない面があっても，自分たちの祖国で充分に力を発揮してみたく思います」［張明姫 1959］と述べ，不安と希望を入り混ぜている。金助殷も「自分の働きが社会を繁栄させ，目に見えてそれが自分にも，自分の周囲にもかえって来る社会」［金助殷 1960］が北朝鮮だとしていた。北朝鮮への不安感以上に，差別と貧困によってもたらされた疎外感が在日朝鮮人にとっては耐え難いものであった。

以上，帰国運動時の在日朝鮮人の言説を検証してきた。日本人，鄭雨沢，それ以外の在日朝鮮人の言説のいずれとも，北朝鮮を理想化したものであり，また，理想化せずとも，「祖国」への希望を抱く積極的なものが支配的であった。

　これらの言説がつくられ，支配的言説となるには，言説を受け入れる側がどのような立ち位置におかれていたかを考える必要がある。帰国言説の重要な要素として考えられるのは，在日朝鮮人に対する日本での差別と貧困，朝鮮人としての自己の不安定な民族意識，これらの反作用として醸成された自己に連なる「祖国」建設への参画意思である。

　帰国運動の言説では北朝鮮の発展する姿が喧伝されていたが，実際に行き来できないことが北朝鮮を極度に理想化した。そして，貧困と生活苦にともなう閉塞感，それを契機とする民族意識の不安感，その二つが入り交じって日本社会への疎外感が高まった。帰国運動時，在日朝鮮人は貧困下にある者が多く，かつ，特に日本生まれの二世以降は朝鮮人であるにもかかわらず，その実態は「朝鮮人」としての姿がみられなかった。だからこそ，それらに相対し，すべての困難を解消できるかのような「祖国」としての北朝鮮言説がつくり出され，在日朝鮮人が困難下にあったからこそ，これらの言説が受け入れられた。つまり，これらの言説には，差別と排外意識に対する反作用が反映されている。

　一方，先にふれたように，帰国運動時の在日朝鮮人，特に二世以降はすでに「日本人」に近い実態であった。しかし，これも先述のとおり，日本が日本人の国家とされるように，朝鮮人の国家は北朝鮮，または韓国とされる言説がつくり出されていた。

　文京洙は，朝鮮戦争が終結し，帰国運動がはじまるまでについて，「朝鮮戦争が痛み分けに終わった50年代の半ばともなると（略）東アジア革命の嵐もしずまり，「平和五原則」の主権尊重や平和共存，領土保全や内政不干渉といった，主権国家や民族独立の理念がアジアの思潮を覆い始める。アジアの自立と解放の問題が，いわば，国という枠組を超えた永続革命の問題から，国民国家としての自立の問題として自覚され始めていた」［文京洙 2007：34 - 35］という。先に在日朝鮮人運動の路線変換をみたが，これらの変換が文京洙の指摘するような当時の社会的文脈と無関係とはいえない。つまり，このような在日朝鮮人を取りまく社会的文脈，そして，血縁的系譜的関係によって朝鮮人と日本

人が異なる存在とされ，かつ，各々の民族国家に属するのが当然とする常識知
が「帰国」の言説をうみ出したのである。

6　小　　括

　以上，帰国運動がおきた1950年代末の在日朝鮮人言説を検証してきた。1950
年代末では，在日朝鮮人がおかれている差別，貧困といった状況が表象され，
言説として展開され，かつ，「民族」と「国家」の一致，しかも居住をも含め
た一致が当然視される言説もが展開されていた。それらが社会的文脈の影響を
多分に受けていたのが本章の検証からは明らかである。

　最後に，帰国運動をあらためて考えたい。帰国運動とは，在日朝鮮人に北朝
鮮への帰国を促すと同時に，在日朝鮮人を北朝鮮の「在外公民」として内外と
もに位置づける国民運動であった。日本での疎外感を抱いていたがゆえに，
「国民」とする位置づけが在日朝鮮人に受け入れられ，9万人以上が「帰国」
した。しかしながら，すべての在日朝鮮人が北朝鮮を「祖国」と選び，自身を
その「国民」とする位置づけを無条件かつ受動的に受け入れたわけではない。
鄭雨沢は先の「歸国問題」において，「南朝鮮と，日本と，北朝鮮──在日朝
鮮人はこの三つの社会の在り方と現実を見きわめた上で，みずからの運命を祖
国，朝鮮民主主義人民共和国に托した」［鄭雨沢 1959b］としていた。個々の在
日朝鮮人は北朝鮮に対するなんらかの不安を抱えながらも，日本での自らのお
かれた現実──差別，貧困，疎外感，民族意識の不安──に応じて「祖国」を
解釈し，帰国の意味を決定していったのである。

　一方，帰国を選ばず，日本での生活を選んだ在日朝鮮人が大多数だったのも
事実である。次章では，帰国運動から約10年後の1960年代末におきた「金嬉老
事件」から，日本での生活を選んだ在日朝鮮人の言説を検証していく。

　　　［注］
　　　1)　現代の日本社会における在日朝鮮人の朝鮮半島上の「祖国」への帰属意識を有するとする／
　　　　　される思考については，第7章であらためて検討する。
　　　2)　これを執筆した岩本は当時自民党代議士であり，かつ，本文中の役職に就いていた。同論
　　　　　文では，土地国有化による勤勉意欲の喪失や言論の自由の問題，国家財政の収入源など北朝
　　　　　鮮に対する率直な疑問も記されているが，全体的に北朝鮮を賛美したといえる内容である。

つまり，当時の北朝鮮を賛美していたのは社会主義の支持者だけではなかったのである。

3）　北朝鮮が民族学校での教育支援のために巨額の資金を送金してきたことも，在日朝鮮人に「祖国」に対する希望を抱かせたとする金賛汀の指摘がある。「それまで「祖国」が具体的に在日に何かをしてくれた体験を持たない人々にとって，すばらしい感激的な出来事であった。そこに人々は「祖国」の「愛」を実感し，未来に対する希望を膨らませた」[金賛汀 2004：70] とされる。

4）　本文中の角の著作によると，鄭雨沢は1948年の大韓民国成立後に起きた羅水・順天事件に南朝鮮労働党員として参加し，官憲からの追跡を逃れるために日本に密航してきたとされる。朝鮮総聯宣伝部副部長として帰国運動の先頭に立っていたが，その後に北朝鮮に召還され，1979年に粛清されたとされる [角 1996]。

5）　1958年4月，東京都江戸川区で20代女性と都立小松川高校の女子高生が殺害された事件。犯人として李珍宇が逮捕され，1962年8月に最高裁で死刑判決が確定し，同11月に死刑が執行された。公判過程で李珍宇の境遇，そして当時の在日朝鮮人をとりまく差別や就職難などの社会状況があらためて明らかになり，作家の大岡昇平，映画監督の木下順二らによって「李少年をたすける会」が結成され，助命運動が展開された [国際高麗学会日本支部『在日コリアン辞典』編集委員会 2010：156‑157]。

6）　北朝鮮経済は1957年から1960年の第一次五カ年計画での工業総生産額増加が36.6％と高率を示しており，「社会主義兄弟国からの経済協力を受けつつ，「社会主義改造のもたらした意欲の高揚，労働生産性向上を競うチョンリマ作業班運動等とあいまって，50年代末から60年代初めにかけては非常に速いテンポでの経済発展がもたらされた」[伊藤ほか 2000：511] とされる。一方，韓国は「1950年代から実施された農地改革は（略）農民生活の向上という目的を達成できず，むしろアメリカの余剰農産物援助に圧迫されて，農村では『春窮麦嶺』と称する端境期には，飢餓に苦しむ『絶糧農家』が生じるほどであった。工業生産の面では（略）重化学工業の発展はみられず，経済構造は全体として著しく均衡を失していた」[伊藤ほか 2000：495] とある。

7）　当時の朝連指導者であった金天海は，「平素の言動には，いつも民族的な偏向がうかがわれ，徳田書記長からも再三にわたつて，その傾向をたしなめられていたともいわれる」[坪井 1975：40] とされ，「朝鮮人党員の民族的傾向とその行き過ぎ闘争には，日共も手をやいていたようである」[坪井 1975：44] ともある。けっして「民族―ナショナリズム」意識が後退してはいなかったようである。

8）　民戦から朝鮮総聯への運動上の路線変換――「インターナショナリズム」から「ナショナリズム」――は，金日成北朝鮮首相（当時）の指示によるといわれる。李瑜煥によれば，1954年8月に発表された南日北朝鮮外相声明では，金日成が閣僚に代弁させて，「"朝鮮民主主義人民共和国のみが在日朝鮮同胞の利益を代表する"ものである」とし，在日朝鮮人運動への日本共産党の指導を拒否したうえで，「「北朝鮮労働党」に従属しろと命じた」ことがその要因だとする。同書は，在日朝鮮人に対して「日本共産党の指導を仰ぐ」指令も金日成が出していたとしている [李瑜煥 1971：39]。

9）　金時鐘は日本の敗戦と植民地支配からの解放について，「突然の「解放」に日本が負けたということが信じられなくて，私は一週間あまりもほとんどご飯がのどを通らなかったくらい，打ちしおれていました」[金時鐘（1986）2001：33] と述べている。在日朝鮮人一世でも自らを日本人と同一化していた層が少なからず存在するのも明らかである。

第3章
朝鮮人でなくさせられた朝鮮人
──金嬉老事件と在日朝鮮人の「民族」

1 金嬉老事件という「運動」

　1960年代末に起きた「金嬉老事件」は，在日朝鮮人二世の金嬉老が日本人男性2名を殺害した事件であり，まぎれもない犯罪である。しかし，加害者の金嬉老は，事件に至る契機に民族差別があると訴え，それは当時，メディアで大きく取りあげられた。金嬉老は殺人，籠城という手段ではあったが，差別を社会に訴え，抗う行為を在日朝鮮人に示した。その手段の是非は別として，この金嬉老事件が後年の在日朝鮮人差別撤廃運動にあたえた影響──社会に差別を訴え，抗う──は，けっして少なくないのではないだろうか。本章は，この事件での金嬉老の訴えと裁判時の金嬉老支援をも言論による在日朝鮮人運動ととらえて検証していく。

　後述するが，「金嬉老事件」とは，金嬉老が朝鮮人であるがゆえに直面した民族差別，そして民族差別と事件の因果関係を訴えたことからも，この事件に接した在日朝鮮人に，自身が経験した差別への憤りを表出させ，金嬉老への共感と同一化をはかるものとなっている。しかし一方，程度の差はあるが，在日朝鮮人の多くが被差別体験を有するにもかかわらず，金嬉老のような事件を起こす者はわずかである。ならば，同じ被差別の存在である金嬉老への共感だけではなく，反発もしくは嫌悪感もが在日朝鮮人から湧き起こるのも必然である。

　金嬉老への共感，嫌悪感ともこれから検証していくが，これらの感情の根拠となるのは，在日朝鮮人の朝鮮人性，すなわち「民族」である。この「民族」とは，誇り，または卑下するものであっても，いずれも自己を「日本人」では

なく「朝鮮人」とする思考であり，本書では「民族意識」ともいいかえした
い。金嬉老の言説，すなわち，事件と民族差別との因果関係に対し，在日朝鮮
人は自己の被差別体験と照合して共感，嫌悪感のいずれか，もしくは両方を示
したのであり，それは，各々が有する朝鮮人の「民族」に依拠しない限り示す
ことは不可能である。したがって，金嬉老事件とその言説を追うことで，在日
朝鮮人の反応——共感，嫌悪感のみならず，在日朝鮮人がいうところの「民
族」が検証でき，しかも，それらの言説を構築する関係性をも検証することが
可能になる。

2 「金嬉老事件」

1968年2月，静岡県清水市内（当時）において，金嬉老は日本人男性2名を
殺害した。金嬉老は逃亡の末にたどり着いた静岡県の寸又峡温泉の旅館で13名
の人質を取り，88時間にわたって籠城した。籠城中，金嬉老は自己が犯した事
件の背景に民族差別があるとしてメディアを通じて訴え，事件は殺人，監禁の
みならず，在日朝鮮人への民族差別を日本社会に訴えるものともなった。

裁判時の意見陳述によれば，金嬉老は1928年生まれの事件当時39歳，在日朝
鮮人二世である。紙幅からその生い立ちの詳細にはふれないが，幼少時に実父
を亡くし，継父との折り合いが悪く放浪を繰り返し，刑務所生活を経験したと
いう。朝鮮語を解さず，朝鮮の歴史も知らなかったとされ，第二次大戦終結時
の玉音放送では，「くやしかったです。日本が戦争に敗けたということが非常
にくやしかったです。天皇陛下が泣いているその感情にふれて，私も涙をポロ
ポロポロポロ出して泣きました」［金嬉老 1970：25］といい，ここからは，金嬉
老が自己を日本人としてとらえていたと考えられよう。しかし，裁判中には小
学校での被差別体験にはじまり，生い立ちのなかでの被差別体験を数多く陳述
している[1]。金嬉老とは，「日本人」の実態を有していたものの，朝鮮人である
ことを理由とした差別を数多く体験した存在である。

金嬉老は，これらの被差別体験のうち，事件半年前に被った刑事からの差別
発言が事件の遠因になったとし，籠城時には当の刑事に対し謝罪を求めてい
る。さらに，男性を殺害する前にはその被害者からも民族差別発言を被り，そ

の発言が殺害を決心させたとして，民族差別が殺人の原因とするのである。これらの限りでは，金嬉老の行動と民族差別との因果関係をみるのも可能と思えるが，真相は金嬉老のみが知るところである。

金嬉老事件が起きた1960年代末と21世紀の現在を比較すれば，在日朝鮮人差別がより厳しかったのに異論はないであろう。金嬉老は事件に至るまでに幾度も民族差別を体験しているが，これは金嬉老個人のみの体験ではない。事件にふれ，韓美妃が「在日朝鮮人は全てが被害者意識をもっているとはいえないまでも，大なり小なり日本人からの差別や迫害に抗して生きていることも自明的なものである」[韓美妃 1968]と指摘するように，その当時の在日朝鮮人の多くが被差別体験を有していた。

後年，この事件は「日本社会に潜んできた深刻な民族問題を，マスコミを通じて多くの日本人に知らしめた象徴的な出来事であった」[国際高麗学会日本支部『在日コリアン辞典』編集委員会 2010：123]と述懐されており，日本でテレビドラマ化，韓国では映画化されている。

3　金嬉老への共感と嫌悪感

先述のとおり，金嬉老は籠城中，メディアを通じて自身が起こした事件と被差別体験との因果関係を幾度も訴えた。

1968年2月22日付毎日新聞夕刊では，刑事からの差別発言を詳細に説明し，それが犯行動機の一つとしたうえで，「私は小さい時から "朝鮮人はかわいそう。地震あるたびお家ぺしゃんこ" という歌を聞かされてきた。子供時分から "朝鮮人，朝鮮人" と馬鹿にされてきた。これがきょうのボクを生んだ。日本人のそういう根性がよくない」[2]とコメントしている。

1968年2月24日付日本経済新聞では，金嬉老が記者団に読みあげた手記が掲載されている。「私の行動は世間を騒がせ，多くの波紋を巻き起こしたが，その責任を表現せねばならない。人種差別の問題を世間にアピールした私の心の内面を知ってくれる人はいまでは多いと思う。私の行動は民族の誇りを守るのに役立ったところが少しはあったかも知れないが問題はむしろこれからで，両国は心の愛情が通うよう理解しなければならない。私が日本にいる同胞に訴え

たいことは「朝鮮人としての誇りを持て」ということだ。私は死によって日本にかけた迷惑をわびたい」。

このような金嬉老の語りを在日朝鮮人はどのようにとらえたのであろうか。

1) 金嬉老への共感

尹隆道は金嬉老の行動について、「われわれは金のおかれた客観状況をそっくりそのまま、自己の肉体的、精神的能力においておきかえ、事態の進展に異常なほどの興奮を覚えはしなかっただろうか」［尹隆道 1968］という。逮捕時には、「金と同時的に流動していた血液が一瞬時に停止し、虚脱感と同時に涙のこみあげてくるのを禁じえなかった」［尹隆道 1968］として、金嬉老の言説を全面的に受容し、かつ、金嬉老との同一化を強烈なまでにはたしている。

さらには、「金の存在を、日本人自身が日本と朝鮮の歴史的関係において認識しなければならない。金を非人間的異常性格だとするならするだけ、彼をしてあのような行為に走らされた日本社会の体質的な病巣を摘出することが、さしあたっての作業のように思う」［尹隆道 1968］ともいう。「日本社会の体質的な病巣」とは、在日朝鮮人への差別が日本社会で社会意識化しているとするたとえであり、金嬉老の言説をすべて受容したうえでのたとえである。

崔昌華は、事件時に実際に籠城現場に行き、金嬉老、人質とともに寝泊まりして金嬉老への説得を行っている。事件を知った時、「彼の苦しみがありありと分るようであった。「朝鮮人」、学校やいろいろな場でいじめられ、軽視されてきた。この現実を訴えていた。日本にある同胞は全て思いを一つにしたであろう」［崔昌華 1968a：25］と述べ、金嬉老の訴えが在日朝鮮人の共感を得るものであり、かつ、被差別体験が在日朝鮮人に共通するとして、これも金嬉老の言説を肯定している。しかも、それはすべての在日朝鮮人が肯定できるとしているが、このように指摘するのは崔昌華のみではない。

金達寿は、「かれ（金嬉老：筆者注）の生まれたその二年後に十歳で在日朝鮮人となった私自身の体験であったばかりでなく、在日朝鮮人ならば多かれ少なかれ、誰でもが持っている体験だった」［金達寿 1969］という。鄭貴文は、「朝鮮人のばあい、静岡県の山奥との間に、距離感というそれを置いて、ことのなり行きを見守っていた人は、ほとんどいなかったのではないか、と私には思わ

れる」［鄭貴文 1968］として金嬉老への共感を抱き，同時に「朝鮮人にとって
は珍しくも，不思議でもない，全くのありきたりのことでしかないのである」
［鄭貴文 1968］とする。金達寿，鄭貴文とも金嬉老の被差別体験と自己の体験
とを同一にとらえ，さらにはその体験が在日朝鮮人にとっては日常であるとし
ている。

　金時鐘も同様に，「少なからぬ，いえけっして小さくない共感がありまし
た。（略）彼キムヒロならずともそのような極端な行為にかりたてられる衝動
は，私自身の内部にも古くからあるものです。正直に言って，朝鮮人ならだれ
しもが持っているであろうところの日本に対する感情のように思えてならない
からです」［金時鐘 1972a］と述べ，李恢成も，「同じ環境のなかで暮らして来
た人間として非常にくやしい思いになるほど共感させられるものがあった」
［李恢成 1972］とする。これらからみても，金嬉老事件当時の在日朝鮮人の被
差別体験は在日朝鮮人にとっての日常的体験であった。つまり，金嬉老の言説
——在日朝鮮人の被差別体験とそれへの怒り——は，在日朝鮮人にとっては自
己の被差別体験を呼び起こすものであり，かつ，在日朝鮮人としての自己を日
本人とは異なる存在として再認知させるものであった。

　金嬉老が普段は日本人と変わらない存在だったにもかかわらず，朝鮮人とし
て差別されたという経験——朝鮮人として名指しされた経験をみれば，在日朝
鮮人の被差別体験とは自己を朝鮮人だと認知する体験であり，被差別体験に
よって朝鮮人化するといえなくもない。在日朝鮮人の被差別体験とは，朝鮮人
の自己と日本人という他者とを画定し，自己の「民族」を自覚する強烈な体験
となる。ここまでみてきた金嬉老への共感が，各々の被差別体験によってもた
らされていたのは明らかである。日本人として生きつつも，事件を契機として
朝鮮人であることを訴え，「民族」を強調し朝鮮人化した金嬉老。自己の民族
意識というものを，被差別体験を経ることで自覚する必要に迫られた在日朝鮮
人であったからこそ，各々が自己の体験を金嬉老に照合させることができ，強
い共感を覚えるに至ったのである。

　金嬉老の言説は，金嬉老のほぼ同世代のみに受け入れられたのではない。事
件後に金嬉老の手記にふれた当時の在日朝鮮人中学生もが「"金嬉老の手記"
をみんなでまわし読みしたところ，なんだ，俺たちと同じことだ，よし，ひと

つ俺たちも自分の生い立ちを書いてみよう」［三橋 1969］として，金嬉老の体験と自己を重ね合わせていた。事件の公判では，「自分は朝鮮人だからなんで金がライフルふりまわしたかよくわかると，それは結局君たち日本人が，朝鮮人を差別させている日本人が，ふりまわさせたんやと，もしも差別がなかったら，そういう強硬策には絶対出なかった」［吉岡 1972］と中学生が述べたという証言が行われてもいる。

この事件について，名前から判断して在日朝鮮人女性が記述したと思えるものはきわめて少ない。その一つ，高英梨は，「彼の身にふりかかったこの一事件と，それに対応した彼の行動の精神軌跡は，そのまま，そっくり，私自身の幼少期の精神軌跡に重ね合わす事ができた」［高英梨 1971］としている。

皇甫は，「自分と同じ朝鮮人が殺人を犯し，日本に対して民族差別を訴え籠城し（略）犯罪者であるはずの人間に，いちいち共感している両親の姿にも驚かされた」［皇甫 1999］として，父のみならず母もが金嬉老に共感していた姿を描いている。

これらからは，金嬉老の言説——民族差別への怒り——は，在日朝鮮人の世代，性別を超えて受容され，共感されるものだったのは明らかである。同時に，社会の低位層にいたと思える金嬉老の訴えは，金達寿，李恢成，鄭貴文などの作家という社会的ステータスの高い層であっても共感できるものであった。在日朝鮮人の被差別体験と民族差別への怒りとは，在日朝鮮人の世代，階層，そして男女の性差をも超えるものであった。[4]

2）金嬉老への嫌悪感

一方，在日朝鮮人の被差別体験が，階層，世代等を超えて金嬉老の言説を受容し，共感を覚える要素になったといえども，在日朝鮮人が共感だけを示したとも考えづらい。先に述べたように，在日朝鮮人の多くが被差別体験を有しているが，犯罪行為へと至るのはわずかである。

李承牧は，「金の差別に対する憤りの叫びに（略）心からの共鳴を示したのもまた事実である」［李承牧 1968］として共感を示す一方では，在日朝鮮人の多くが民族差別の克服のために努力しており，「金嬉老が，偏見・蔑視・差別の問題を持出すのは，自己の犯罪を合理化しようとするもので，おかど違いの

全く恥知らずなやり方だ，と当然のことながら多くの同胞が苦々しく思い，非難した」[李承牧 1968] といい，「多くの同胞」を代弁しつつ，金嬉老を批判する。

　先の金達寿は金嬉老の言説を受容していたが，「「事件」を知ったときは，〈ああ，またか──〉と思い，そこにはさまざまな思いがこめられていた」[金達寿 1969] ともいう。この「またか」とは，金嬉老個人の行為だけを指しているのではない。崔昌華は事件をニュースで聞いた時に，「又，韓国人が犯罪を行ったな。どうして……。又，人を殺したな。だから，日本の人々に朝鮮人は悪い，という印象をより深くするのだ」[崔昌華 1968a：22] と考えたともいう。

　在日朝鮮人が犯罪を犯すと，普段使用する日本名ではなく本名で報道され，それからは，朝鮮人が犯罪を犯したと一方的に記憶される。単一的な日本社会では日本人の名前とは異なる朝鮮人の名前は目立ちやすく，これらからも朝鮮人の犯罪は日本人より多いと結論づけられてしまう。統計上の数字から朝鮮人と日本人の犯罪件数を比較して判断されるのではけっしてない。

　金嬉老事件当時，朝鮮人の犯罪行為が日本人より多かったか否かを明らかにするのは目的ではないためふれないが，この当時の在日朝鮮人の多くは，朝鮮人犯罪が多いとする言説に疑問を抱かず，受容していたと考えられる。では，仮にそうだとすれば，朝鮮人犯罪が多いとされることを，在日朝鮮人はどうとらえていたのであろうか。

　先の鄭貴文は，金嬉老への共感を抱くと同時に，「私たちはまたこういう見方をすることも出来る。「ああいう朝鮮人がいるから，日本人から信用をうしなう。よけいに差別され，軽蔑される」ということで，見て見ぬふりしたり，日本人以上に憎悪したりする」[鄭貴文 1968] ともいう。突出した行動は日本人の差別意識を解消せず，かえって強化すると危惧しているのがわかる。

　朴鐘碩は，「彼の行為を見た瞬間「だから朝鮮人は恐い」という意識を持ち，日本人にその感情を一層強めるのではないかと思った」[朴鐘碩 1971] といい，民族団体の役員は，金嬉老逮捕時に「もし差別があったとしても，ダイナマイトを振り回し，あんな形たちで訴えるべきものではありません。これで韓国人はみんなあんな乱暴者だなんて観念でも持たれたら，一歩一歩築いてきた親善ムードも水のアワだ[5]」として，金嬉老の行動を批判する。張暁は，民族

差別が事件とは無関係でないとしつつも，「日本国民には，在日韓国人の訴え
に耳をかたむけようとする努力よりも，金嬉老のような人に対する憎悪の感情
から，偏見，疎外は当然であるかのような，相殺的心理作用を起すかも知れな
い」［張曉 1968］とする。いずれも金嬉老の行動と言説が民族差別の解消に資
するのではなく，その逆に日本人の差別意識の強化に作用するという危機感を
抱いている。金嬉老の訴えに共感しつつも，その行動への嫌悪感を示していた
朝鮮人は少なからず存在していたのである。

　しかしながら，金嬉老が主張するとおり，その行動が日本人からの差別が原
因だとすれば，その行動へと至らした全責任は日本人にあると断言でき，金嬉
老への嫌悪感が生じることはありえないはずである。そう考えると，在日朝鮮
人がどうして金嬉老に嫌悪感を抱いたのかに疑問が生じる。在日朝鮮人自身，
差別の原因が朝鮮人にあると思考していたと考えられるのである。

　先の尹隆道は，「われわれは異国に住む外国人であり，日本の許可を得て在
住してる」としつつも，「1910年の日朝併合以来の祖国朝鮮での日本の侵略，
搾取，破壊，殺し，低賃金（無償）労働力調達のための徴用などの結果が，ま
さしくわれわれの日本における存在なのである。この存在は，われわれの希望
したものでなく，不法侵入したものでもない」［尹隆道 1968］とする。尹隆道
がいうように，在日朝鮮人の存在が日本の植民地支配の結果だとする思考に全
面的に依拠していれば，金嬉老が差別への抗いとしてとった行動を在日朝鮮人
が否定するには至らなかったと考えられる。

　在日朝鮮人が金嬉老への嫌悪感を示したのは，朝鮮人犯罪が多いとされる
「事実」に疑問を呈さず，素直に受容していたこととも無関係ではない。尹隆
道の言葉を借りれば，在日朝鮮人は日本社会では「異国に住む外国人」であ
り，他者である。しかしながら，日本社会に居住し続けることによって，その
視点が日本人と同位置になり，かつ，思考の枠組みが日本人と同様になってい
たのではないだろうか。また，事件当時の在日朝鮮人は，尹隆道が「われわれ
は異国に住む外国人であり，日本の許可を得て在住している」というとおり
に，自分たちの日本での居住を植民地支配の結果による権利ではなく，日本の
恩恵と思考していたとも考えられる。

　つまり，在日朝鮮人の視点が日本人のそれと同位置となり，かつ，思考の枠

第 3 章　朝鮮人でなくさせられた朝鮮人　　*073*

組みが日本人と同様になり，日本社会での在日朝鮮人に対する日本人の支配的言説に在日朝鮮人が囚われていたからこそ，金嬉老への嫌悪感をあらわしたのである。在日朝鮮人が抱いた金嬉老への嫌悪感とは，事件当時の在日朝鮮人が日本人の言説に無自覚なままに囚われたうえで，在日朝鮮人としての「主体」を形成していた姿をあらわしている。だからこそ，日本での居住を恩恵ととらえ，金嬉老の行動が在日朝鮮人への軽蔑，差別意識をかえって増幅させ，在日朝鮮人の日本社会での立場を悪化させると考えたのではないだろうか。

　これらの在日朝鮮人とは対照的に，事件当時に日本朝鮮研究所事務局長であり，のちに金嬉老の公判で特別弁護人ともなった佐藤は，「しいたげられているものが，支配者に向かって闘いを試みる時は，時代や状況によって，さまざまな闘い方がある」[佐藤 1968] として，ベトナム戦争でアメリカと闘うベトナム人と金嬉老とを照らし合わせながら，「階級社会にあって，この種の問題で，超階級的に利害が一致するなぞということは，もともとありえないことです。ことの経過からみて，金嬉老の行為で困るのは明らかに支配の側でしょう（略）金嬉老の主張を正しいと認める限り，ベトナム人民の正義の闘いと金嬉老の行為が本質的にかわるとは今でも思っていません」[佐藤 1968] といい，金嬉老の行動を「正義」として支持していた。在日朝鮮人の多くが金嬉老に共感のみならず嫌悪感をもあらわしたのに対し，日本人の佐藤が金嬉老を全面的に支持していたのである。さらに佐藤は，「在日朝鮮人の側にも内心はわかりませんが，民族的に自分自身にひきつけてみている人より，日本人とは別な意味で，これまたつき離して見ているという人が，思ったより多いのに驚きました」[佐藤 1968] ともしていた。[6]

　在日朝鮮人があらわした金嬉老への嫌悪感，それは，在日朝鮮人が日本社会の言説の枠組みによって在日朝鮮人として「主体」化した姿をあらわしていた。いいかえれば，日本に「同化」した姿だったのである。

4　金嬉老にうつし出された「民族」

　先述したが，金嬉老は日本で生まれ，朝鮮語を解さず，日本語しか話せない在日朝鮮人である。第二次大戦終結時の玉音放送を聞き，「くやしかったで

す。日本が戦争に敗けたということが非常にくやしかったです。天皇陛下が泣いているその感情にふれて，私も涙をポロポロポロポロ出して泣きました」[金嬉老 1970：25] とその感情を吐露しているように，自己を朝鮮人でありつつも日本人としてとらえていた一面があった。しかし一方では，朝鮮人であるためにさまざまな差別を体験してきたのである。一方では日本人としてふるまいつつも一方では朝鮮人と差別される。差別を避けるための戦略として日本人としてふるまわざるをえないのは明らかだと思えるが，いずれにしろ，在日朝鮮人にこのような二側面があるのはたしかである。

　韓美妃は，金嬉老の行動が差別の末であったとする言説を，「必ずしも在日朝鮮人すべてに共通するとは考えられない」[和田ほか 1968] と前置きしたうえで，「金嬉老がこういう形でしか訴えられなかったということ自体，民族の敗北者だと思う」[和田ほか 1968] という。

　韓美妃は，朝鮮人は程度の差はあれ民族差別を受けており，そのなかで自己の生き方をかえるには二つの道があるという。一つは，差別と「積極的に闘っていくなかで，民族的な主体性を確立し，朝鮮人としてのほこりを持って生きて行く。もう一つは，朝鮮人であることを隠し，より日本人になりすまして生きようとする民族喪失的な生き方」[和田ほか 1968] である。この語りからは，韓美妃がいうところの「民族の敗北者」がなにかは明らかであろう。韓美妃にとって金嬉老は，朝鮮人として「民族的な主体性を確立し，朝鮮人としてのほこりを持って生きて行く」人間ではない，すなわち「民族の敗北者」である。

　一方，韓美妃の論理を裏返せば，「民族的な主体性を確立した」朝鮮人は差別があっても「民族のほこり」があるから立ちむかえるとなるが，韓美妃は民族差別と「積極的に闘っていく」と述べつつも，どのような手法で闘うのか，また，韓美妃が規定する差別と闘う手法がなにかは不明である。にもかかわらず，「民族的な主体性を確立し，朝鮮人としてのほこりを持って生きて」いる朝鮮人は差別と闘えるとするのは，差別に呻吟する朝鮮人をみていない，もしくはみようともしない，いささか楽天的な発言である。しかし，これから検証していくが，このような韓美妃と似かよった言説をつくりあげた在日朝鮮人はけっして少なくない。日本人として生きつつも朝鮮人である自己を訴えた金嬉

老をとらえ，その「民族性」の喪失が事件へと至らせたとしたのが，この事件当時の在日朝鮮人の多数を占める言説なのである。

　金達寿は金嬉老について，「かれはあまりにも「日本人」となりすぎていたのではなかったか（略）かれはあまりにも「かくされた人間」でありすぎたのである。そのためかれはかえってのちには，「てめえら朝鮮人は……」うんぬんといった（略）罵言をも，許すことができなくなってしまったのである」〔金達寿 1969〕という。金達寿の指摘は，「日本人」となりすぎていない「朝鮮人」であったのならば，いわば，民族の自覚や誇りを有してさえすれば差別発言にも動じなくなる，とするに等しい。

　金八雄は，「在日本韓国居留民団中央本部宣伝部長」の肩書きでコメントを残している。「戦後，とくに日韓国交が回復してからは民族的差別はなくなったと考えるが，絶無とはいえない（略）民団としては，独立民族としてプライドを持って生活するよう指導している[7]」。「民団としては」とあることからも，韓国民団は独立民族のプライドを有していれば，差別には負けないとしていた。

　崔昌華も同様に，「まず私達自身が心の片すみにもっている劣等感をなくし，独立国家の国民であるという，韓国人のプライドをもつこと」〔崔昌華 1968b〕が同胞の問題を解決するには必要だという。

　日本の植民地支配に従属した朝鮮人ではなく，解放され，韓国または北朝鮮の独立国家に帰属する国民としての朝鮮人ならば，同じく独立国家を抱く日本人とその立場は対等である。対等だからこそプライドをもてと金八雄，崔昌華ともいうが，これも先の韓美妃と同じく，在日朝鮮人が差別に呻吟する現実からは乖離した発言である。独立国家国民であろうとも金嬉老事件当時の在日朝鮮人は日本社会において周縁化され，市民社会，労働市場から排除されており，日本人とその立場が対等でなかった——社会資源の均等配分がなされていなかった——のである。しかし，これらの言説からは，在日朝鮮人が民族的自覚や誇りを有すれば，差別に立ちむかえると観念的にとらえられていたのがわかる。

　では，これらの言説によって流布された，在日朝鮮人にとって必要とされる民族の「誇り」や「民族的主体性」，「独立民族としてのプライド」——すなわ

ち，本章でいう在日朝鮮人にとっての「民族」──とは，いったいなんだったのであろうか。

　朴寿南は金嬉老事件に際し，在日朝鮮人とは，「現在，日本で生れ，育った世代は，在日朝鮮人約58万6千人のうち60％強を占め（略）その大部分が「朝鮮語，歴史，文化を知らない」朝鮮人，日本人化した朝鮮人でない朝鮮人，半日本人（パン・チョッパリ）」[朴寿南 1968]とする。在日朝鮮人が日本人としての実態を持ちつつあったのが，同時代的状況である。

　しかし同時に，朴寿南は「金（嬉老：筆者注）は，日本の植民地支配がつくりあげた「朝鮮人でなくさせられた朝鮮人」"非朝鮮人"のひとりといえないでしょうか」[朴寿南 1968]といい，「この国の政策として再び朝鮮人が，朝鮮人としては生きられないように，たくまれているのです」[朴寿南 1968]ともいう。この朴寿南や先の金八雄，金達寿などからも在日朝鮮人は朝鮮人であるにもかかわらず，その「民族性」を喪失している，させられているとされている。朴寿南の言説を紐解けば，朝鮮人の「民族性」とは本質的に備わった性質であり，その性質が日本の植民地支配，さらには日本での生活によって失われたとされるものである。

　任展慧は，金嬉老が朝鮮語を知らず，朝鮮の文化も歴史も知らないということにふれ，「金嬉老がわずかな時間でも，朝鮮人としての自分を見つめる機会を与えられていたなら，このような事件は起こさなかったのではないか」として，「民族教育から，私は実に多くを教えられ，朝鮮人としての誇りを培いました」ともいう[任展慧 1968]。任展慧は，金嬉老が民族教育によって朝鮮人として自己形成されたならば，突発した行動には至らなかったという。かつ，「朝鮮人としての自分」とするように，朴寿南と同様に朝鮮人の「民族性」が本質的に備わっているにもかかわらず喪失させられたともして，民族教育が朝鮮人性を回復するためのものとする言説が展開されている。

　以上からは，在日朝鮮人の「朝鮮人」化，しいては北朝鮮または韓国の国民化によって民族意識の保持を促す言説がつくりあげられていたと理解できる。ここで強調された「民族意識」は民族への同一化，国家への帰属によって求めてもいる。それは，先にみたような犯罪報道から「負」の存在として在日朝鮮人をとらえるのでなく，朝鮮半島上の国家や民族に依拠することによって，

第3章　朝鮮人でなくさせられた朝鮮人　*077*

「正」の存在としての在日朝鮮人を成立させようとする言説である。

　民族の「誇り」や「民族的主体性」として言説化される在日朝鮮人の民族意識──「正」の「民族」──の強調は，在日朝鮮人が日本人化しつつある現状に抗う状況をうつし出していた。抗いだからこそ「正」を強調する必要もあった。日本人の言説の枠組み──「負」──に絡みとられた在日朝鮮人を，朝鮮人の言説の枠組み──「正」──へと移行させるために，在日朝鮮人は民族と国家の一致した独立国家国民であり，かつ，その立場は日本人と平等だとする言説が流布されたのである。韓美妃のいう「民族的主体性」という言葉に含まれる「主体」，それはまさしく，在日朝鮮人の言説の枠組みで形成される民族の「主体」である。

　これらの言説の流布は，社会的文脈からは妥当性をともなっていたであろう。在日朝鮮人への被差別の状況の改善がみられないなか，自己を被差別の存在とする日本が拠り所であれば，自己の存在がいつもまでも「負」として扱い続けられてしまう。したがって，「正」の存在となるためにも，疎外感が高まるほどに，自己に連なるとされる「民族」，「祖国」を想像／創造し，それへの依拠に追い込まれていくのは明らかである。

5　在日朝鮮人にとっての「民族」

　金嬉老への嫌悪感が，日本人，日本社会の言説の枠組みの囚われであったとすれば，それらを朝鮮人の言説の枠組みに引き戻すために強調されたのが，一体化された「民族」と「祖国」である。また，被差別性の強調が「民族」を共有する機会でもあった。では，朝鮮人の言説の枠組みでの「民族」というものを，在日朝鮮人自身の言説からさらに検討していこう。

　金一勉は，金嬉老事件によって在日朝鮮人が気づいた教訓に，「われわれが祖国を愛し民族意識をしっかり持つためには，第一に自国語を語ること，第二に朝鮮の歴史を知ることであろう。そして自分が外国人であることを忘れてはならない」［金一勉 1968］ことをあげる。在日朝鮮人が自己を外国人と明確に規定しつつ，民族意識を持つには，朝鮮語を語り，朝鮮の歴史を知ることが必要だとする。金嬉老は日本語しか解さず，朝鮮の歴史を知らず，それが民族意

識でなく「日本人」化を招いた原因というが，それを裏返せば，朝鮮語を解せ
ない，朝鮮の歴史を知らない者は朝鮮人ではありえないと述べているに等し
い。

　高史明は，金嬉老の公判で日本語をとおして朝鮮語を学ぶ自己を証言し，
「日本語を通して朝鮮語がはいってくるというきわめてめんどうくさい過程，
おそらく本当の意味での朝鮮人になり得ないんであろう構造を僕はもってい
る」［高史明 1972］という。日本で生まれ，思考言語としての日本語を介して
朝鮮語が入ってくるが，それでは「本当の意味での」朝鮮人になりえないとも
する。

　金時鐘も，「日本というものをかいぐぐらないと私には自分の朝鮮には出合
えない（略）朝鮮語がかなり習得はできたといって私は朝鮮人になりきれると
は思わないんです」［金時鐘 1972b］という。

　高史明，金時鐘とも，日本を介して自覚される「朝鮮人」は本当の朝鮮人で
はないという。この二者がいうところの「朝鮮人」とは，日本語を媒介せず，
母語として朝鮮語を自然習得した者のみでしかありえなくなる。つまり，在日
朝鮮人——特に二世以降——は彼らが規定するところの本当の「朝鮮人」とは
なりえない。

　先の韓美妃は，「民族的障害，疎外から全て完全に解放された時に民族的な
主体性が確立される」［韓美妃 1968］ともしていた。在日朝鮮人の民族的主体
性，つまり民族意識が確立されるのは，民族的障害，疎外から完全に解放され
た時だというが，これらから解放されない限りは民族意識が確立されないとも
述べている。ここでいう完全な解放とは，朝鮮半島上への国家への帰属を通じ
てこそ，さらには，「帰国」によってなされるものであったのであろう。

　金嬉老がそうであったように，在日朝鮮人が日本に居住し続け，日本社会の
言説の枠組みに包囲され続ける限り，その思考が日本人化するのは否定できな
い。先に検証したとおり，金嬉老への嫌悪感を在日朝鮮人が抱いたことから
も，それは明らかである。

　本章でみてきた在日朝鮮人がいう「朝鮮人」とは，在日朝鮮人と比較して真
の「朝鮮人」という存在である。だとすれば，日本に生まれて居住し続け，日
本社会の言説の枠組みにいる限りそれは成立不可能であり，日本に暮らす在日

朝鮮人は偽物の「朝鮮人」となる。在日朝鮮人が本物の朝鮮人になりえないということは，自らが偽物の朝鮮人だと述べていることでもある。つまり，それは真偽いずれであっても「朝鮮人」という存在があることにかわりはない。したがって，これらの言説は，「民族」が本質的，生来的に存在するという思考にもとづいてつくられている。だからこそ，失われた「民族性」という思考が生じもする。

　しかしながら，在日朝鮮人の言説からは，そうとは読み取れないこともある。高史明が日本語をとおして朝鮮語を知ることでは本当の朝鮮人になりえないといい，金時鐘は日本をかいくぐらないかぎり朝鮮語に出会うことができず，朝鮮人になりきれないとしていた。金一勉は，自国語を語り，朝鮮の歴史を知るのが民族意識を持つ条件だとし，韓美妃は民族的障害，疎外からの完全解放が朝鮮人となる条件だという。「朝鮮人」に「なりえない」「なりきれない」のであり，「朝鮮人」は「なれる」存在なのである。これらの言説は，「民族」が本質的に存在すると思考したうえで発せられていると考えられるが，実のところ──本人たちが自覚しているか否かは不明ではあるが──在日朝鮮人の「民族」は本質的に存在しないと述べているに等しい。

　事件時の在日朝鮮人は，「民族」を本質的実体ととらえつつも構築されるともいい，いわば矛盾ともいえる言説を展開していたのである。その矛盾に気づいていたのであろうか。これをその言説からうかがい知ることはできない。いずれにしろ，「民族」をいわば執拗に唱えているのはたしかであるが，これは，在日朝鮮人が日本社会に存在することと無関係ではありえない。

　金時鐘が「日本というものをかいくぐらないと私には自分の朝鮮には出合えない（略）朝鮮語がかなり習得はできたといって私は朝鮮人になりきれるとは思わないんです」［金時鐘 1972b］とするように，朝鮮半島上の朝鮮人（韓国人）が疑問を──おそらく──抱かないままに自己を「朝鮮人（韓国人）」として自然化しているのに対し，日本で暮らす在日朝鮮人が自己を「朝鮮人」とするには，金時鐘がいうようにまさしく日本を介して行うほかない。

　日本で暮らす在日朝鮮人にとって日本，そして朝鮮半島に存在する朝鮮人は実存として表象される。一方の金時鐘がいうような「自分の朝鮮」とは，極度に理想化された観念として表象されたものである。日本が実存としてあらわれ

ることで，在日朝鮮人がそれらへの疑問を呈する必要はないが，同様に，朝鮮半島で暮らす朝鮮人（韓国人）には北朝鮮，韓国は自然化されたものとしてあらわれている。

　一方，在日朝鮮人が日本で暮らすがゆえに，日本というフィルターを通して観念でしか想像できない「朝鮮」，つまり本章で検証してきた「民族」とは，言説による想像であり創造である。それは現実の朝鮮半島と朝鮮人がどうであろうとも，日本で暮らす在日朝鮮人である自己と対比し，自己に血肉化させ一体化させる対象であって，かならずしも実在の必要はない。このような想像／創造の「民族」，すなわち，構築された彼岸の朝鮮人像は，朝鮮半島で生まれ，暮らす存在という前提が含まれてもいる。しかしながら，在日朝鮮人が日本で生まれ，暮らし続けていくことで，彼岸の朝鮮人像から異化，他者化された偽の朝鮮人とならざるをえない。

　これまでみてきたとおり，在日朝鮮人は被差別体験によって日本社会から他者化されていたが，一方では，想像／創造の「朝鮮」からの他者化をも自ら意図せず言説化していた。だからこそ，彼岸の「朝鮮」であっても自己と一体化させる対象として，それらを本質的存在とする必要が生じざるをえない。本質的存在であるからこそ，自己に一体化できる存在として理想化され，言説化され続けていくのである。このような理想化は在日朝鮮人が日本で暮らすがゆえに行われるのであり，いいかえれば，在日朝鮮人と日本社会，日本人との相互行為が「民族」の想像／創造と理想化をすすめるのである。

　さらにいえば，金嬉老は日本人として生きながらも，朝鮮人として差別されている。つまりは自己認知が日本人であっても，朝鮮人と名指しされることで他者性を受容せざるをえず，他者性から被る差別体験を通じて被害者性をも得る。これらの経験は在日朝鮮人にとっては共通の記憶である。朝鮮人であって「朝鮮人」ではない金嬉老に対し，朝鮮人であって「朝鮮人」ではない在日朝鮮人が共通の体験をみい出し，共感をあらわしたのであり，これらはいずれも「朝鮮人」もしくは「民族」として同一化される体験であった。

　一方，金時鐘が「日本をかいくぐって」とすることからは，在日朝鮮人がすでに「日本」を自己のものとしている，すなわち，「日本」，「朝鮮」の二つを内在していたのも明らかである。二つのアイデンティティの保持といえるが，

第3章　朝鮮人でなくさせられた朝鮮人　　*081*

金嬉老事件当時ではその積極性を肯定するものはみられない。朴寿南が在日朝鮮人を「日本人化した朝鮮人でない朝鮮人，半日本人（パン・チョッパリ）」［朴寿南 1968］と揶揄するように，二つのアイデンティティには否定的である。

　在日朝鮮人が日本と日本人の存在を客体化し，その裏返しとして朝鮮半島上の朝鮮人をも客体化していたがゆえに，日本，朝鮮とも単一民族国家・社会とする思考に囚われていたのであり，先にみた民族と国家を一致させた言説と通底しているのは明らかである。日本人にも在日朝鮮人にも，日本人と日本，朝鮮人と朝鮮は単一であり不可分だと客体化され自然化されていた。「日本」と「朝鮮」といった二つのアイデンティティへの積極性がみられなかったのは，日本社会とそこに住む日本人，朝鮮とそこに住む朝鮮人，各々の単一的統一的な実存と言説に在日朝鮮人が囚われていたからである。

6　小　　括

　以上，1960年代末を中心とした在日朝鮮人の「民族」とその言説の展開を金嬉老事件から検証してきた。そこにみられたのは被差別体験を媒介とした在日朝鮮人の金嬉老への共感と嫌悪感であった。これらの感情は，在日朝鮮人に本質的，生来的に備わる「民族性」に依拠していたと考えられがちであるが，本章の検証では，言説により想像／創造された「民族」に依拠したうえで吐露されていたのが明らかになった。

　これまでみてきたとおり，金嬉老事件にうつし出される在日朝鮮人は，日本にすでに「同化」した姿があった一方で，それに抗おうとする姿もあった。しかし，そのいずれともが言説の枠組みに囚われたうえでの在日朝鮮人の「主体」化された姿であった。

　先の帰国運動，金嬉老事件とも，朝鮮半島上の「祖国」と「民族」との一致をはかった言説がつくりあげられていた。在日朝鮮人が日本で生まれ，生活を営み続けるかぎり，その姿が日本人化していくのは否めない現実である。「日本人」化していくがゆえに，朝鮮半島上の「祖国」への帰属意識が薄らぐのも抗うことのできない現実であろう。だからこそ，在日朝鮮人を「朝鮮人」とするためにも「祖国」と「民族」を一致させる言説が必要であり，展開されたの

である。

　次章で取りあげるが，1970年代以降，在日朝鮮人が生活する地域を拠点として生活レベルでの差別を訴え，撤廃をはかった運動がはじめられている。これらは日本での生活を志向した運動だといえるが，世代を重ね在日朝鮮人の「日本人化」がすすみ，「祖国」と「民族」を一致させる言説の有効性が揺らぎはじめたがゆえの運動だといえなくもない。

　このような日本での生活を志向した運動は，「祖国」と「民族」を完全に一致させることのない，新たな「在日朝鮮人」像が必要でもある。以降，あらためて検証していこう。

［注］
1) 金嬉老の生い立ちについては，岡村昭彦編『弱虫・泣虫・甘ったれ　ある在日朝鮮人の生い立ち』（三省堂，1968年），金嬉老公判対策委員会編『金嬉老の法廷陳述』（三一書房，1970年），さらには，金嬉老が20年以上にわたる獄中生活から仮釈放され，韓国「帰国」後に執筆した『われ生きたり』（新潮社，1999年）に詳細があるので，それらを参照されたい。
2) 毎日新聞東京版，1968年2月22日夕刊4面。
3) 日本経済新聞東京版，1968年2月24日15面。金一勉は本文中にも引用した論文において，おそらくこの手記——文言は若干異なっているが——を批判している。「「私の行動は，民族の誇りを守るには役立つ意味もあるかも知れませんが……」と書きながらも，そのメモの署名に「金岡安弘」としている。なんと奇妙な愚か者であろうか」［金一勉 1968］。
4) ただし，「事件」後すぐの反応について佐藤は，「私の調べ，聞いた範囲では，傾向として肉体労働者に共鳴者が多く，知識人ほど否定的な者が多い。在日朝鮮人の反応にも同じ傾向を感じました。名もなく，ゼニのないものが共鳴し，名もあり，ゼニのあるものが否定したということです」［伊藤ほか 1968］としていた。しかし，大学教員，作家，弁護士などの日本人知識人が金嬉老の籠城中に局面打開への「呼びかけ」を発表していることからは，佐藤の見聞範囲が限られていたとも考えられる。金嬉老への「呼びかけ」の内容とその作成の経緯については，事件当時に「呼びかけ」に参加し，のちに「金嬉老公判対策委員会」の中心メンバーともなった鈴木道彦が著した『越境の時　1960年代と在日』（集英社，2007年）を参照されたい。
5) 読売新聞東京版，1968年2月24日夕刊11面。
6) 事件後20年以上を経過して，佐藤は金嬉老への感想を記している。「誤解を恐れずにあえて書くと」［佐藤 1991：10］と前置きしたうえで，金嬉老が「原コリアン」であったという。佐藤がいう「原コリアン」とは，「正直に自分の感情を表明する。そして，自分に不利になるようなことは，事実であっても断固として認めようとしない。しかし，相手側の非は，どんな小さなことでも針小棒大にいい立てる」［佐藤 1991：10］存在である。また，「自分の感情や考えを率直に表明しない今までつきあっていた活動家などとは著しく趣を異にしていた」［佐藤 1991：10］とも述べている。「いまになって振り返ってみると」［佐藤 1991：10］としているが，佐藤が，「原コリアン」を批判的にみているのに間違いはないであろう。佐藤の，本文中に引用した事件後の金嬉老の行動への支持に比較すると，その主張

は20年を経て大きく変化している。

7) 毎日新聞東京版，1968年2月23日14面。

8) 「パンチョッパリ」については第2章を参照のこと。ここで朴寿南が差別的表現を用いて在日朝鮮人を表現するのは，つまりは「パンチョッパリ」を否定しているのである。

第4章
自らの民族性をとりもどす闘い
——反差別闘争と「民族性」の堅持

1 地域運動という先駆け

　1970年代以降，神奈川県川崎市，大阪府高槻市などの在日朝鮮人の集住地において，在日朝鮮人が地域社会で生活するための権利獲得運動が日本人とともに繰り広げられている。そのなかから，本章では，大阪府八尾市に活動の拠点をおく「トッカビ子ども会」（トッカビ[1]）を取りあげる。

　以降みていくが，トッカビは八尾市において地方公務員一般職採用試験の国籍条項撤廃運動に取り組み，撤廃に導いている。この運動の勝利を朴一は，「やがて燎原の火のように広がる地方公務員の国籍条項撤廃運動の先駆けとなった」［朴一 1999：51］と指摘する。また，トッカビは，その民族教育の実践の行政施策化を求める運動をも行っている。国籍条項撤廃運動，民族教育の行政施策化の運動はその後の在日朝鮮人運動でもたびたび浮上し，現在も引き継がれる課題である。トッカビが行った運動は地域の枠を越えて，在日朝鮮人運動に大きな影響をあたえたといえる。既存の民族運動や全国レベルの運動ではない地域の小さな一団体の運動ではあるが，1970年代以降の在日朝鮮人を取りまく社会的文脈の変化と，それにともなう「在日朝鮮人」表象，および運動の言説の変容を検証する題材として適している。

　1970年代中旬以降，トッカビの運動だけではなく，児童手当の支給，公営住宅入居，国民健康保険の加入，公務員採用試験の受験資格における国籍条項の撤廃など，民闘連をはじめとした在日朝鮮人と日本人の社会運動が各地で取り組まれている。朴一は，これらの運動を，「既存の民族団体や組織に頼りきってきた60年代の在日コリアン運動とは異なり，不条理な民族差別に決して屈し

ないという在日コリアンの一人の思いから出発した下からの市民運動によって支えられたものであった」といい、「大きな組織基盤を持つ民族団体とは距離をとった彼らの運動は、民族運動というよりもむしろ多くの日本人の支援や協力に支えられながら成長していった点にその特徴がある」[朴一 1999：52-53]と指摘する。

　さらには、「既存の民族団体の多くは、日本の社会で在日コリアンが日本人と同等の権利を獲得していくことは結局同化につながるとして（略）消極的な姿勢を取りつづけた」[朴一 1999：76] として、既存の民族団体——朝鮮総聯や韓国民団などの姿勢が1970年代以降、定住化の進行する在日朝鮮人の実態と乖離しはじめたことが、トッカビのような地域運動をうむ一因になったとも指摘する。

　これからみていくが、トッカビの運動も在日朝鮮人だけではなく、ほとんどが日本人とともに取り組まれている。在日朝鮮人の生きていく権利を求める運動に日本人の参加を可能にするには、在日朝鮮人が日本で生きること、権利を求めることが当然だと納得できる運動の言説が必要である。

　したがって、これらの運動にトッカビの論理——言説が受容されたからこそ日本人の支援と協力を得ることが可能となったのであり、そのうえで国籍条項撤廃や在日朝鮮人教育の施策化へと至ったのは明らかである。つまり、トッカビの「在日朝鮮人」表象とは、八尾市という地方自治体、そして日本社会に受容された「在日朝鮮人」像の一端をあらわしている。

　以降、本章ではトッカビによる在日朝鮮人表象と、運動の言説がどのように展開され、受容されていったのかを検証していく。

2　トッカビ子ども会

1）トッカビとは

　トッカビは、在日朝鮮人二世が中心となり、大阪府八尾市内の被差別部落内にて1974年に発足した組織である。その名は「朝鮮の民話に登場する「トケビ」という妖精の名をもじって」[トッカビ 1979a：11] 名づけられている。

　トッカビは、「在日の現実から出発した民族教育を生活点である地域を拠点

にとりくむ」[トッカビ 1984：62] を活動の基本理念に掲げ，「今日，在日朝鮮人２，３世の過半数が，日本学校に通っている事実。その事実そのものが歴史性，社会性に照応させた場合，差別の反映である。ゆえに，民族教育そのものが，行政の責任によって保障されなければならない」[トッカビ 1976a] として，在日朝鮮人の子どもたちに民族的自覚と誇りを促す民族教育の実践を行った。同時に，地域の在日朝鮮人を「安中同胞親睦会」に組織し，子どもたちが自らを隠さず生きることができる地域社会をめざし，かつ，子らの進路をつくるため，部落解放同盟や労働組合等と共闘して，行政への要求闘争，権利獲得の運動をすすめた。[2]

　結果，1981年に「在日韓国・朝鮮人児童・生徒の差別撤廃のための民族教育は行政の責任において推めていく」とされ，「トッカビ子供会六年間の活動の成果を民族教育として評価し，理念としては，行政の責任において独立の予算・建物で保障すべきであり，それを理解するが，現実の問題としては，同和対策」[安 1982] に位置づけられ，その教育活動が「八尾市立安中青少年会館分室」として，同和対策ではあるが市の施策となった。

　また，先にふれた市職員の国籍条項撤廃運動のみならず，公営住宅入居や児童手当支給の要求，国民体育大会参加資格の国籍条項撤廃，さらには，当時国家公務員であった郵便外務職員採用試験の各国籍条項撤廃運動をも行い，いずれも撤廃を実現している。

2）トッカビ発足時の経緯と言説

　まずは，トッカビが発足した地域内での部落解放運動と在日朝鮮人のかかわりをみていき，その発足への部落解放運動の影響を検証していこう。

　トッカビが発足した地域での部落解放運動は，大阪府下の部落解放運動に学ぶなか，1965年，自動車運転免許取得，住宅，生業資金の各要求者組合が結成され，その運動の過程で部落解放同盟支部が結成されたことにはじまったとされる［部落解放同盟安中支部・結成15周年記念行事実行委員会 1981：7］。この運動には地域内に居住する在日朝鮮人が数人参加した。運動の結果，住宅建設を市が確約したが，のちに朝鮮人が入居できないことが明らかになり，生業資金の増額も適用外になったという。

第４章　自らの民族性をとりもどす闘い　　*087*

しかしながら，「支部は「同じように運動してきたのだから」と，つぎのような措置をとった。部落民がうけとった10万円のなかから，一律に2万円を「天引き」して，朝鮮人にまわすというものであった。支部員はみんな賛成し，ことはスムーズに運んだという」［部落解放同盟大阪府連合会・解放新聞社大阪支局 1982：13］。このことにより，トッカビは朝鮮人と部落住民間に「連帯意識の芽ばえ」［トッカビ 1984：30］があったとしている。「みんな賛成」が積極的であったのか，支部役員からの重なる説得によるものだったのかは不明であるが，いずれにしろ，共に運動を行い，その成果を供出・分配したことで，なんらかの連帯意識が育まれたとは考えられよう。

　その後も，同和就学費，特別就学奨励費を求める部落解放同盟支部の運動に朝鮮人が加わり，同じ権利を求めて運動が闘われた。これらは外国籍者を対象外とする制度であったが，市が独自財源を組んで在日朝鮮人に支給する制度が運動の結果つくられ，それにより奨学金の受給者組合である高校生友の会に朝鮮人が参加するようになった。ここに参加した朝鮮人が，「部落差別を学び，そこから差別全体の構造，その不当性とたたかうことの必要性を知り，自らのおかれている朝鮮人としての民族的・社会的立場にめざめ」，「後に友の会の中で「朝鮮人問題学習会」を一時的にせよ組織」［トッカビ 1984：30-31］したのち，地域内での朝鮮人中学生の非行事件を契機として，地域の朝鮮人青年が中学生の勉強会をはじめた。これがトッカビになったとされる。

　この「朝鮮人問題学習会」と思われる自主サークル「無窮花」は，在日朝鮮人を以下のように記している。

　　私達在日朝鮮人青年は，これからあらゆる差別と迫害の中で生きてゆかねばなりません。厚い壁の前である者は自分のことをかくしつづけ，ある者はやけになってしまう。そして結局は，日本人になり切ろうと努力します。しかしそれで本当の人生が送れるのでしょうか。他人をあざむくことは，結局自分自身をもあざむいてしまうのです。私達朝鮮人は何も悪くないのに逃げることによって結局は「朝鮮人は悪い」ことを認めることになってしまいます。［無窮花編集局 1974］

後述するが，この1974年とは，在日朝鮮人の権利獲得運動が日本各地で行われはじめた時期である。その当時，国民年金，国民健康保険，公務員採用試験の受験などでの外国籍者を排除する制度的差別が厳存しており，在日朝鮮人の多くが日本名を名のっていた。それが「あらゆる差別と迫害の中」や，「自分のことをかくしつづけ」という表現にあらわれている。「今一度差別の現実に目をむけ立ち上がることが必要です」［無窮花編集局 1974］や，「つらいこと，悲しいことそして喜びをみんなでわけあい差別と闘う」［無窮花編集局 1974］ともあり，親睦だけではなく，反差別の行動をも視野に入れていたのであろう。

　この「無窮花」は，「ムクゲという名前のサークルが，あまりにもたくさんあるので，まちがえられてはこまる」［しんぼく会「トッカビ」1974］ため，のちに名称を「トッカビ」と変更した。トッカビは，当時の在日朝鮮人の子どもを次のように語り，在日朝鮮人の子どもが家庭で朝鮮人としての自覚を卑下して形成するのであり，いいかえれば「負」の自覚を背負うとする。

　　　日本の学校にまなぶ私たちの弟や妹たちは，自分の祖国や，民族の歴史についてなにも知らずにいることが多くあります。そのために，自分の身の回りや，親をつうじて自分なりに，考えるようになります。ですから，親が酒のみだったら，朝鮮人は酒ばっかりのんでいるから，いつまでたってもうだつがあがらないんだと思い，また日本人から差別されたりすると，朝鮮人は，あわれでダメな民族だなあと思ったりして，けっきょくは，朝鮮人であることをかくして日本人になりきろうとするようになります。子供たちが自分を朝鮮人であることに，自信がもてないのは，ひとくちにいって，自分の民族や国について正しく知らないからではないでしょうか？！自分の民族や国を正しく知り，親の苦労を知り，未来についてしっかりした考えをもつようにすること，それが民族教育なのです。そのような中で私たちは「トッカビ子供会」をつくることになりました。［しんぼく会「トッカビ」1974］

　　　朝鮮人はびんぼうで，酒のみで，下品で，きたない。それしか知らない子供達は，朝鮮人であることが，はずかしくて，はずかしくでたまらなく

なり，そこからいっしょうけんめいに，逃げようとし，回りの人に対して
自分が朝鮮人であることを，ひっしになって隠そうとします。［トッカビ
1974］

　トッカビの発足は，このような現状への抗いであったといえよう。当時代表
であった徐正禹は，「まず部落差別というのを先に知って，そのあとから，朝
鮮人差別を自覚するようになった。そのなかで部落解放運動に参加していった
が，ぼくらには解放運動だけでは解決できない問題がたくさんあることに気づ
いた。そして同胞の子ども会を組織してみようという方向へ発展していったん
です。しかし，ぼくらが解放運動によって育まれたのは動かしようのない事実
です」［部落解放同盟大阪府連合会・解放新聞社大阪支局 1982：82］という。トッカ
ビの発足に部落解放運動からの影響があったとしているのであり，あらためて
徐正禹の言葉を解釈してみよう。

　在日朝鮮人が地域で暮らす住民として部落解放運動へ参加し，行政を相手と
して差別の不当性を訴え，運動は勝利したにもかかわらず，在日朝鮮人は外国
籍であるためにその成果から除外された。それは外国人であるために排除され
たことからも，自らを地域住民と認知するよりも，外国人とする思考の強化を
もたらしたのではないだろうか。同じ運動を闘ったにもかかわらず，結果は朝
鮮人，外国人と名指しされる結果がもたらされたのであり，いやがうえでも日
本人とは異なる存在としての自己を意識せざるをえなくなったのである。

　一方，高校生友の会等に参加し，部落差別を学ぶなか，差別の構造やその不
当性に気づいたとされるが，それは自らを部落民と同一化したことでの気づき
である。自己を部落民と同一化しつつも，部落差別を学ぶことで，差別全体の
構造と不当性が部落民だけでなく朝鮮人に対しても及ぶものだと知った。「自
らのおかれている朝鮮人としての民族的・社会的立場」［トッカビ 1984：30］の
理解に至ったのであるが，それは被差別の「部落」をとおして被差別の「朝鮮
人」を構築——言説化したのである。先にみたトッカビによる「朝鮮人」は，
被差別の「朝鮮人」像が表象されたものであったが，これらが部落解放運動の
影響のもとにつくられていたのは明らかであろう。しかも，その被差別性は
「祖国」や「民族」から表象されず，日本社会で暮らす「他者」として表象さ

れており，きわめて日本人に近似した存在としてあらわれている。

　トッカビの発足とほぼ同時期の1974年，「同和教育推進校である安中小学校で積みあげられてきた同和教育を基盤にして，在日朝鮮人児童の担任の教師らの，このままでいいのか，何かせねばならないのではないか，という素朴な問題意識の芽ばえ」[八尾市立安中小学校在日朝鮮人教育を考える会・八尾市立高美南小学校有志 1975] から，八尾市内教員有志の在日朝鮮人教育の実践もはじまり，これらの教員はトッカビの指導員としてもかかわっていくこととなる。

　その所属校での在日朝鮮人児童対象の取り組みの案内では，「日本人と同じように，日本の学校で学んでおりますが，日本人と同じように生活することが出来るのか，いかにかくしてもやがて在日朝鮮人ということがわかり，その時にうける民族差別に大きなショックをうけ，非行にはしることも少なくありません。私達はいかなる国にぞくしても，民族の誇りを持つべきだと思います。さらにはりっぱな人間として生きる力をつけねばならないと思います」[八尾市立安中小学校民族教育を考える会 1974] とされる，在日朝鮮人の子どもの現状がみられる。

　これらからは，民族差別と貧困，非行が連関してとらえられているのが理解でき，その克服のため「自分の民族や国を正しく知り，親の苦労を知り，未来についてしっかりした考えをもつ」[しんぼく会「トッカビ」1974] ことをねらいとして，「朝鮮のことば，歌」[八尾市立安中小学校民族教育を考える会 1974] や，「朝鮮のはなしと朝鮮語」[しんぼく会「トッカビ」1974] を学ぶ取り組みが行われた。これらにより朝鮮人としての民族性を培うのであるが，いいかえれば，朝鮮人としての自覚にこれらが必要と考えられていたのである。「子どもらの家には，まだ朝鮮人としての生活習慣が残されている」[トッカビ 1975b] とあるが，「まだ」とされるように，その生活習慣はすでに多くが消失しており，日本人化しつつあった実態があらわれていたのであろう。

　先の帰国運動，金嬉老事件では，「朝鮮人」とは朝鮮の歴史を知り，朝鮮の言葉を使える存在とする言説が展開されていたのをみた。これらと同様に，トッカビも「朝鮮」と「日本」が異質であることを強調しつつ，朝鮮語を話せ，朝鮮の歴史が語れる者こそ，あるべき「朝鮮人」として想像／創造していたのである。「朝鮮は日本とは異なった文化を持つ外国であることを理解させ」

（傍線原文）［トッカビ 1975c］，「あるべき朝鮮人像を設定しつつ目的意識的にとりあつかう」［トッカビ 1975d］ともあり，先の朝鮮の言葉や歌という実践を行っていたことからもそれは推測できる。

　これらの実践は日本人化しつつあった在日朝鮮人の実態への抗いであったが，トッカビにかかわる日本人にとっては「自らの民族性をとりもどす闘い」［八尾市立安中小学校在日朝鮮人教育を考える会・八尾市立高美南小学校有志 1975］であり，トッカビにとっては「朝鮮の文化に親しむことにより民族意識を持たせる為のひとつの手段」［トッカビ 1976b］であった。つまり，トッカビの実践とは，その設定した朝鮮人観——朝鮮語を知り，朝鮮語を話せ，朝鮮の歴史が語れる——にもとづく，すでに日本人化しつつあった在日朝鮮人の「在日朝鮮人」としての集団的アイデンティティの醸成をはかったものであった。

　しかしながら，「失われた民族性を取り戻す」，「民族意識を持たせる」とあるが，民族性，民族意識とも客観的把握が不可能である。朝鮮語を話せ，朝鮮の歴史が語れることが，民族性，民族意識につながるかは疑問である。トッカビがいう民族性，民族意識を「私達は，トッカビ子供会の見地——差別とたたかう——から歴史を教えなければならない」［トッカビ 1976c］ともしていることから考える必要もあり，それは被差別に抗うことができる朝鮮人としての主体とイコールととらえるべきであろう。そのためにこそ，まずは在日朝鮮人が自らの被差別性を認知するために，被差別性を訴える言説が必要であった。在日朝鮮人が被差別状況下にあると在日朝鮮人自身にあらためて認知させることからはじまり，差別と闘う主体の形成をはかったものこそ，トッカビによる在日朝鮮人についての言説である。

　さらには，「子どもらの在日朝鮮人像を個人像としてでなく，民族と国家という集団の概念でとらえさせ」［トッカビ 1975b］，「親自身が差別の苦しみを再認識し，闘う姿勢を持つようになっていく，子どもを高めることが親を高め，その相乗作用によって，家庭全体が強くなっていく」［トッカビ 1975b］としていることからも，在日朝鮮人の生活——差別にもとづく貧困を繰り返し述べることで，子どもだけではなく，親もが差別と闘う主体を形成すること，つまりは反差別の集団としての在日朝鮮人の集団化もが意図されている。「民族と国家という集団の概念でとらえさせ」ともあるように，トッカビがいう「在日朝

鮮人」が個人ではない，集団としての存在であるのはたしかである。

　しかし一方では，日本社会での差別と闘うための民族意識であることからも，それは「祖国」や「民族」への依拠よりは，その差別を生み出す日本社会へのなんらかの「依拠」が必要となる。トッカビがいう「在日朝鮮人」は，被差別の「部落」をとおして構築された，日本社会における被差別の存在としての「朝鮮人」であった。つまり，「外国人」でありつつも，きわめて日本人に近似した「住民」として表象されているのであり，それが日本社会への「依拠」からなされていたのは明らかであろう。

3　トッカビ発足までの社会的状況と時代的状況

　では，トッカビの実践が緒に就きはじめた1970年代中期までの在日朝鮮人を取りまく社会的文脈をみていこう。

　1970年，在日韓国人朴鐘碩が国籍を理由に日立ソフトウェア戸塚工場の内定を取り消されたことから，就職差別の不当性を訴えた裁判，いわゆる日立裁判[3]が提訴され，1974年に原告の全面勝訴となった。裁判終結後に民闘連が結成され，在日朝鮮人の集住地域を中心に児童手当，公営住宅入居の権利などの生活に根ざした闘争が展開されていった。

　日立裁判とほぼ同時期の1970年代初頭には，主に大阪市内の公立学校を中心として在日朝鮮人教育の取り組みがはじめられている。「私たちの運動の質は部落解放運動からのつきつけをきちんと受けとめ，それにとりくむなかから生まれた」[稲富 1974]実践であり，「部落解放教育の追求が，朝鮮人問題を追及させ」[吉田 1974]たともある。部落解放運動の高揚とともに部落解放教育がすすめられ，その進展によって在日朝鮮人教育の実践もがすすめられるようになったのである。先にふれた八尾市内小学校の実践もこの流れからはじまったといえる。

　1972年には，韓国，北朝鮮両国による「南北朝鮮の自主的平和統一への共同声明」が出され，統一への三原則――自主的・平和的・民族の大同団結――が明らかにされた。この声明は，「発表された日，「マンセイ（万歳）！」「よかった！　よかった！」の声が日本の夕刊紙に活字となって踊った。在日に

とって七・四声明はあたかも電撃的カンフル剤となった。まさにこの興奮剤は，在日社会に今までになかった雰囲気を作り出した」〔国際高麗学会日本支部『在日コリアン辞典』編集委員会 2010：331〕とされ，「在日社会」に統一の機運を高めた。この声明を，保護者，教師間で「民族学級の推進基調とすることが確認され」〔大阪市外国人子弟教育研究協議会 1972〕たとする在日朝鮮人児童を対象とした民族学級が大阪市内の公立小学校で開講されてもいる。この民族学級は，「大阪市立公立小中学校のそのほとんどに，朝鮮民族師弟が在籍しているが市外教としては，この状態そのものが，民族差別であり，朝鮮民族師弟は同民族の人によって教育されるべきが本来の姿である」〔大阪市外国人子弟教育研究協議会 1972〕といい，「最終的には朝鮮人の自主学校につながるものでなければいけない」〔太田 1974〕とあることから考えれば，民族学校入学までの過渡的役割を担うものとしてとらえられていたと思われる。

　これらの動きに先立つ1965年には，日韓基本条約と法的地位協定の締結にともない，韓国籍保有者に協定永住資格が付与されるようになっている。協定永住資格者には「子弟が日本の義務教育を受ける権利」，「生活保護法の適用」，「国民健康保険への加入」〔宮田 1977：232〕などが認められ，一般外国人より有利な扱いがなされていた。「法務省調べだと1969年では，韓国籍が29万1,345人，朝鮮籍と推定できるのが31万2,367人」〔宮田 1977：245〕であったが，1971年の協定永住資格申請締め切り後では韓国籍が急増し，「74年末統計では韓国籍である協定永住権取得者が34万2,366人（53.3パーセント），朝鮮籍と推測できる法律一二六号該当者とその子孫が27万293人（42.3パーセント）」〔宮田 1977：245〕となっている。この数字の動きからは，1970年代初頭では在日朝鮮人の志向が朝鮮半島への帰還ではなく，日本での定住化へと変換しつつあったのは明らかであろう。

　以上，トッカビが発足した1970年代中期とは，在日朝鮮人の日本定住が疑いのない既成事実と化した時期であり，それとともに，朝鮮半島への帰還を建前として不可視化されていた在日朝鮮人の就労などの生活に根ざした問題が，先の日立裁判のように当事者の訴えにより可視化されはじめた時期でもある。さらには，部落解放運動の影響と在日朝鮮人の子どもが多数在籍する公立学校の現状から，民族学校外での在日朝鮮人教育が模索されはじめた時期でもある。

トッカビは，この時期の在日朝鮮人を「岐路に立たされている」として，
「1）祖国に帰る　2）日本人に帰化し同化する　3）日本に住みながらも民族性は
堅持し，差別に立ち向かいながら生きていく」のうち，「定着化傾向とあわせ
て，3）が今後の在日朝鮮人の生きる道であろう」として，「3）日本で朝鮮人と
して生きる，という在日朝鮮人の新しい傾向を反映した教育を目ざす」［トッ
カビ 1977a］としていた。差別に立ち向かうには民族性が必要であり，民族性
を堅持するには差別と闘うことが必要としており，トッカビがいう「民族意
識」が差別との闘いが前提となっているのがこれからもわかる。
　いずれにしろ，トッカビの発足とその実践に被差別部落内での発足という地
域的要因が大きな影響をあたえているのは事実だが，けっしてそれだけではな
く，当時の在日朝鮮人を取りまく社会的文脈の影響も多分にあったのである。

4　運動の論理と展開

1）部落解放運動との関係から

　トッカビは発足間もない時期に同和公営住宅の入居，児童手当の支給を求め
る運動を展開し，いずれも要求を実現している。当時のチラシには，「安中支
部が結成された40年（昭和：筆者注）当時，住宅要求者組合の中には，同胞が
数人入って活動していましたが，結局入居の時点でだめになりました。その理
由は，まず法律的に見て入れないこと，同胞自身の運動がなかったことなどで
す」［安中同胞親睦会 1976］とある。在日朝鮮人の運動がないために住宅入居が
かなわなかったとしているが，いいかえれば，在日朝鮮人自身の運動があれば
入居することができたということであり，つまりは，在日朝鮮人運動の必要性
が訴えられている。共に運動したにもかかわらず，その成果から排除された経
験が，部落解放運動の一部ではない別組織としてのトッカビ独自の運動を展開
する要因になったと考えられる。
　しかし，「トッカビのたたかいが始まったころ，ムラの一部の人たちの間に
反発があったのも事実」［部落解放同盟大阪府連合会・解放新聞社大阪支局 1982：
17］とされ，部落内の運動を一本化せず，別組織の運動として分散したとする
批判があったという。これらは，「ともにたたかうなかで，朝鮮人も日本人も

変革されていった」［部落解放同盟大阪府連合会・解放新聞社大阪支局 1982：17］という。「部落の子も，朝鮮人の子もない，みんないっしょくたに考え，それで疑問らしい疑問の声もでなかった。それはまちがっていると気づいたのは，徐正禹君ら朝鮮人青年が積極的に活動しはじめてからのことです」［部落解放同盟大阪府連合会・解放新聞社大阪支局 1982：15］とある。

　在日朝鮮人が独自の活動と要求を行うことで，部落問題と在日朝鮮人問題が異なることを部落解放運動が学んだとされるが，それを訴えたのは在日朝鮮人側である。つまりは，まずは在日朝鮮人側が自らの他者性を認知することによって，在日朝鮮人運動，部落解放運動の各々の取り組む課題が異なることをも認知したのであり，その後に展開されたトッカビの言説が作用したからこそ，部落解放運動も各々の課題が異なると認知するに至ったといえよう。なお，いささか蛇足になるが，在日朝鮮人が部落問題のなにを学んだのか，また，部落解放運動が在日朝鮮人問題を一緒に考えることのなにが「まちがっている」と気づいたのかを，引用元の文献は明らかにしていない。

　トッカビの運動が進展していくなかで，行政からの援助も得られるようになっている。1977年のビラには「昨年より，八尾市教育委員会から，トッカビの実績がみとめられ，不充分ながら援助がなされています。行政からの保障が決定されたのです」［トッカビ 1977b］とある。それまで，部落解放運動の要求と成果から部落解放同盟支部が主宰する解放子ども会が青少年会館事業として行政施策に位置づき，財源を確保していたが，トッカビも「諸情勢をかんがみた上で私たち自身が望んだ」［トッカビ 1980a］うえで「解放同盟安中支部内組織として位置づけ」［トッカビ 1980a］られ，地域の青少年会館活動の一環となり，不十分ながらも一定の財源を確保したのである。

　トッカビはこの1977年を，「活動が定着し着実なあゆみ」［トッカビ 1984：44］があったとしている。そのうえで行われたのが，八尾市役所の一般事務職・技術職公務員採用試験の受験資格に設けられていた国籍条項の撤廃運動である。

2）国籍条項撤廃運動から

　先述したが，不十分ではあるもののトッカビは市の青少年会館事業として行政施策化されていた。しかし，青少年会館職員は市の正職員であり，それに就

任するための採用試験には国籍条項があった。「1978年春，トッカビ子ども会の高校生部会で，就職差別の問題が議論される中，公務員の一般職員になぜなれないのか，という疑問が起きてきた。このことは，トッカビ子ども会の行政保障の闘いの中でも指導員の採用の面から論議されてきたことである。ここにおいて，民族教育と進路保障の行政的保障の闘いが統一の土俵で新たに問題とされた」［八尾市公務員一般事務職・技術職差別国籍条項撤廃市民共闘会議 1980］として，国籍条項撤廃運動ははじめられている。

「まず，高校生の学習会，そしてこのことを同じ地区の解放同盟安中支部の高校生たちにも訴えた。反応は早く，即座に共闘の承諾を得ると共に支部の全組織にも呼びかけ，共闘体制ができた」［八尾市公務員一般事務職・技術職差別国籍条項撤廃市民共闘会議 1980］とされる。のち，部落解放同盟支部とトッカビの二者による運動から，「八尾市内の各労組民主団体の間で広く市民的課題にするため共闘会議を結成しよう，という機運」［差別国籍条項撤廃市民共闘会議幹事会 1978］が高まり，「八尾市公務員一般事務職・技術職差別国籍条項撤廃市民共闘会議」が「100人をこす労働者，市民の参加を得」［差別国籍条項撤廃市民共闘会議幹事会 1978］たことで結成されている。

国籍条項自体は運動以前から設けられており，それまで問題化されることはなかった。トッカビが問題化したからこそ撤廃運動へと至ったのである。トッカビと部落解放同盟支部のみであった運動が，労働組合など各団体との共闘へと発展したとされるが，まずはトッカビが国籍条項のなにが問題かを訴える必要が生じ，その内容に説得力がなければ運動の拡大はありえない。つまり，トッカビの言説に説得力があったからこそ，より多くの支援を得ることが可能となって，運動が拡大されたのはたしかである。[4)]

では，この共闘会議がいうところの「在日朝鮮人」，それはトッカビがいうところの「在日朝鮮人」であり，かつ，運動参加者に受容された「在日朝鮮人」でもあるが，それらをみていこう。

ここでは，在日朝鮮人とは「日本帝国主義の朝鮮植民政策の強制連行による歴史的結果」［八尾市公務員一般事務職・技術職差別国籍条項撤廃市民共闘会議 1978］だとされる。「いまだその清算がされていないばかりか，その皮肉な代償として想像を絶する民族差別のまっただ中に放置されている現状」があり，「現

第4章　自らの民族性をとりもどす闘い　　*097*

在，在日朝鮮人子弟の多くが厳しい民族差別の中で自己をかくし，ひたすら日本人になりきろうとする，まさに人間破壊ともいうべき状況の中に置かれています」[八尾市公務員一般事務職・技術職差別国籍条項撤廃市民共闘会議 1978] という。在日朝鮮人の存在は日本の植民地支配，しかも強制連行に由来するのであり，さらにはきわめて厳しい民族差別にさらされているとある。

　また，「在日朝鮮人65万人が，就職差別の中で，失業・低賃金・劣悪な労働条件下に追いやられている現実は，日本の労働者全体の"しずめ石"となっています。すべての労働者が，この課題に取り組まない限り，民族排外主義からの解放，在日朝鮮人との連帯，自らの解放はありえないと考えます」[差別国籍条項撤廃市民共闘会議幹事会 1978] ともされる。

　在日朝鮮人が日本の労働者の「しずめ石」とする記述は，停滞的過剰人口を指し，マルクス経済学の影響や階級観によると考えられる。しかし一方では，「民族排外主義」や「在日朝鮮人との連帯」ともあることからは，日本人と朝鮮人との差異を前提とする思考に拠り，日本人の民族意識さえも前提としている。この撤廃運動の組織構成は労働組合が多くを占め，労働者の階級意識と連帯，「インターナショナリズム」に依拠していたと考えられるが，一方では，日本人と朝鮮人の違いを本質的，生来的に備わるものとしてとらえ，各々の「ナショナリズム」を前提にしていたともいえる。共闘会議に参加した団体や個人が在日朝鮮人と日本人との差異，そして在日朝鮮人を被差別的存在とするトッカビの言説を受容していたのが，その要因である。これは後述したい。

　先の引用のとおりに，この国籍条項撤廃運動の契機は「トッカビ子ども会の高校生部会で，就職差別の問題が議論される中，公務員の一般職員になぜなれないのか，という疑問が起きてきた」[八尾市公務員一般事務職・技術職差別国籍条項撤廃市民共闘会議 1980] ことでもあった。

　　トッカビ子ども会の民族教育は，従来のそれとは，目的と内容を異にしている。現実に，日本に住む在日朝鮮人の8割以上が日本生まれの世代であり，彼らには，日本以外に経済的，社会的基盤が存在せず，また当事者の大半が日本で生活することを希望しているという現実。この現実を直視した上で，日本で住みながらも，朝鮮人として生きてゆけるそのような力

をつけること。それは，とりもなおさず朝鮮人として生きてゆけるる自然
の営みを阻害する，民族差別と闘うことに他ならない。具体的には，就
職，進路保障をかちとる教育を意味する。そして結成当時中学生であった
子どもたちが高校卒業も目前に，いよいよ就職差別との闘いが秒読みの段
階に入ってきた。［八尾市公務員一般事務職・技術職差別国籍条項撤廃市民共闘
会議 1979］

　ここでは，在日朝鮮人の日本での居住が現実的であり，しかも，日本で住み
ながらも朝鮮人として生きていくための力をつけることが必要とされ，だから
こそ差別と闘わなければならないとある。
　先に，「在日朝鮮人が日本帝国主義の朝鮮植民地政策の強制連行による歴史
的結果」［八尾市公務員一般事務職・技術職差別国籍条項撤廃市民共闘会議 1978］と
あったが，ここでは在日朝鮮人と日本人との由来の違いが強調されている。し
かしながら，「現実に，日本に住む在日朝鮮人の8割以上が日本生まれの世代」
［八尾市公務員一般事務職・技術職差別国籍条項撤廃市民共闘会議 1978］ともあり，
「日本で住みながらも，朝鮮人として生きてゆけるそのような力をつけること」
［八尾市公務員一般事務職・技術職差別国籍条項撤廃市民共闘会議 1978］ともしてい
た。
　日本生まれでありながらもその由来が異なることで，その差異を本質的，生
来的にとらえる一方では，日本で暮らし続けることが前提になっている。その
ような思考へと至るまでには，日本での居住の既成事実化があり，かつ，自己
を日本人になぞったうえでの到達だったであろう。つまり，日本人と朝鮮人を
本質的，生来的に違う存在ととらえていたとしても，その思考は日本人に近し
くなっており，それが日本での居住の現実によってもたらされていたのは明ら
かであろう。
　先の引用に戻るが，ここでの就職差別との闘いとは国籍条項撤廃運動であ
り，かつ，それはトッカビの実践の到達点でもある。しかしながら，国籍条項
自体はトッカビの発足以前から設けられており，それを問題化したからこそ運
動がはじまり，さらには拡大している。この問題化は先述のとおりに自己を日
本人になぞったがゆえに至っており，そのうえで行われた国籍条項撤廃運動に

第4章　自らの民族性をとりもどす闘い　*099*

トッカビの言説が作用したのは明らかである。

それは運動に参加した高校生も同様であり，トッカビの活動に参加することで自らを取りまく差別を理解し，国籍条項を差別だと認知している。その認知の過程に，運動の拡大と同様のトッカビによる在日朝鮮人の被差別性を訴える言説の展開とその受容があったのはたしかである。あわせて，日本で暮らし続けることが疑いのない現実だったからこそ，国籍条項を在日朝鮮人である自らに対する差別ととらえることが可能になったと考えられる。「朝鮮人」と「日本人」のはざまにあったと考えられなくもないが，この「日本人」とは，その地に暮らし続ける「住民」とする思考だったともいえるのではないだろうか。

3）高校生の語りから

先の国籍条項撤廃運動がはじまったのは1978年6月であるが，同年11月には「奨学金打ち切り撤回闘争」が行われている。これは，「安中支部と教育委員会との交渉がもたれ（略），トッカビ子ども会の行政保障を要求するつもりでしたが，市教委の方から突然「来年度から，在日外国人の同和奨学金をカットする」という，信じられない通告がなされ」［トッカビ 1984：46］たことへの反対闘争である。この闘争は「文字どうり，トッカビ子ども会のすべてをかけた，たたかいとしてとりくまれました」［トッカビ 1984：46］ともいう。では，その運動の最大の受益者でもあった当時の高校生の語りをみていこう[6]（以降，本項の作文引用はすべて［トッカビ高校生部会 1978]）。

一年生Iは，「昔，日本は自分達の利益を考え，安い賃金で長い時間労働させるために連れてきて，ろくに食事も与えず，なんの保障もなく死ぬまでこき使った」として，在日朝鮮人の来歴が強制連行によると仄めかしている。

二年生Pは，「現在，他の外国人に群を抜く多くの朝鮮人が，強制連行やらで日本に存在し，みじめな生活をしているのは，どこのだれの責任なのですか？」として，先のIと同様に在日の朝鮮人である自分たちの存在が日本の責任によると訴え，「非人道的な方法で，朝鮮人を連行し，そのうえ，また非人道的な事をするとはどういうことなんでしょう」，「無理矢理日本に住まわし，無理矢理貧困の中においたのは，日本人なのです」とも述べ，朝鮮人の来歴を強調する。

三年生Ｇは，「僕の知っている限りでは，在日朝鮮人は，日本に強制的につれてこられ，戦後，大韓民国，朝鮮民主主義人民共和国と独立して，日本にいる朝鮮人でも，貧乏ながらもお金のあるものだけ，自国へ帰って行ったそうだ。帰るお金も無い朝鮮人がたくさんおり，日本で生活していった」という。「僕の知っている限り」とはいうが，これも在日朝鮮人の存在が日本の植民地支配に起因するとしている。

　三年生Ｃは，「なんで朝鮮人が日本に来て住んでんのかを知らんくせにな教えたろか，それは侵略戦争での強制連行とかでそれで日本に連れて来られたんや」と述べ，二年生Ｔは，「あなた方日本人が私達の親達を奴隷としてこき使うために日本へ連れてきたのではないか！」と厳しい口調で日本人を批判している。

　これらの語りでは，高校生たちが在日朝鮮人の存在が日本の植民地支配に起因すると理解しているのがわかる。高校生が強制連行などの在日朝鮮人の歴史を理解したのはトッカビの活動においてである。活動の最初期，活動時に指導員が日本と朝鮮半島の歴史を話した際，「私たちの話，おもに日本の朝鮮侵略や強制連行の話などをすると，みんながくいいるように，必死になって聞いていました」［トッカビ 1979a：8］という。この子どもたちが高校生になって奨学金打ち切りに直面し，記述したのが先の作文である。トッカビで語られた在日朝鮮人の来歴が子どもたちに受容され，内面化されているのである。

　朝鮮人の日本への渡航が強制的だとするこれらの作文は，裏返せば，朝鮮人は強制的でなければ日本に来なかったと解釈でき，したがって，朝鮮人は朝鮮に居住するのを当然とする思考を読み取ることが可能になる。そのような思考を突き詰めれば，日本人が日本で居住するのと同様，朝鮮人は朝鮮で居住するのが当然であり，さらには，各々の居住する国が異なるのが当然視されるのは，血縁的系譜的関係によって朝鮮人と日本人とが本質的，生来的に異なるとする常識知に拠っている。朝鮮半島から来歴したとする集団的記憶を在日朝鮮人が有していること，それは血縁的系譜的関係の思考でもあるが，それが朝鮮人と日本人とが本来的に異なるとする言説をうみ出したのである。この血縁的系譜的関係の常識知とトッカビの言説との相互作用が，高校生の在日朝鮮人としての主体を形成したのであり，しかもそれは，日本人と在日朝鮮人を異なる

存在とする，揺らぎのない境界線を画定するものでもあった。

4）運動への日本人のかかわりとその立場性

　トッカビは，「実質的には一人の朝鮮人と三人の日本人教師で発足した」［トッカビサマースクール実行委員会 1978］とされる。

　学校教員が「在日朝鮮人問題をとらえ学級・学校内での実践を行っていくとともに，トッカビ子ども会へかかわっていった」［八尾市立安中小学校在日朝鮮人教育を考える会・八尾市立高美南小学校有志 1975］のであるが，「全生活をかけたものとして，（略）トッカビを生み育ててきました。（略）トッカビは，（略）結成の段階では，多くの部分を，このような日本人が，になっていたのです」［トッカビ 1984：39］ともされ，在日朝鮮人への民族教育に日本人があたっていたのがわかる。

　5周年記念誌の「指導者のプロフィール」では，指導員10人のうち2人が日本人であり［トッカビ 1979a：43-48］，10周年記念誌では10人中2人が日本人である［トッカビ 1984：89-92］。これらからは，朝鮮人，日本人にかかわらず在日朝鮮人の子どもへの教育を行っていたととらえられる。しかし，各プロフィールには，日本人には「日本人」とあり，朝鮮人と日本人の違いが明記されている。

　トッカビは，「朝鮮人のみを対象（直接には）とした民族集団であり，朝鮮人の手による朝鮮人の解放がその目的である。日本人教師のかかわりは，あくまでも，朝鮮人子弟が学校では表現できない生の姿，その要求を学校教育の現場に還元するために学びに来るためのもの」（傍点原文）［トッカビサマースクール実行委員会 1978］としている。トッカビはその活動における日本人の役割を規定しており，かつ，日本人のかかわりはトッカビでの在日朝鮮人の「生の姿」を学ぶためとして，その立場性の違いが明確である。ここでいう「生の姿」がどのような姿かは想像の枠でしかないが，トッカビが「朝鮮人のみを対象とした民族集団」とされていることからは，朝鮮人だけでの集まりでみせる姿と学校でみせる姿とでは異なるとされ，しかもそれは自明ともされている。

　そのうえで，さらに，「日本人の役割は，現実に民族差別が存在する限り，日本人は，日本人としての立場を差別の現実の中で厳しく確認し，多くの日本

人をとらえている差別意識を日本人の立場からなくすこと。具体的には，日本人子弟を差別と闘う子どもに育てることである」[トッカビサマースクール実行委員会 1978] として，その役割を規定している。そして，「トッカビ子ども会は，地域において，在日朝鮮人の主体性による在日朝鮮子女の民族的自覚をかちとる教育機関である。つまり，最低限，在日朝鮮人による指導体制がなくてはならない」[トッカビ 1979b] ともある。

　以上，トッカビとは在日朝鮮人の組織であり，日本人の参加はあくまでも学習者としてであって，双方の立場はまったく異なるものとされている。「朝鮮人の子供を最後まで指導しうるのは，やはり同じ民族の青年でしかない。このことは排外主義を意味しない。子供を最終的に追求し，その生き方を共有しうるものは，立場性の問題として朝鮮人以外にいない」[トッカビ 1976c] とする思考から導き出されており，それは，朝鮮人と日本人との違いを自明視することからも生じている。

　これらが記述された1970年代中期の在日朝鮮人への厳しい差別とそれにともなう被害者性の自覚，他方ではそれらに対する日本人の加害者性が，各々の違いとこの引用にみられるような思考を際立たせたのであろう。同時に，これまでの引用にみられた在日朝鮮人が朝鮮半島から渡航してきたという来歴にもとづく血縁的系譜的関係，さらには，本来，朝鮮人は朝鮮に居住する存在とする思考が作用していたことも考えられる。つまり，在日朝鮮人が日本人とは異なるという常識知と自らが被差別の存在とする知を同時に有し，それら常識知とトッカビが展開した言説との相互作用が，在日朝鮮人，日本人各々の立場性の違いとその強化をもたらしたのである。

5　日本人の常識知との作用

　1980年の資料では「地域における民族教育の必要性が，トッカビ以外の多くの人々から叫ばれはじめ」[トッカビ 1980b] たとされ，その教育実践が在日朝鮮人以外，日本人などからも支持を集めるようになったとある。地域で民族教育活動を行う意義をトッカビは以下のようにいう。

在日朝鮮人子弟の持つ民族的卑屈感・虚無主義は，ただ単に「正しい朝鮮を知らない」ためのみではない。かりに学校で祖国のめざましい建設，あるいはその歴史のすばらしさを学んでも，家に帰れば祖国のすばらしさとはほど遠い現実がまちかまえている。子どもたちの朝鮮観は，本で学ぶよりも現実の肉体的行動の中で得たそれの方がはるかに強烈である。かくて，美しい朝鮮は，地域——生活点——の中でもろくも崩れ去り，いみじくも目をおおいたくなるようなみにくい朝鮮にとって変る。子ども達が生きているのは美しい朝鮮ではなく，みにくい日本の差別社会である。言うまでもなく子ども達が民族的卑屈感にのめり込むのは，現実の生活の中であり，生活点であるところの地域である。学校における差別は，その地域の現実の投影である。故に，地域における民族教育活動こそが子供達の現実を鋭くえぐり出し，真の民族的自覚を獲得する基礎となる［トッカビ 1977a］

　在日朝鮮人がおかれているこのような現状を打破するためこそがトッカビの実践であり，かつ，それが多数の支持を集めたという。これまで幾度も述べてきたが，トッカビが在日朝鮮人を規定する根拠は，朝鮮半島からの渡航とするその来歴——血縁的系譜的関係——と被差別性である。これらの言説が受容され多数の支持を集めたことで，地域での民族教育活動の必要性もが認められ，行政施策上にも位置づけられている。トッカビへの支持と施策上の位置づけには，朝鮮人，日本人の各々が異なるという常識知，すなわち，朝鮮人，日本人の双方が本質的，生来的に異なる存在とする常識知が作用したのであり，そこにトッカビの言説とこれらの常識知が相互作用していたのは明らかである。

　しかしながら一方では，幾度も述べたが，日本社会での差別と闘うことは，その差別を生み出す日本社会へのなんらかの「依拠」がともなう。日本社会で暮らし続ける現実こそ「依拠」の正体であろう。朝鮮人，日本人の各々が異なる存在だとしても，日本での暮らしの現実からは，生活の安定のために差別の撤廃，社会的地位の向上を求めることとなり，差別と闘う必要が生じる。日本人と朝鮮人を異なる存在として表象してはいるが，在日朝鮮人が日本社会に暮らし続ける存在であり，日本人に近しい存在としても表象されてもおり，誤解

をおそれずにいえば，「外国人」性が漂白されはじめているのである。

1979年の資料では，「本名，帰化，混血問題の理論化作業，総括，方針」と題した項目において，「混血，帰化については，日本の社会が極端な民族排外主義，閉鎖主義の性格を帯びていること，さらにそのことが国籍法においては属人主義を執らせる結果となっている」［トッカビ 1979c］として，日本社会の閉鎖性を指摘している。「これらの課題は，過去のトッカビの実践の中から理論化への要求が常に提起されている」［トッカビ 1979c］ともある[7]。トッカビに通う子どものうち，一方の親が日本人である場合や，すでに日本国籍を取得している層も存在しており，理論化が迫られる状況があったのであろう。

しかしながら，これらの議論は日本社会のみでなく，相対する朝鮮人も閉鎖的だからこそ必要となったのではないだろうか。これについて，「民主主義陣営の在日朝鮮人問題軽視等の理由により，少数民族問題，国籍法等の研究が極端に遅れていることが，理論化を妨げる一要因となっている」［トッカビ 1979c］ともあり，「現在の民族教育団体の大半が，科学と民主主義に裏打ちされたものでなく，観念的，政治主義的，宗教的発想に基づくため，実践が普遍化されにくい現状」［トッカビ 1979c］があるとして民族組織への批判も行い，日本社会，朝鮮人とも「帰化，混血問題」に対して「閉鎖主義」だとしている。

この資料からは，「国籍」と「民族」がけっして一致するのではなく，「国籍」がかわったとしても「民族」は不変とする思考が読みとれる。つまるところ，朝鮮人自身も日本人という存在が不変とする常識知を抱えており，同時にそれは，朝鮮人という性質が本質的，生来的に備わったものであり，かつ，不変を疑わない日本人の常識知と共鳴するものでもあった。「日本人の役割は，現実に民族差別が存在する限り，日本人は，日本人としての立場を差別の現実の中で厳しく確認し，多くの日本人をとらえている差別意識を日本人の立場からなくすこと」［トッカビサマースクール実行委員会 1978］という記述，さらには，トッカビの実践を「自らの民族性をとりもどす闘い」［八尾市立安中小学校在日朝鮮人教育を考える会・八尾市立高美南小学校有志 1975］とする先の引用からも，互いの来歴，由来，すなわち，血縁的系譜的関係によって各々の差異を本質的，生来的に備わったとして捉える常識知を在日朝鮮人と日本人の双方が有

していたことは明らかである。

　また，これまで検証してきたように，在日朝鮮人の被差別性の訴えといった共通体験，共通感情を喚起し，醸成させる言説もが各々の差異を本質的，生来的に捉えることに作用したのであり，これらの感情は被差別性が根拠であるため，大多数の日本人が有しがたいものであった。だからこそ，日本人，朝鮮人の差異を本質的，生来的にとらえることにつながったのであるが，それは一方では，在日朝鮮人と日本人との境界線を画定し，揺らぎのないものとして扱うことであったのに疑いはない。

6　小　　括

　トッカビは，支援者に対して「トッカビの活動の意義を在日朝鮮人の解放運動の下に理解」［トッカビ 1978］させるべきとしている。このことからも，在日朝鮮人の差別からの解放を目的として在日朝鮮人カテゴリーと集団的アイデンティティを強調したのであり，それはこれまでの本章の検証からも明らかである。

　さらに，「あらゆる政治・主義・主張・思想にかかわらず，民族としての自覚と誇りをもち，自分の民族をかくさず，差別に負けず，堂々と力強く生きる力を身につけることを目的」［トッカビ 1975a］ともするように，在日朝鮮人と日本人との違いと，在日朝鮮人の被差別性を唱えることにより，在日朝鮮人を反差別の闘いへと誘うのも目的であった。差別が厳然する当時の状況では妥当性がともなっていたであろう。

　しかし一方では，日本人，在日朝鮮人の違いの強調は，日本人と在日朝鮮人との揺らぎのない境界線を画定する。さらには，「在日朝鮮人」という集団を一様なものとして扱うことになり，在日朝鮮人内部の多様性を喪失させ，個々を束縛することともなる。これらについては，以降の章でもあらためて検討していこう。

　　［注］
　　　1）「トッカビ」とは，朝鮮の「トケビという民話に出てくる空想上の妖精あるいは妖怪のようなもの」で，「トッカビ子供会もトッカビの様に底ぬけに明るく強く，人なつっこく，み

んなに親しまれるようになりたい」という思いから名づけられたとされる［トッカビ
1975e］。「トッカビ子ども会」は2002年に NPO 法人化し，2007年にその名称を「トッカビ」
としている。本章では，原文中に「トッカビ子ども会」とあるものはそのまま引用するが，
それ以外では本文上での文献表示を含めて「トッカビ」と表記する。資料では「子ども
会」，「子供会」などが混在しているが，原文のまま引用した。また，トッカビの所蔵資料は
ワープロやパソコンの普及以前の手書きがほとんどであり，略字と誤字が多く，送りがなで
は明らかな間違いがみられるものもある。略字でその意がわかるものは筆者であらためた
が，誤字や送りがなはそのまま引用した。また，初期の資料では日付の記載がないものも多
いが，その内容をトッカビ発行の５周年記念誌，10周年記念誌で照合し，発行年を特定し
た。

2) 厳密には，「トッカビ子ども会」は教育活動を行う団体であり，トッカビに通う子どもの
親を含めた地域内の在日朝鮮人を組織した「安中同胞親睦会」が権利獲得運動を行ってい
る。トッカビ，安中同胞親睦会とも事務局は同一であり，本章ではこれらを含めてトッカビ
の運動と扱う。

3) 地裁での原告全面勝訴判決後に日立が控訴を断念し，判決が確定している。日本の裁判史
上，はじめて民族差別の不当性を認め，社会的に大きな影響を与えたとされる［和田・石坂
編 2002：230］。

4) ここで引用するのは，主に「八尾市一般事務職・技術職差別国籍条項撤廃市民共闘会議」
とその略称「差別国籍条項撤廃市民共闘会議」幹事会の資料であるが，その事務局を担って
いたのはトッカビであり，その資料作成もトッカビによると考えられることからもトッカビ
の言説として扱う。これ以外にも「トッカビサマースクール実行委員会」名の資料も引用し
ているが，同様である。

5) 「強制連行」は，「1937年に日中全面戦争に突入して以降，労働力や軍要員の不足を補うた
めに，日本は国策として朝鮮人，中国人を日本内地，樺太，南方の各地に投入したが，駆り
集め方が強制的であったためこう呼ばれる」とされる［伊藤ほか 2000：72］。さらには，
「日本はこうした強制連行についてしかるべき責任をとっておらず，かつて逃亡した中国人
の劉連仁が戦後58年２月に北海道の雪の中で発見されたときも〈不法入国者〉よばわりをし
たほどである」［伊藤ほか 2000：73］ともされる。「強制連行」という語は朴慶植『朝鮮人
強制連行の記録』（未來社，1965年）の上梓を契機に広まったといわれる［国際高麗学会日
本支部『在日コリアン辞典』編集委員会 2010：115-116］。近年では，強制連行による朝鮮
人の日本渡航説に対して鄭大均が『在日・強制連行の神話』（文藝春秋，2004年）などで反
論を行うなど，その是非についての研究，論争が続いている。

6) これらの原文はすべて記名があるが，本章ではイニシャルで記載する。

7) 後年の資料をみる限りでは，これらが理論化された形跡はない。

第5章
日本でしか生活しえない存在
──定住化と指紋押捺拒否運動

1 個々人の運動──指紋押捺拒否運動

　本章では，外国人登録法に定められた指紋押捺義務を拒否する，いわゆる指
紋押捺拒否運動に焦点をあてる。

　指紋押捺拒否運動に取り組んだ徐正禹は，「拒否運動は既成団体の運動方針
にそって開始されたものではない。「たった一人の反乱」と言われるように
個々人の拒否運動が自然発生的に各地に広がり，しかる後に運動団体の方針に
盛られることとなったもの」[徐正禹 1989] と指摘する。押捺拒否運動を支援
した田中も，「指紋押捺拒否者は，その後だれいうともなく，一人一人と生ま
れ，いつしか"燎原の火"のごとき様相を呈した」[田中 1991 : 75] としてい
る。

　先に検証した帰国運動は全国レベルの運動であり，かつ，朝鮮総聯という全
国組織による上からの運動であった。金嬉老事件は犯罪が契機ではあるが，言
論によって反差別を訴えた運動としてとらえることができる。トッカビは地域
レベルからの社会変革を求めた下からの運動であったが，同時に組織の運動で
もあった。指紋押捺拒否運動は，在日朝鮮人差別の撤廃と日本社会の変革を求
めた個人レベルの運動が，のちに全国レベルの運動へと発展したものだといえ
よう。

　これからみていくが，指紋押捺拒否運動の中心となったのは日本生まれの世
代である。指紋押捺拒否運動が行われた1980年代とは，在日朝鮮人の世代の中
心が二世以降へと移行しはじめており，「1980年代は在日韓国・朝鮮人の間で
世代の交替が尚一層叫ばれている」[民族差別と闘う連絡協議会第9回全国交流集

108

会実行委員会 1983：7］とされる時期である。そして，「現在，一世の占める割合は15％を大きく割り込んでいると予想される。この世代交替は単なる交替を意味するものでなく，民族に関する一切のものに対する意識の変化をもたらし，価値観の相違を生み出している，在留意識に関しても，帰国志向よりは，はるかに定住化志向が深まっている」［民族差別と闘う連絡協議会第10回全国交流集会実行委員会 1984：13］として，その志向の転換が指摘されはじめてもいた。

　しかしながら，これらの世代が日本での定住志向を深めていたといえども，その大多数が外国籍を有していたのもたしかである。指紋押捺は外国人登録法に定められており，在日朝鮮人は外国籍を有するからこそ，指紋押捺にしたがわざるをえない。にもかかわらず，法に背く拒否行動が行われたのである。

　先の徐正禹，田中の指摘にしたがえば，指紋押捺拒否運動とは，組織が介在しない個々人による日本社会の変革を求めた運動である。個々人の運動であり，しかも，法に背く行動でありながらも，その言説が在日朝鮮人全般に大きなインパクトを与えたからこそ，徐正禹，田中がいうように，のちに運動団体の方針ともなり，かつ，「燎原の火」のように全国に拡がったと考えられよう。このような運動の展開からは，押捺拒否者の行動とその言説とは，在日朝鮮人が自己の経験に照らし合わせ，同一化がはたせるものであったといえる。

　では，指紋押捺を拒否した在日朝鮮人は，外国籍を有するために強いられる指紋押捺，そしてそれを強いる日本社会をどうとらえていたのであろうか。

2　外国人登録法と指紋押捺制度

　まずは，以降の議論の参照のためにも，外国人登録法とそれに規定された外国籍者への指紋押捺制度について，簡潔にみていこう。

　外国籍者に対する指紋押捺は，1952年4月に施行された外国人登録法に規定されていた。同法は難民認定法にもとづく上陸許可者を除いて日本に1年以上在留する外国人に適用され，新規登録時だけでなく5年ごとに登録切り替えが課され，外国人登録証に左手人差し指の指紋を押すことが義務づけられていた。押捺拒否者に対する罰則は1年以上の懲役か禁固，または20万以下の罰金である［神奈川新聞社会部 1985：221］。

外国人登録法は，1952年4月29日のサンフランシスコ講和条約発効により在日朝鮮人が日本国籍を喪失して，法的に外国人になったと同時に施行された法である。さらには，日本国憲法施行の前日に天皇最後の勅令として公布・施行された「外国人登録令」がその内容の一部を変え，引き継がれた法でもある。「外国人登録令」では登録証明書の常時携帯義務及び提示義務が定められ，違反については罰則が設けられていたが，外国人登録法にもそれは引き継がれている。

　指紋押捺は，1946年11月に大阪府で制定された「朝鮮人登録に関する件」（大阪府令109）にその原初を求めることができる。同登録書には，指紋押捺欄が設けられていたが，朝鮮人団体の激しい抵抗にあい，結局指紋押捺を求めないという妥協がはかられたとされる。この府令は翌年5月に廃止され，「外国人登録令」に吸収される形になった［田中 1991：78］。「外国人登録令」では指紋押捺を追加させようとする行政の動きはあったものの，結果，制度がないままに廃止され，「外国人登録法」へと引き継がれている［田中 1991：78］。以上の経緯からは，「外国人」という名称を冠してはいるが，その法のターゲットが在日朝鮮人であったのは明らかであろう。

　外国人登録事務にかかわる自治体職員の座談会では，「外国人登録というのは長いからというので，省略してある人なんかは「朝鮮登録」という言い方をするんです」［上林ほか 1984］ともある。法が施行された1952年以降，日本における外国人は，日本の植民地支配の結果居住することとなった朝鮮人が大多数を占めていた。外国人登録の更新のために自治体窓口を訪れる外国人はほぼ在日朝鮮人であることから，「外国人」が在日朝鮮人とイコールとなって「朝鮮登録」としたのであろうが，そこには在日朝鮮人への侮蔑が明らかにみえる。

　外国人登録法での指紋押捺の制度は，それに反対する民族団体の運動の結果，導入が3年延長され，1955年に施行されている。施行まもない1956年には拒否者があらわれ，最高裁まで裁判が争われている。だがそれは，当初拒否したが，のちに押捺したにもかかわらず刑罰を科すのは不当だという裁判であり，指紋押捺制度自体を問うたものではない［田中 1991：84-85］。

　指紋押捺制度を問うた最初の拒否は，後述する1980年の韓宗碩のケースであ

る。これ以降，田中のいうように押捺拒否が「燎原の火」として拡がっていったが，指紋押捺拒否運動のピークは外国人登録証の大量切り替え年にあたる1985年とされ，この年には1万人近い拒否者・留保者[1]が出ている［国際高麗学会日本支部『在日コリアン辞典』編集委員会 2010：221-222］。押捺拒否は外国籍を有する在日朝鮮人のみでなく他の外国人にもみられ，その運動が在日朝鮮人以外の在日外国人へも波及したことが他の在日朝鮮人運動とは異なっている[2]。

指紋押捺に対する既存の民族団体の動きをみれば，朝鮮総聯は組織防衛的観点から拒否運動を行わなかったとされる。韓国民団は当初消極的だったものの，青年会，婦人会の要求に押されて1985年に「押捺留保」方針を発表したが，同年の日韓外相会談後に本国政府の意を受けて留保運動を終結させたとされる［国際高麗学会日本支部『在日コリアン辞典』編集委員会 2010：221-222］。

1989年の時点では，指紋押捺拒否による裁判が地裁から最高裁まで33件行われていたが，そのほとんどは昭和天皇の死去にともなう大赦によって免訴となっている［第15回民闘連全国交流神奈川集会実行委員会 1989］。

外国人登録法に規定された指紋押捺制度は1988年に1回限りの押捺となり，1992年の改定では，永住者及び特別永住者には義務が廃止された。1999年の改定では非永住者の押捺義務も廃止されたが，常時携帯義務と提示義務は残存したままであった。

2009年には「住民基本台帳法」，「出入国管理及び難民認定法及び日本国との平和条約に基づき日本の国籍を離脱した者等の出入国管理に関する特例法の一部を改正する等の法律」が成立し，外国籍者にも日本人と同様に住民基本台帳法が適用されるなど，外国籍者に対する新たな在留管理制度がはじまった[3]。それにともない，2012年に外国人登録法は廃止された。

3　指紋押捺拒否運動の論理——「民族的屈辱」と「人間性の回復」

1)「民族的屈辱」

指紋押捺制度への抗議としての押捺拒否は，韓宗碩が最初といわれる。韓宗碩は1980年9月に東京都新宿区役所窓口にて拒否を宣言し，即日新宿警察に告発されている［国際高麗学会日本支部『在日コリアン辞典』編集委員会 2010：221］。

韓宗碩は，押捺拒否に至るまでに外国人登録証の更新を 8 回行い， 8 回の指紋押捺を行ったという［韓宗碩 1987］。韓宗碩は，はじめて指紋押捺した時を「何かぬぐうことのできない烙印を押されたという，やる方ない気持になりました。（略）カウボーイが自分の牛に押す焼ゴテとおなじです。（略）一生涯，焼ゴテの跡は消えない。この時の痛みの記憶も，です。そう思うと，言葉ではいい表せないような，絶望のどん底に落とされるというか，人間として耐えられない思いに沈みました」［韓さんの指紋押捺拒否を支える会 1990 : 29］という。

　指紋押捺への拒否感を示し，かつ，押捺拒否を正当化するためにかきびしい表現となっているが，いずれにしろ，韓宗碩は，指紋押捺が在日朝鮮人に屈辱感を抱かせる行為だと指摘する。ただし，この文言は押捺拒否後に書かれており，押捺拒否運動がすでに各地で展開されていたことを考慮に入れるべきであろう。指紋押捺制度の撤廃をめざすには，押捺制度の反対者のみでなく，賛成者もが指紋押捺制度の不合理性を理解でき，かつ，反対へと導く必要がある。ここでいう屈辱感は，指紋押捺の不当性を訴えるために強調されていたと考えられなくもない。

　また，韓宗碩は，「1977年，私は最後の指紋を押しました。次は80年。私はまた押すのか，いつまでもこの民族的屈辱に耐えろというのか……。」［韓さんの指紋押捺拒否を支える会 1990 : 37］ともして，指紋押捺を「民族的屈辱」ともいう。

　指紋押捺を「屈辱」とするのは韓宗碩だけではない。指紋押捺を拒否し，のちに逮捕された李相鎬は，はじめての押捺時，「ふと思った。『こんなもんだ。すこし我慢すればいいんだ。朝鮮人だからしかたがないのだ』。（略）と思ったとし，さらには，「朝鮮人だからしかたがない，指紋をとられるのは当然なのだ，どうしようもないのだ（略）このことが不条理だと言って抵抗するような気持があろうはずがない」［李相鎬 1983］と思ったという。李相鎬は指紋押捺による自己卑下を述べつつも，指紋押捺に拒否感を有していたと思われるが，一方では，日本人ではなく朝鮮人だから仕方がないというあきらめがあり，それが押捺にしたがう動機になったともいう。朝鮮人であることは日本人とは異なることであるが，異なるからこそ指紋押捺にしたがわなければいけなかったとして，押捺に応じた自己を正当化していたのである。

同様に，金康治は「こんな指紋押捺義務も，自分は『朝鮮人』なんだから当然なんだ，差別されてもしかたないというふうに，ずっと思っていた」［陳伊佐ほか 1987］といい，李英俊も「14歳の時に指紋を押させられましたが，私は何故指紋を採られるのか分かりませんでした。犯罪者でもないのに何故だろう。朝鮮人だからだろうかというのが素直な感想でした。外国人登録をすること，特に指紋を採られることは，マイナスの意味で朝鮮人であることを心に刻み込まれるのです」［李英俊 1986］としている。これらも，自己が日本人とは異なる朝鮮人であり，朝鮮人であるがゆえに押捺を正当化していたのである。

　先述したが，指紋押捺拒否運動がおきたのは1980年代であり，それ以前にはほとんどの在日朝鮮人が指紋押捺に応じていた。ならば，拒否に転じたといえども，かつては押捺に応じていたのであり，応じていた自己を説明する必要が生じる。以上からは，自己が日本人とは異なる存在であり，異なるからこそ——否定的ではあるが——指紋押捺に応じたとしていたのがわかる。違いを理由として押捺に応じたという語りは，日本人と在日朝鮮人が異なる存在という前提に揺らぎがないなかで展開されており，そのうえで在日朝鮮人のみに課せられた指紋押捺にしたがう自己が正当化されている。

　ここでみられる在日朝鮮人と日本人が異なるという前提は，指紋押捺が外国籍保有者のみに課せられることからも，国籍の違いによって導き出されたのは明らかである。前章で検証したが，在日朝鮮人と日本人の双方の血縁的系譜的関係の違いは，各々が異なるという常識知をつくり出し，この常識知は民族の違いはもとより，民族と国籍の一致を当然視し，民族の違いと国籍の違いをイコールにする思考をもたらしていた。したがって，血縁的系譜的関係の違いにもとづき，日本人と在日朝鮮人は民族のみならず国籍が異なることもが双方に自然化されていた。このような思考から導かれた国籍観が内面化されることで，国籍が異なるがゆえの指紋押捺を否めず，押捺する自己が正当化されていた。

　また，李相鎬，金康治，李英俊とも，指紋押捺により朝鮮人である自己を卑下するとしていたが，これは韓宗碩が指紋押捺を「民族的屈辱」とするのに類似している。指紋押捺制度は外国人登録法に定められており，よって日本人には課せられず，外国籍を有する者のみに課せられた義務である。日本人には課

第5章　日本でしか生活しえない存在　　*113*

せられない指紋押捺に在日朝鮮人が応じざるをえないことで，在日朝鮮人は日本人との違いをいやがうえでも認知せざるをえない。つまり，指紋押捺とは，外国籍たる在日朝鮮人を日本人と異なる存在として認知させる機能を有し，かつ，韓宗碩が「民族的屈辱」と指摘するように，在日朝鮮人を負の存在へと陥れる制度でもあった。

2）「人間性の回復」

姜博は押捺拒否を，「私が，指紋を拒否した最も根源的な理由（略）それは，日本社会の中で，韓国人として，人間として生きていきたいという欲求であり，決して二度とみじめであった，オドオドとした日本人のふりをする生活に戻ることがないための正当な人間としての拒否であり，主張である」［姜博1986］という。姜博は指紋押捺が「みじめであった，オドオドとした日本人のふりをする生活」を強いるといい，他方では，押捺拒否が「日本社会の中で，韓国人として，人間として生きていきたいという欲求」のあらわれだとする。

梁泰昊も同様に，「（指紋押捺拒否を行っている：筆者注）三世は，人間としての自己と向きあっている。しかも朝鮮人であるという事実は残るとすれば，それは『サラム宣言』というのがふさわしい。『サラム』とは朝鮮語で『人間』を意味するが，われわれは指紋押なつ拒否を通して，人間としての誇りをとり戻したのである」［梁泰昊 1987：89］という。

朝鮮人（韓国人）である自己を隠していたという姜博にとって，押捺拒否は「韓国人として，人間として生きていきたい」とする行動であり，朝鮮人の自己を明らかにし，民族性を回復する行動にもなっている。梁泰昊は，指紋押捺が人間性を剥奪する制度とする一方で，押捺拒否が人間性を取り戻す行動だという。そして，押捺拒否は人間としての誇りの回復であるが，朝鮮人という自己の誇りを回復する行動ともしている。

外国人登録法は外国籍者に対して指紋押捺を義務づけていたが，先に検証したとおり，そのターゲットが在日朝鮮人だったのは明らかである。指紋押捺によって在日朝鮮人であることに屈辱感を抱き，自己を卑下したとするならば，その逆に，押捺拒否が人間性を回復し，かつ，「朝鮮人」としての尊厳を回復する行動とする言説が展開されるのは必然になる。そして，押捺，拒否のいず

れであっても，在日朝鮮人が日本人とは異なることがその理由となってもいる。

　「拒否して変わったこと――韓国人としての自信が強まった。開き直りから一歩前進」［金智隆ほか 1986：87］として，押捺拒否で韓国人としての自信を深めたともあれば，他方では，金石範は，「在日朝鮮人なるが故の指紋である。ということは，人間の解放なんですね。つまり，一般的にいえば人間の解放であり，われわれ自身からすれば，自由，あるいは解放への意思表示である。押すことは痛くもかゆくもないが，屈辱である。それは，この指先だけの屈辱の拒否ではない。人間としての屈辱の拒否である」［金石範ほか 1987：182］ともいう。指紋押捺が屈辱ならば押捺拒否は人間の解放といい，この両者とも押捺拒否は在日朝鮮人の「人間性」や「誇り」を回復する行動であり，「解放」としている。

　梁泰昊は，人間としての自己を回復したとしても「朝鮮人であるという事実」は残るといい，「人間としての自己」である前に朝鮮人であるともいう。朝鮮人であるということは日本人ではないということであり，各々の違いが自明視されているが，これは梁泰昊以外も同様である。在日朝鮮人が日本人とは異なる存在であることを理由として指紋押捺に至ったとする言説が展開され，一方では，異なる存在であることを理由として押捺拒否を正当化する言説が展開されていたのである。

　ただし，指紋押捺が「民族的屈辱」であったのに対し，押捺拒否は「人間性の回復」とされ，同じ異なることを理由とした行動であっても，その内実はまったく異なっている。指紋押捺によって「負」とされた在日朝鮮人の存在を押捺拒否によって「正」の存在へと転化したのであり，いいかえれば，日本人と異なることで否定していた在日朝鮮人としての自己を，押捺拒否によって肯定へと至らせたのである。

　先述のとおり，指紋押捺拒否は明らかな「違法」行為であり，外国籍者による外国人登録法上の義務の不履行である。韓国民団は「日本国は，私たち在日外国人に対して法律をもって指紋の押捺を要求し，その要求に応じない在日外国人に対しては刑罰を科すことにしています。即ち，日本国は，私たちに対して，まず，「在日外国人は指紋を押捺しなさい」と指紋押捺を義務づけ，私た

ちがこれを拒否しようとすれば，「指紋の押捺を拒否することは犯罪ですから，拒否した人に対しては刑罰を科します」といっているのです。私たちはこのことを，まず，知っておかなければなりません」[在日本大韓民国居留民団1985：10] としている。指紋押捺拒否が明確な法違反，すなわち「違法」行為であり，押捺を拒否した在日朝鮮人がそれを明確に理解していたのは明らかであろう。だからこそ，「違法」行為を正当化するためにも，それに合理性をあたえる論理が必要となる。

　被差別の立場におかれていた在日朝鮮人が，自己を負の存在とする指紋押捺を拒否することは，人間性の回復，誇り，尊厳を獲得する行動であり，自己肯定につながる行動とする言説が展開されていた。あわせて，指紋押捺という法の義務の履行によって在日朝鮮人が自己を負の存在ととらえることとなり，その逆に，法を犯すことが在日朝鮮人の自己を正の存在へと転換する行動とされていた。つまり，押捺拒否者にとって，そのいうところの人間性の回復，誇り，尊厳が法の上位価値として扱われていたのであるが，逆にいえば，「違法」であるががゆえに，人間性の回復云々を法の上位価値といわざるをえなかったのも否めないであろう。

　いずれにしろ，法への対抗として他の法を持ち出すのではなく，人間性の回復，誇り，尊厳などの「人間」を打ち出した論理を用いたのであり，そのいずれにも，在日朝鮮人が日本人とは異なる存在とする前提があったのは明らかである。

4　「市民」／「住民」としての在日朝鮮人

　指紋押捺拒否は「違法」行為であるにもかかわらず，ピーク時には1万人以上もの在日朝鮮人が押捺拒否・留保へと至っている。李仁夏は，指紋押捺を拒否した在日朝鮮人は圧倒的に日本生まれの二世，三世であり，その行動を「かれらは日本社会を『拒否』しているのでなく，そこに『参加』することを求めているのです。その形式がラディカルなだけなのです。何故なら，ほかに突破口が見当たらないからです」[李仁夏 1985] とする。「違法」行為ではあるが，それは日本社会への反抗ではなく，日本社会への参画を求めたがゆえだとい

116

う。

　そして，「人種差別法と闘った，アメリカ黒人のシビル・ライト・ムーブメント（市民的権利獲得運動）が，良心的不服従を伴っており，それが『市民的不服従』と呼ばれることは衆知のこと」［李仁夏 1985］と，1960年代の「アメリカ黒人」の公民権運動を引用し，「そのような行動によって，彼らは眠っている社会の良心に訴え，批判的世論を形成し，法律上の平等を勝ちとったのです」［李仁夏 1985］ともいう。「アメリカ黒人」が公民権運動において，法に違反することで当該法の不公正を訴え，改正を勝ちとったように，在日朝鮮人も指紋押捺拒否という「違法」行為をあえて行い，法が悪法と訴えることによって，法の改正を企図したという。また，「法律上の平等」ともあることからは，押捺拒否が押捺義務のない日本人と在日朝鮮人との法律上の平等を目指した行動ともしているのがわかる。

　李仁夏は，これらの押捺拒否の運動を「市民的不服従としての指紋押捺拒否」［李仁夏 1985］としている。「市民」の文言からみて，李仁夏は在日朝鮮人を日本に一時滞在する一般的な「外国人」とはとらえていない。むしろ，在日朝鮮人を「外国人」であるが地域社会に居住する「市民」，もしくは「住民」ととらえている。つまり，「外国人」である一方では同じ地域に住む「市民」／「住民」として日本人と在日朝鮮人は同じであり，同じだからこそ在日朝鮮人のみに課せられた指紋押捺義務に抗い，「違法」行為にふみきらざるをえなかったとするのである。したがって，李仁夏の言説から指紋押捺拒否運動をみれば，「外国人」としての在日朝鮮人運動ではない，地域社会の「市民」／「住民」としての在日朝鮮人運動が展開されたといえよう。

　民闘連によれば，指紋押捺拒否運動とは「大量切り替えの1985年，一万名を越す押捺拒否者が全国各地で立ちあがったことにより，闘いは最高潮をむかえた。その中心にあったのは，青年層であり，とりわけ高校生をはじめとする三世の登場は鮮烈な印象を与えた。1970年代の日立就職差別闘争が二世のあり方を問いかけたとすれば，1980年代の指紋押捺拒否闘争は，三世の将来をうらなうエポック・メーキング」［第14回全国交流大阪集会実行委員会 1988］であり，「『日本人と同じように育った自分が，犯罪者でもないのになぜ指紋をとられるのか？』それは素朴な疑問であると同時に，不平等は許されないという確固と

第5章　日本でしか生活しえない存在　　*117*

した信念」［第14回全国交流大阪集会実行委員会 1988］から展開された運動である。

　付け加えると，先述のとおり，指紋押捺拒否運動は在日朝鮮人の世代が交代しようとするなかでおきている。先の李仁夏，韓宗碩はともに一世であるが[4]，その運動の中心となったのは，日本生まれの二世以降が多かったといわれる。日本生まれの二世を徐正禹は，「言葉や文化・風習の違いからくる困難さや生活基盤などから，祖国には住めず，もはや日本でしか生活しえない存在」［徐正禹 1985］と指摘しているが，ここから考えると，二世以降が中心となった指紋押捺拒否運動とは，「もはや日本でしか生活しえない存在」との自己認知に至った在日朝鮮人による運動でもある。いいかえれば，日本でしか生活しえない存在となった在日朝鮮人の現実が運動の前提になっているのではないだろうか。

　先に，李仁夏が，在日朝鮮人を日本に一時滞在する一般的な「外国人」ではなく，地域社会に居住する「市民」もしくは「住民」とする言説を展開していたのを指摘した。李仁夏が在日朝鮮人を「市民」／「住民」とするのと，徐正禹が在日朝鮮人を「日本でしか生活しえない存在」とするのは，けっして無関係ではない。李仁夏，徐正禹のいずれも，日本に一時滞在する一般的な「外国人」と在日朝鮮人を区別し，在日朝鮮人を日本に定住する「外国人」としているのである。そこには，在日朝鮮人の世代交代，定住志向といった社会的文脈の変化がともなっているのは，先に検証してきたとおりである。世代交代によって日本生まれの在日朝鮮人がその中心を占めるようになり，徐正禹の指摘どおり，日本での居住が「祖国」との「言葉や文化・風習の違い」をもたらしたのはたしかである。これらの違いが在日朝鮮人の自己規定を「外国人」ではなく，地域社会の「市民」／「住民」へと転換するに至らせたのは明らかであろう。「市民」／「住民」とする自己認知があったからこそ，日本人には強いられることのない指紋押捺への拒否感が示されたのである。指紋押捺拒否運動が1980年代以降の在日朝鮮人の世代交代期におき，二世以降が中心となっていたことからもそう考えられる。

　崔善愛は指紋押捺の拒否に際し，「私の（日本人の）友達はだれも指紋をとられません。私は日本で生まれ育って，これからも日本にいるつもりです」[5]［川

本 1982］といい，日本人に課せられない指紋押捺が，日本で生まれ育った在日朝鮮人には強いられることの不合理性を指摘する。また，「これからも日本にいるつもりです」［川本 1982］ともしており，崔善愛は日本で生まれ，日本人と変わらない日本での生活を前提とした在日朝鮮人像を有していたからこそ，押捺拒否へ至ったといえなくもない。

　「在日朝鮮人として生きていく子らに，地位や権利が向上している状況を整えておくことが，私たちのしなければならないことだと思います。私の指紋押捺拒否は，そういった意味でも正当な行為だと確信します」［鄭和江 1986］ともあるが，「在日朝鮮人として」とあるように，「朝鮮人」に「在日」が重ねられている。「朝鮮人」ではなく「在日朝鮮人」として生きていくとされ，「朝鮮人」と「在日朝鮮人」を異なる存在として扱う思考が垣間みられもする。この両者を異なるものとして扱う思考は，先の徐正禹が指摘する「祖国」との「言葉や文化・風習の違い」から生じているのはたしかであろう。

　「外国人登録法は，その制度そのものによって朝鮮人であることを認識させ，しかもその認識というのは，あくまでも疎ましいもの，隠すべきものとしての朝鮮なのである。そして，在日朝鮮人は国籍が韓国であれ朝鮮であれ，日本社会にとってみれば管理・支配の対象であり，その中で自らが朝鮮人であることの叫びを押し殺して生きていかねばならないのである。こんなことがあっていいのだろうか。在日朝鮮人も日本社会でともに生きる一員ではないのだろうか」［李相鎬 1983］ともあり，その表現は異なっているが，いずれも在日朝鮮人が日本で生きることを前提とした，すなわち，定住志向の言説が展開されている。この「定住志向」とは，朝鮮半島上の「祖国」への帰還と日本での定住を両天秤にかけたうえで選択されてはいない。「祖国」との「言葉や文化・風習の違いからくる困難さや生活基盤」［徐正禹 1985］が日本にあるという生活の現実から導き出されており，選択の余地がないなかで導き出されている。

　もっとも，「日本人」に課されていない指紋押捺を拒否するために，より自己の「日本人」性が強調されたと考えられなくもない。しかし，自己の「朝鮮人」性がたしかであり，誰もがうたがうことなく認められるようなものであるならば，あえて「日本人」性を強調する必要はない。これらの強調への批判や反発があったとも考えられるが，筆者の知る限りではみあたらない。つまり，

第 5 章　日本でしか生活しえない存在　　*119*

在日朝鮮人の「朝鮮人」性の揺らぎが，定住志向に荷担していたのは明らかであろう。

いずれにしろ，指紋押捺拒否運動とは，まさしく，「日本でしか生活しえない存在」と自己認知した在日朝鮮人の運動である。「日本社会でともに生きる一員」ともいうように，日本に一時滞在する一般的な「外国人」でない，「市民」／「住民」である在日朝鮮人の日本での生活を志向した運動であった。「外国人」が一時滞在する存在だけではなく，日本に定住する存在があるとも言説化した運動であった。

5　日本社会への参加を求めた運動として

在日朝鮮人が「日本社会でしか生活しえない存在」になったという現実は，徐正禹の指摘によれば，二世以降の傾向である。ならば，二世以降の三世，四世は日本での生活がさらに一般的となる。

先の崔善愛は，「私がこの差別を甘んじて受けていくことが，これからの子どもたちに，きっともっと深い傷を残していくだろうことに気づいたのです。しかし法律を犯すことは相当に勇気を必要としました。でも私が指紋を押すことで，社会に対して何も言わず黙っていたら，これからの子らはまた，この苦しみを繰り返し背負ってゆくことになります」［崔善愛 2000］という。崔善愛がいう「これからの子どもたち」が自身の子を指すのではなく，次世代の在日朝鮮人を指しているのは明らかであり，しかも指紋押捺にからめていることからは，外国籍の保有が前提である。その子どもたちが指紋押捺を「繰り返し背負っていく」としていることからも，日本で生まれ，生活を送る在日朝鮮人が外国籍を有したままで世代を繰り返すと想定されている。

同様に，李相鎬は押捺拒否によって「はじめて一世である親と二世である自分とが強い連帯のきずなで結ばれたような気がしました。と同時に，同じようなきずなを三世である我が子とどうつくっていこうか」［李相鎬 1986］という。一世の親から二世の自己までが日本社会で世代を重ねたことと，以降も日本で世代を重ねていくとしつつ，押捺拒否によって世代間のきずなが深まったともいう。さて，ここで李相鎬がいう「世代間のきずな」は李相鎬の家族間の

きずなのみを指しているのであろうか。指紋押捺拒否運動が「燎原の火」のように在日朝鮮人に拡がったとあったが，この拡がりは在日朝鮮人の指紋押捺という共通体験にもとづいている。したがって，押捺拒否によって「世代間のきずな」が深まったというのは，実際に拒否したかは問わず，指紋押捺という在日朝鮮人の負の共通体験に取ってかわり，押捺拒否が在日朝鮮人のあらたな，しかも正の共通体験として浮かびあがったことをあらわしている。さらにいえば，在日朝鮮人が押捺拒否という共通体験によって「民族」として団結したとの比喩ともいえ，これは先にみたような，押捺拒否によって人間性が回復したという言説に通底する。そのうえで，「三世である我が子」ともしているように，日本での生活が繰り返されることへの疑問はみられない。在日朝鮮人がすでに日本社会のなんらかの一員とする認知があるのである。

　「日本の社会は今変わることを求められていると思うのです。在日朝鮮人が社会の一員として素直に自分が朝鮮人であることを名のれ生きられる社会。日本人が素直に日本人として生きられる社会。歴史を乗り越え民族を乗り越え，異なる者同士が異なると言うことを共に認め合い生きられる社会。そのような社会になってほしいと思うのです」［李英俊 1986］というように，李英俊は在日朝鮮人の自己を「社会の一員」，すなわち「市民」／「住民」と規定している。そのうえで，「異なる者同士が異なると言うことを共に認め合い生きられる社会。そのような社会になってほしい」として，在日朝鮮人を日本社会の一員として位置づけたいがゆえに，押捺拒否に至ったという。ただし，「民族を乗り越え，異なる者同士が異なると言うことを共に認め合い」とあることからは，在日朝鮮人と日本人を異なる存在とする前提に揺らぎはない。

　これまでみてきたが，日本人と在日朝鮮人は異なる存在として表象されていた。一方では，在日朝鮮人が日本人とは異なる「外国人」であったとしても，「市民」／「住民」として同じ存在ともされていた。日本人とは異なることを理由に指紋押捺に応じていたが，押捺拒否は日本人と異なることだけを理由とはせず，同じこともが理由となっている。日本人と同様の「市民」／「住民」として自己表象し，日本社会の「市民」／「住民」として日本で生活するならば，日本社会でどう生きていくのか，日本人といかに関係性を構築するかを言説化することが，その運動に不可欠になる。これは，押捺拒否という「違法」

行為へのイメージを反転させるためにも必要である。

　また，在日朝鮮人運動が在日朝鮮人の日本社会での「解放」を目指すのであれば，その言説は在日朝鮮人のみだけではなく，運動への理解を得るためにもマジョリティの日本人もが受容できるものとするのは当然であろう。したがって，運動の進展には，日本人にも受容されやすいような，けっして日本人，日本社会を敵対視しないような言説がつくり出される。「共に認め合い生きられる社会」とあるような，けっして社会を否定しない，肯定的に未来をつくり出そうとする言説が展開されたのは必然でもある。

　「指紋押捺拒否というのは，もっと住みよい社会を作り出そうではないか，誰であれ人間らしく生きていこうではないか，“共に生きよう”ではないか，とする私たちの日本人に対する“ラブコール”なのです」[裵重度 1985]とあるが，「共に生きよう」というように，日本人に無視，放任，敵視等々を求めてはいない。「日本にこれからも生きて，なおかつ日本人と共に生きる，そのための知恵を築くためには，指紋押捺を拒否していかなければならない。たとえ片思いであるかもしれないけれども，指紋押捺拒否というラブコールを，日本社会，日本人に送っていこう」[陳伊佐ほか 1987]ともあり，在日朝鮮人が日本人と共に同じ社会に住む一員であり，その承認を求めている。指紋押捺拒否運動とは，日本社会での定住が現実となった在日朝鮮人による，日本社会への参加を求めた「日本人へのラブコール」[在日本大韓基督教会指紋拒否実行委員会 1986]をあらわしていたのは明らかであろう。

　しかしながら，「日本にこれからも生きて，なおかつ日本人と共に生きる，そのための知恵を築くためには，指紋押捺を拒否していかなければならない」[陳伊佐ほか 1987]とあり，押捺拒否者の裁判では，弁護人としてかかわった丹羽が「この裁判闘争は，「指紋押捺」に象徴される日本社会の民族差別構造を鋭く打ち破ろうとする（略）「在日」の人々の思い，そして日本社会において“共に生き，共に差別をなくそう”とする日本人との共同の闘いでもあった」[丹羽 1991]という。丹羽は，「日本社会において“共に生き，共に差別をなくそう”とする日本人」である。「日本社会において“共に生き，共に差別をなくそう”」ということからも，在日朝鮮人が朝鮮半島上の「祖国」にいずれ帰還するのではなく，日本社会で生活し続ける存在ととらえたからこそ，共に生

きるという論理を構築したとなる。ならば，その逆に，「日本にこれからも生きて，なおかつ日本人と共に生きる」ことのない者，たとえば，一時滞在などの外国人ならば指紋押捺にしたがう必要があると読めなくもない。

　指紋押捺拒否運動では，日本で暮らし続け，かつ，これからもそうであるがゆえに在日朝鮮人は「市民」／「住民」と自己規定し，「日本社会でともに生きる一員」として，押捺拒否による社会参加を求めたといえる。だとすれば，「市民」／「住民」ではない，帰国の可能性のある外国人ならば「日本社会でともに生きる一員」とは扱えず，指紋押捺にしたがう必要が生じてしまうことになりかねない。

　指紋押捺拒否運動は，「外国人」が一時滞在する存在ばかりではなく，日本に定住する存在があると言説化したものであるが，いいかえれば，在日朝鮮人を他の外国人とは異なる存在として表象してもいた。うがった解釈ではありたいが，その言説に他の外国人への排除的思考がひそんでいたといえなくもない。

6　小　　括

　以上，指紋押捺拒否運動の言説を検証してきた。いずれも，押捺拒否によって在日朝鮮人の「民族」性の肯定へとつなげるような言説が展開されていた。また，指紋押捺拒否を強いる法は否定していたが，日本社会そのものが否定されてはいなかった。押捺拒否は「否定」の行動ではあったが，運動の言説は日本社会の「肯定」，在日朝鮮人の「民族」性の肯定であった。

　これまで検証してきたが，指紋押捺拒否が「否定」の行動であったにもかかわらず「肯定」の言説が占めたのは，運動が「違法」行為をともなっていたからである。あらためて述べるが，押捺拒否は明確な「違法」行為である。だからこそ，その行為を在日朝鮮人が自己の被差別経験から訴え，正当化をはかるだけでは，その論理は受容されづらい。指紋押捺による在日朝鮮人の自己否定の強調と，それを裏返した押捺拒否による自己肯定，人間性の回復といった自己を肯定する論理が「違法」性に抗う根拠となっていた。

　指紋押捺拒否そのものは法へのアンチテーゼの行動であるが，その内実は日

第5章　日本でしか生活しえない存在　　*123*

本社会への参加を求めたテーゼの行動だったといえよう。指紋押捺拒否運動とは,「市民」／「住民」としての在日朝鮮人が日本社会でいかに生きていくのか,日本人とどのような関係を構築していくのか,これらを「共に生きる」という言葉によって展開したものであった。

第4章でみたトッカビの運動では,在日朝鮮人と日本人を本質的に異なる存在とした言説が展開されていた。指紋押捺拒否運動においても同様である。その言説からトッカビの運動をみれば,在日朝鮮人差別に抗い,かつ,日本への定住を志向したものであり,同様に,指紋押捺拒否運動も,帰国ではない,日本社会での定住を志向した運動である。いずれの運動とも,在日朝鮮人を日本人とは異なる存在として表象しつつ,日本社会の「市民」／「住民」とする位置づけの承認と社会的地位向上を求めている。徐正禹が在日朝鮮人を「日本でしか生活しえない存在」になったと指摘するとおり,これらの志向が在日朝鮮人を取りまく社会的文脈の変化からであったのは先に明らかにしたとおりである。

一方,指紋押捺拒否運動がテーゼの運動であったとしても,それへの批判は皆無ではない。鄭大均は,社会保障制度の国籍条項が撤廃された1982年以後は,在日朝鮮人運動が国籍選択権を含む国籍取得に関心をむける時期であったという。にもかかわらず,行われた指紋押捺拒否運動が「これほど在日社会からの批判や非難から自由であった運動はなかったし,これほど遊戯的で即興的な運動というのも例を見ない(略)たしかに運動は差別に対する闘いとして語られた。しかし押捺拒否の運動は差別に対する闘いだったとしても,それは在日の実質的な生活の質とは直接にはかかわりのない差別の象徴に対する闘いであったのであり,差別の象徴に運動が移行したということは本物の差別がもはやさほど問題ではなくなったということを示唆している」[鄭大均 1996]として,きわめて厳しく批判している。

第4章でみた地域運動や,次章でみていく国籍条項撤廃運動などの在日朝鮮人運動,鄭大均がいうような1982年の社会保障制度の国籍条項撤廃などにより,在日朝鮮人への差別が1950年代の帰国運動時から減少したのはたしかであろう。しかしながら,生活の質とは関係がないとしても,指紋押捺は鄭大均が認めるとおりに「差別の象徴」である。つまり,「差別の象徴」たる指紋押捺

を強いられる在日朝鮮人が被差別の存在であるのはいずれの時代もかわっていない。ただし，鄭大均がいうとおりに差別の質が変化したのも明らかである。

　あらためて述べるが，指紋押捺拒否運動とは，「外国人」である在日朝鮮人が，自らを「市民」／「住民」として位置づけたうえで，日本人と「共に生きる」社会をつくるとする言説が展開されていた。

　しかしながら，「市民」／「住民」として社会参加を求めるならば，「外国籍」であるよりは「日本国籍」である方が，より可能性が広がるのは明らかである。押捺拒否した金康治は，「「在日同胞社会」というものを考えていく時，いままでは国籍によって朝鮮人か日本人かというような考え方をしてきた（略）これからは国籍にとらわれることなく「在日朝鮮人」の相対といったものを考えていかなければならない（略）日本籍をもつ「在日朝鮮人」の存在を考えると，いちばん変わっていかなければならないのは，やはり日本社会のあり方です（略）変革の可能性を秘めているのは，社会的に制約を受けている外国籍朝鮮人よりも，むしろ日本籍をもっている朝鮮人のほうが社会参加という点で可能性としてより大きいし，もっと声をあげて言ってほしい」［陳伊佐ほか1987］という。押捺拒否は在日朝鮮人が日本社会に参加する行動とされていたが，社会参加をさらにすすめるならば日本国籍取得を射程に入れざるをえない。

　その言説からいえば，指紋押捺拒否運動が在日朝鮮人の社会参加を求めるものであったのはたしかである。しかし一方では，在日朝鮮人の日本国籍取得という萌芽がふくまれていたとも考えられるのではないだろうか。

　　［注］
　　1）　1985年5月に「外登法の指紋に関する政令」が一部改定され，押捺方式が人差し指を回転
　　　　させる方式から平面の押捺へと変更された。同時に，窓口で指紋を照合する，押捺拒否者に
　　　　対して3ヶ月間の説得期間を設ける，その間は登録書済証明書を交付しない，といった内容
　　　　の入管局長通達が市区町村に対して出されている。留保とは，この3ヶ月間の説得期間内の
　　　　指紋押捺を留保するものである。
　　2）　本文中にあるとおり，指紋押捺拒否に至ったのは在日朝鮮人のみでなく，ロナルド・ススム・藤好や，指紋押捺を拒否したことで在留資格を剥奪されたジョン・H・マッキントッ
　　　　シュ，韓国の詩人で日本留学時に押捺拒否した金明植などがある。だが本章では，これらの
　　　　ケースは扱わず，在日朝鮮人の言説に限定する。
　　3）　ただし，ここで「住民基本台帳法」が主な対象とする外国人とは，「適法に3カ月を超え

第5章　日本でしか生活しえない存在　　125

て在留し，住所を有する外国人」であり，具体的には，「わが国で中長期にわたり適法に在留する外国人に対し，上陸許可など在留に係る許可に伴って交付する」［総務省 2012］在留カード保持者，そして，特別永住者である。

4)　李仁夏は1941年に10代半ばに渡日した在日朝鮮人一世であり，韓宗碩の渡日は8歳時である。同じ一世ではあるが，朝鮮半島での生活歴，渡日時の年齢が異なっていることなどからも，同様の思考ではないことに留意する必要がある。同様に，指紋押捺拒否運動の中心が二世であったとしても，その内実は一様でなく多様である。

5)　この崔善愛は『朝日ジャーナル』誌上での川本からの二次引用であるが，『現代の眼』24巻5号（1983年4月発行）誌上での佐藤文明による「外国人登録法 「指紋押なつ」拒否の闘い」，『季刊 青丘』1号（1989年発行）誌上での徐正禹「指紋押捺拒否から補償人権法へ」でも引用されている。その語りが指紋押捺拒否運動の象徴的なものだったからこそ多数引用されたと考えられよう。

6)　鄭大均がいう社会保障制度の国籍条項の撤廃とは，1975年のベトナム戦争終結と南北ベトナムの統一後に大量の難民が流出し，日本にいわゆる「ボートピープル」として渡ってきたのが契機となる。日本の消極的な難民受け入れが国際的に批判されるなか，日本政府は国際人権規約，難民条約にあいついで批准することとなった。1979年の国際人権規約批准時には公共住宅入居資格の門戸が開放され，1981年の難民条約批准時には国民年金法児童手当3法の国籍条項を撤廃する法改正が行われている［国際高麗学会日本支部『在日コリアン辞典』編集委員会 2010：333］。一握りの難民の出現が，当時60万人近かった外国籍を有する在日朝鮮人に恩恵を与えたことになる。このような国の動きをとらまえて，これら引用の説明を記した田中は，「内外人平等の実現は，日韓基本条約や日韓法的地位協定によってではなく，国際人権条約によってもたらされたのである。日韓条約がいかに不十分なものであったかを示して余りあろう」と批判的にしめくくっている。

第6章
最も身近な外国人
——国籍条項撤廃運動をめぐって

1 国籍条項撤廃運動とは

　地方公務員採用試験における国籍条項撤廃運動を，朴一は，「日本人とおな
じ納税の義務を負った在日コリアンが日本人と同様の「住民としての権利」を
求めた，はじめての公民権運動であった」[朴一 1999：53] と指摘する。

　国籍条項撤廃運動は1970年代中旬から展開されている。運動によって看護
師，保育士など専門職の撤廃，一般市での撤廃がまずは行われ，それらの成果
から，1990年代以降には政令指定市，都道府県での撤廃を求めて運動が続けら
れた。運動の展開からは，そのピークは1990年代だったといえよう。

　朴一の指摘どおり，国籍条項撤廃運動とは，外国籍である在日朝鮮人が日本
人と同等の権利を求めたものである。いいかえれば，外国籍を維持したままで
日本人と同等の権利を求めている。したがって，その実態は別として，在日朝
鮮人を「外国人」とする定義が不可欠になる。そのうえで，「外国人」への差
別撤廃をはかる運動とする言説も必要になり，あわせて，在日朝鮮人を日本人
とは異なる「外国人」として，「日本人」との差異を強調する言説もが運動に
は必須となる。しかし，それらを強調をすることでの意図せざる結果として，
「外国人」と「日本人」の差異の固定化が行われるのではないだろうか。

　本章では，運動のピークと思われる1990年代の地方公務員の国籍条項撤廃運
動に特に注目し，1970年代から1990年代まで運動がいかに変遷したか，外国籍
者が公務員として採用される機会がどのように拡大したのかをまずはみてい
く。あわせて，この運動で「在日朝鮮人」がどのように表象されたか，また，
「日本人」とはいかに異なる存在として表象され，かつ，外国籍者が公務員と

127

して採用される機会がどのように拡大されたのかを検証する。

なお，運動が進展し，国籍条項の撤廃が各地ですすむなか，1988年の自治省（当時）調査では，539人の外国籍地方公務員の存在が報告されている［岡崎1990］。1997年の「97‐98公務員採用国籍条項全国実態調査委員会」調査では776人が報告され，1991年から増大している［水野 1998：77］。この増加に運動がなんらかの影響をあたえたのは明らかであろう。

2　外国籍者を公務員の職から排除するための論理

1）撤廃運動以前

外国籍者の公務員職からの排除は，いわゆる「当然の法理」が根拠である。「当然の法理」は，1953年，政府の「わが国の公務員が日本国籍を喪失した場合，その者は，公務員たる地位を失うか」という照会に対する高辻正巳内閣法制局第一部長（当時）の回答がもとである。

> 一般にわが国籍の保有がわが国の公務員の就任に必要とされる能力要件である旨の法の明文の規定が存在するわけではないが，公務員に関する当然の法理として，公権力の行使又は国家意思の形成への参画にたずさわる公務員となるためには日本国籍を必要とするものと解すべきであり，他方においてそれ以外の公務員となるためには，日本国籍を必要としないものと解される。（昭和28・3・25　法制局一発第二九号）[1]

この回答では公務員を「公権力の行使および国家意思の形成への参画にたずさわる公務員」と「それ以外の公務員」に二区分しているのがわかる。あわせて，外国籍者が「それ以外の公務員」となれる可能性を示す一方で，「公権力の行使および国家意思の形成にたずさわる公務員」となる可能性が閉じられているのも示されている。ただし，「公権力の行使および国家意思の形成にたずさわる公務員」と「それ以外の公務員」が，公務員の数ある職種のうち，どれにあたるかは示されていない。さらには，「明文の規定が存在するわけではない」ともあり，日本国籍保有者のみを公務員とする要件を定める法律がないこ

と，いいかえれば，外国籍者が公務員になれないとする法律がないこともわかる[2]。

　このように，「当然の法理」が明文法でないにもかかわらず，外国籍者はこれによって公務員の職から排除されていた。高辻回答は1953年に出されているが，その前年に日本はサンフランシスコ講和条約を締結し，占領統治から解放されている。そして，同条約締結にともなう法務府民事局長通達により，植民地出身である朝鮮人，台湾人は日本国籍を喪失している。

　この国籍喪失に先立つ1952年1月末の段階では，朝鮮人の地方公務員122名の存在が報告されている［法務研修所 1955：117］。1952年3月6日，内閣官房副長官は，「公務員たる朝鮮人及び台湾人の帰化の手続に関する件」と題した依命通知を発信している。「国家公務員又は地方公務員の地位にある者が日本国籍喪失後も引き続きその地位を保有することができるかについては疑義がある」ことから，それらのうち，「日本国への帰化を希望し，且つ平和條約発効後も引き続きその地位に止まらせることを相当とするものについては，疑を避けるため，平和條約の発行と同時に帰化によって日本国籍を取得させるのが適当[3]」とするものである。この依命通知により，講和条約発行日に日本国籍を取得した朝鮮人公務員は52名いたといわれる［法務研修所 1955：116］。

　この通知には，「貴管下各の職員中右に該当する朝鮮人又は台湾人があるときは，便宜平和条約の発効前に帰化の許可申請をさせ[4]」ともある。右と示された職には，「各省事務次官」や「国家地方警察本部長官」，「日本学術会議事務局長」などが記載されている[5]。このような職に朝鮮人が就いていたとは考えにくいが，いずれにしろ，ここで示された職が「公権力の行使および国家意思の形成にたずさわる公務員」だとまずは考えられよう。これらを「それ以外の公務員」と区分したうえで，「それ以外の公務員」は日本国籍を必要しないとしたと解釈できる。当時公務員の職にいた在日朝鮮人を「それ以外の職」に多数移動させ，その公務員としての職を保障したとも考えられなくもない。朝鮮人地方公務員が122名の一方で日本国籍取得者が52名であることからもそう推測できるが，事実は定かでない。いずれにしろ，「公権力の行使および国家意思の形成にたずさわる職」に外国籍者が就けないことは明白である。

　この回答に先立つ1948年，連絡調整中央事務局からの「日本国籍を有しない

ものは日本政府の警察官や臨時職員になることができるか」という照会に対し，兼子一法務調査意見長官が回答している。

　それらの者（公の権力の行使を担当する官吏：筆者注）は国家に対し単に経済的労務を給付するものではなく，その公権力の行使を委ねられるものであるから，国家が充分にこれを信頼し得るものであり，また，これらの者は国家に対し忠誠を誓い一身を捧げて無定量の義務に服し得るものであることを要すること，および一国が他国人を単にその者との間の行為によって自国の官吏に任命することは右の忠誠義務とその堅実なる遂行に関し，その者の属する国家の対人主権をおかすおそれがある（略）ひとり警察官のみならず一般官吏について特に日本国籍を必要とする旨の明文は存しないが（略）わが法令上明文のないことをもって日本政府の官吏たるには日本国籍を必要としないと解すべきでなく，官吏たるには原則として日本国籍を必要とすることを当然とする立場から，特に明文を設けなかったものと解すべきである（略）国家公務員法により広く国家公務員といわれる者の中には，従来官吏と呼ばれていた者のほかに，従来は嘱託または雇員等として国家のために学術的もしくは技術的の事務を処理し，または機械的労務を提供していたに過ぎないものがあるが，これらの者の事務または労務は，その性質上変わりなく，偶々事業の主体が国家であるため公務員とせられるに過ぎないから，これ等の公務員は特に国家に対し忠誠を誓う関係にあるものではなく，したがってかような公務員になるためには日本国籍を必要としないであろう。[6]

　この兼子の回答からは以下の３点がみいだせる。国籍の保持が国家からの信頼の条件かつ忠誠の証であること，他国籍の者を公務員にすればその者の属する国家の対人主権を侵す恐れがあること，そして，公務員の職を「公権力の行使に携わる職」と「個々事業の主体が国家であるため公務員とせられるに過ぎない職」に二区分化していることである。
　この区分が，「公権力の行使又は国家意思の形成への参画にたずさわる公務員」と「それ以外の公務員」となり，高辻回答にみられる「当然の法理」を形

成する基盤となったのは明らかであろう。ただし，兼子回答は，「国家意志の形成」に携わる職，つまり国家公務員の就任制限を想定していたと思われる。

地方公務員では，1952年に京都府知事からの照会に対しての「外国の国籍を有する者を地方公務員に任用することについて，地方公務員法その他の国内法に何ら制限規定がないので，原則として差しつかえないものと解する」［岡崎1990］とする地方自治庁公務員課長の回答がある。だが，その前年の1951年の青森県人事委委員会からの地方公務員法の疑義——外国民は地方公務員法13条，19条の「国民」に含まれないか——では，地方自治庁公務員課長は「お見込みのとおり」とある［仲原 1993：57］。回答が異なっており，この時期の外国籍者の地方公務員就任への国の方針には一貫性はない。したがって，国の方針によらず，地方自治体の裁量で外国籍者が公務員に就任できていたとも考えられよう。

2）撤廃運動以降

「当然の法理」の扱いに変化を及ぼしたのが1972年の大阪市である。その経緯は後述するが，1973年 5 月28日，この撤廃に際し大阪市は大阪府を通じて自治省に，「1．地方公務員法上，日本の国籍を有しない者を地方公務員として任用することについて直接の禁止規定は存在しないが，公務員の当然の法理に照らして，地方公務員の職のうち公権力の行使または地方公共団体の意思の形成への参画にたずさわるものについては，日本の国籍を有しない者を任用することができないと解すべきかどうか。2．前問と関連して公権力の行使または地方公共団体の意思の形成への参画にたずさわる職につくことが将来予想される職員（本市においては，一般事務職員，一般技術職員等）の採用試験において，日本国籍を有しない者にも一般的に受験資格を認めることの適否がどうか。」とする照会を行い，「1．できないものと解する　2．適当でない」との回答を得ている。[7]

この回答では，先にみた1953年の高辻回答での「国家意志の形成の参画」が「地方公共団体の意思の形成への参画」へと変化しているのがわかる。国，地方とも外国籍者を公務員の職から排除する論理が統一されたといえよう。

ただし，ここからも，日本国籍を有しない者は「公権力の行使または地方公

共団体の意思の形成への参画にたずさわる」職に就けないことが示される一方，高辻回答でいう「それ以外の公務員」には就任できる可能性がみられる。しかし，どの職が「公権力の行使および地方公共団体の意思形成にたずさわる」のかは画定されていない。それをいわば「画定」したのは，1979年，大平正芳内閣総理大臣の答弁書である。

　この答弁では，「政府は，従来から，公務員に関する当然の法理として公権力の行使又は公の意思の形成への参画にたずさわる公務員となるためには日本国籍を必要とするが，それ以外の公務員となるためには必ずしも日本国籍を必要としないものと解している。このことは，国家公務員のみならず，地方公務員の場合も同様である」とされ，「公権力の行使又は公の意思の形成への参画にたずさわる地方公務員であるかについては，一律にその範囲を画定することは困難である。いわゆる管理職であるかどうかを問わず，地方公務員の任用にかかる職の職務内容を検討して，当該地方公共団体において具体的に判断されるべきものと考える[8]」ともされた。これを受けて大阪府八尾市では国籍条項を全廃し，以降，続く自治体もあったことから，きわめて画期的な答弁だったといえる。しかし，これが公務員の二区分が前提であるのも明らかである。

　1982年には，「国立又は公立の大学における外国人教員の任用等に関する特別措置法」が議員立法として制定され，国公立大学教員の就任資格が外国籍者に開放されている。これにより外国籍者が地方公務員のみならず国家公務員になる機会が生まれたが，これは名称からわかるとおりに特別措置立法である。これに際し，「いわゆる公務員の就任能力に関する法理を前提といたしまして，国公立大学の教員，すなわち教授，助教授及び講師に外国人を任用することにつきましては，その法理の例外を設けるに足りる特別の合理的な理由があると認められ（略）立法措置によりその任用の道を開いたもの[9]」との答弁がある。外国籍者に公務員就任の門戸を開くものの「当然の法理」が前提であり，かつ，「当然の法理」を前提として外国籍者の排除を追認しているのである。

　さらには，法律上明文化されていなくても，「公権力の行使または公の意思形成への参画にたずさわる公務員」は日本国籍が必要であるとの答弁もある。「それ以外の公務員」には必要とせず，それは地方，国家公務員で問わないとしたうえで，「自国の主権の維持及び他国の主権の尊重という憲法の前文にも

触れられております基本的な理念を踏まえまして，公務員という職務の性質を考慮いたしますと，公権力の行使または公の意思の形成への参画に携わる公務員は，国家に対し全体の奉仕者として全力を挙げて尽くし，またその信頼を十分に期待し得るものでなければならない。このようなことから，そのような公務員に任用するには日本国籍を保有する者であることが必要であること，また外国人をそのような公務員に任用することは当該外国人の属する国の対人主権を侵害するおそれがあることなど[10]」が理由である。

　つまり，公務員の職とは国家公務員，地方公務員を問わずに国家への忠誠が求められ，忠誠の証とされるのが国籍の保持である。それは兼子回答の1948年から現在まで不変であるのは本章の検証からは明らかである。さらには，外国籍の公務員とは国民国家にとって矛盾する存在であり，国家の基盤を揺るがす存在とされているとも解釈できる。国籍条項撤廃に反対する論者の多くが，そのような言説を展開しているのも——その是非は別として——納得がいく[11]。

　以上，「当然の法理」の変遷をおってきた。公務員の職が二区分でき，「公権力の行使および公の意思形成」に携わらない限り外国籍者の就任が可能なのは半世紀以上の過去から変わっていない。後述するが，この公務員の職の二区分が結果として外国籍者の公務員採用の機会を拡大する論理となったのである。

3　国籍条項撤廃運動の経緯と撤廃を求める側の論理

　では，ついで国籍条項撤廃を求める運動の論理を検証していこう。

　1971年，大阪市内の民間保育所が公立保育所に移管する際，勤務していた中国人保母が，外国人は公務員になれないという理由で解雇された。それに対して解雇反対闘争が行われ，結果，翌年に市職員として正式採用されたことが国籍条項撤廃のはじまりである。その闘争の支援団体メンバーは，「われわれは，在日外国人を公務員にせよ，という闘争をしてきたのではない。あくまで民族差別の撤廃という目標を闘ってきた」[長塚 1972]と述べており，その闘争の目的が差別撤廃であったことがこの発言からは読みとれる。

　ついで1973年，兵庫県西宮市，尼崎市，芦屋市，宝塚市，伊丹市，川西市，猪名川町の阪神間の都市で統一して事務，技術職すべての職種の国籍条項が撤

廃された。その運動の主に担ったのは日本人の学校教員であり，朝鮮人生徒に対し，民族的自覚と本名を名のることを促し，かつ，差別に打ち克つための実践に取り組んでいた。その実践のゴールが，民族的自覚の保有を学校だけで終わらせるのではない，社会に出ても持ち続けるための進路づくりである。進路をつくるためには，行政が外国籍者を排除する国籍条項の撤廃が必要であった。「子供達の就職の決め方は，どの企業・役所にしても，闘いであるという観点を一歩もはずさない」［尼崎工業高校朝鮮文化研究部顧問団 1974］とあり，「闘い」の文言からは，その目的が差別撤廃であったのが理解できる。

1979年には，大阪府下ではじめてとなる一般事務職採用試験の国籍条項が八尾市にて撤廃されている。この撤廃にトッカビの言説が作用していたのは第4章でみたとおりである。この撤廃運動でも，「いくら，民族の誇りを持て，自覚を持て，といっても，そのことを受け入れない社会が厳然として続くかぎり，子どもたちに希望を持たせることはできません。とりわけ就職における差別は厳しく，子どもたちから勉強しようという気持ちさえ奪う結果となっています。ところが，民間企業の差別をなくすように指導すべきはずの行政みずからが，朝鮮人を「国籍」をたてに排除している現実があります。これでは，民間の差別を支えている，少なくとも口実になっているといっても過言ではありません」［トッカビ 1984：46 - 47］とあるように，その目的は在日朝鮮人の子どもたちの進路保障であり，反差別であった。

つまり，地方公務員の国籍条項撤廃を求める運動は生活の場における差別の撤廃という目的から行われ，それにもとづいた言説が展開されていた。国籍条項でフォーカスされる「国籍」とは，国家が存在するがゆえに個々人を規定する記号であり，国家という枠組みと不可分である。しかし，これらの国籍条項撤廃撤運動は，国家の枠組みに依拠しない生活に根ざした地域レベルから行われていた[12]。

これら撤廃を求める運動にとって，その目的を遂げる有効なロジックとなったのは，皮肉にも，かの「当然の法理」である。先の大阪市での国籍条項撤廃運動では，大阪市が地方公務員法にもとづき外国籍者を採用できないとしたところ，そのような規定は同法，大阪市条例にはないと運動側から反論されている［長塚 1972］。1984年の郵便外務職——国家公務員であるが——の撤廃運動

では，「郵便外務職の仕事自体は「公権力の行使」にあたらない」［李君・孫君を囲む会 1984：30］として，運動側は「当然の法理」を逆用して外国籍者が採用できるとする言説を展開している。1991年の大阪市での一般職の国籍条項撤廃運動でも，国籍条項は「その根拠とされる「当然の法理」は，法律や規則に全く定められていません」［公務員採用の国籍条項撤廃を求める大阪連絡会議・文公輝くんの大阪市受験を認めさせる会 1991：7］と指摘されている。

先にみたが，「当然の法理」が公務員を「公権力の行使および公の意思形成にたずさわる職」と「それ以外の職」にわけ，また，なにが「公権力の行使および公の意思形成にたずさわる職」であるかは，各地方自治体によって判断されるものであった。しかも，「当然の法理」は明文法ではない。だからこそ，国籍条項撤廃の判断を各自治体に求めることができ，撤廃を求める側の有効な論拠となって，使える武器ともなりえたのである。

4　公務員の区分の明確化をめぐって

外国籍者の学校教員への就任は，1973年に大阪府で国籍条項が撤廃され，数名あったといわれる。大阪府以外では，1974年に東京都，1975年に岡山県が撤廃している［中井 1989：110］。神奈川県や京都府，和歌山県などのように，国籍条項そのものを定めたことがない場合もある［中井 1989：110］。教員採用試験が各教育委員会独自の試験要綱にもとづいており，一般公務員とは異なる取り扱いであったことが，はやくから撤廃などされていた要因だと考えられる。

しかしながら，1982年の「国立又は公立の大学における外国人教員の任用等に関する特別措置法」の制定後，松永光文部大臣は，「大学の教員についての特別立法したときに，その特別規定がないならば原則が働く」として各都道府県教育委員会に公立小・中・高等学校等への外国籍教員の採用を行わないよう「公務員任用，教員任用の原則というものの通知」を行い，これは「教員だけの問題じゃなくて，他の公務員にも適用される原則」とも述べている。[13] 外国籍者の大学教員への採用が「当然の法理」を前提とした特別措置法に拠っていたため，「国民教育」をすすめる公立諸学校等では外国籍者を閉め出す動きが反作用としてすすんだのである。

第6章　最も身近な外国人　　*135*

一方では，「この当然の法理に該当しないという職員について任用の道を開いていくべきというのは当然のことだろう[14]」との答弁もあり，「公権力の行使とか国家意思の形成への参画，そういうものに携わらない職種については外国人にも門戸は開放されて」おり，「現実に私どももできるだけそういう人を採るように指導」しているともいう[15]。

　いずれにしろ，「原則が働く」として「当然の法理」にもとづき小・中学校の外国籍教員の閉め出しをはかり，「当然の法理」にもとづき「公権力の行使および国家意思の形成への参画にたずさわる職」以外の門戸開放をはかっている。別とも思える双方の動きは共通する。一方は排除の姿，一方は包摂の姿をまといながらも，そこに隠れているのは，公権力の行使および国家意思の形成への参画にたずさわる職」と「それ以外の職」の厳格な分離であり，かつ，外国籍者の就任制限である。排除，包摂双方の姿をみせながら，「当然の法理」は確固たる「法理」として定着していったのである。

　「当然の法理」が確たる「法理」として定着するに至るには，これまでみてきたように，運動側が「当然の法理」を逆用して，「それ以外の職」ならば外国籍者が就けるとした言説を展開したことがけっして無関係ではないであろう。運動側による「それ以外の職」なら外国籍者でも就けるとした言説が，外国籍者が就ける職と就けない職の区分を強固にする意図せざる結果をもたらしたのではないだろうか。

　1996年，川崎市が政令指定市として全国ではじめて一般職の国籍条項を撤廃する。既存職種の撤廃ではあったが消防職を除き，また，採用後は税の徴収などの「公権力の行使」に携わる職には就かせず，管理職等の「公の意思形成」にかんしては実際の決裁権の有無を基準として線引きしたものであったが，このいわゆる「川崎方式」によって，全職種数の8割が外国籍者に開放されている。この撤廃は，「公権力の行使および公の意思形成にたずさわる職」と「それ以外の職」をより厳しく区分している。「当然の法理」を前提とした区分であり，「当然の法理」自体が見直されず，強化されたのは明らかであった。

5　差異の固定化へ

　川崎市に先立つ1992年，大阪市において「国際」，「経営情報」の一般職が新たに設置されたことにより，政令指定市での外国籍者への一般職の開放がはじまっている。もっとも，これは新たな職の設置であり，川崎市のような既存職の撤廃ではない。

　都道府県では1995年，高知県にて橋本大二郎知事が国籍条項の全廃を打ち出す。それにあわせるかのように川崎市，神戸市などの政令指定市で撤廃の動きが加速する。高知県で知事が撤廃の論理としたのは「当然の法理」が法律ではないという認識であった［岡崎 1997］。しかし，高知県での撤廃がすすまないなか，1996年，川崎市にて「当然の法理」に抵触しない職種の制限付での撤廃が行われている。この「川崎方式」にならって1996年以降，神戸市や横浜市，大阪市などで既存職の国籍条項が撤廃された。

　1996年，白川勝彦自治大臣は国籍条項の撤廃を地方の判断に委ねると表明したが，その論理は高知県知事と同様の「当然の法理」であった［仲原 1997］。白川，橋本とも「当然の法理」が法律でないという認識を有し，であるからこそ，地方がその判断が下せるともしていた。

　同年，白川は国会にて，「今まで憲法並びに法律に基づく当然の法理だ，法理に基づけばこうだと（略）それは内閣法制局長官とかあるいは政府が示すだけではなくて，地方公共団体もそういう立場にあるし，またそういう権限があるんだから，それに基づいて地方公共団体が，自分たちの地方公共団体に外国人を採用するかしないか（略）を各地方公共団体においてお考えをいただいてみずから決めることである，それが地方分権と言われる時代のまず第一のスタンス[16]」と発言している。

　白川の撤廃の論理は，「当然の法理」の判断を地方が行うべきであり，それは，国が地方に関与せず，地方の課題を地方が決定するとする「地方分権」の考えにもとづいている。「地方分権」が国籍条項撤廃の論理の一つとして浮上したのである。この発言以降，政令指定市や府県レベルでの撤廃が進行する。高知県での撤廃もこの発言以後の1997年である。行政側にも差別の是正という

目的があったとは思われるが，白川発言以降に撤廃が進展したのをみれば，地方分権という観点からの動きであったとも考えられよう。

　もっとも，当事者が差別撤廃を目的としてなんらかの運動をおこし，その勝利を得る手法として目的のみをただ唱えるのでなく，相手方に対してもっとも説得力のある効果的な言説をつくり出し，訴えることはありえる。行政側もそれは例外ではない。目的を達成するため，議会や市民を納得させるには相手が納得しやすい言説を展開するのは当然でもある。求める結果——国籍条項撤廃——が一緒であり，そこに行き着くための言説をいくつもつくりあげ，駆使するなか，「地方分権」は四方を納得させやすいものだったのかもしれない。

　たしかに，これ以降，国籍条項の撤廃はすすんでいる。しかし，運動が差別の撤廃という目的から国籍条項撤廃に取り組んだにもかかわらず，その結果は運動が当初目的とした差別撤廃とは異なる意図——地方分権によってもたらされている。当初の目的とずれが生じていたにもかかわらず，国籍条項の撤廃がすすんだことで，運動はそのずれに気づかなかった——もしくは，正視しなかったのではないだろうか。

　さらにみていくと，「地方分権」だけではなく，国籍条項撤廃への説得力を持つ言説として「国際化」が選ばれていたともみうけられる。「国際化」が叫ばれるとともに，運動も「内なる国際化」という名目とともに「国際問題」として，すなわち「国」と「国」との問題として，外国籍者である在日朝鮮人の権利獲得に取り組む方向へと舵を切ったと考えられるのである。

　藤原史郎は，「今日言われるように国際化うんぬんの論理でやったんじゃなくて，差別をなくせよという要求に行政がビビッて国籍条項を外した」[神谷ほか 1989：17] と，自らがかかわった国籍条項撤廃運動をふりかえっているが，その言葉には運動の言説の変化がはっきりとあらわれている。

　1991年の大阪市の国籍条項撤廃運動にて発行された冊子には，「「国際都市・大阪」と言うのなら……」と題した項で，「「国際化」と言うけれど」や，「最も身近な「外国人」」，「在日は国際化の推進役」，「「内なる国際化を求めて」」[公務員採用の国籍条項撤廃を求める大阪連絡会議，文公輝くんの大阪市受験を認めさせる会 1991：18 - 19] との言葉が多々ある。これらをみても，四方を納得させる論理として，運動が「国際化」を選んだのは明らかであろう。

138

差別撤廃が目的だった国籍条項撤廃運動が，結果を求めたとはいえ，国家の枠組みが前提となる「国際化」という疑いにくい文言を用いた。しかしそれは，国籍条項撤廃が「国」と「国」との関係のなかに収斂され，国の施策としての「地方分権」，「国際化」の一部と化すものである。そもそも，国籍条項撤廃運動とは，地域の在日朝鮮人の生活課題からみえた差別の撤廃を求めたものであり，それは国家という枠組みがあるがゆえに生じる差別の撤廃を求めたものであったはずである。しかしながら，「国際化」という「国」の存在を前提とした運動の言説は，在日朝鮮人に対してなんらかの「国家」への帰属を求めざるをえなくなる。国家に属した運動は国家の枠組みに囚われたものとなり，国家があるからこそ生じる「国籍条項」を意図せざるとも──もしくは意図して──承認せざるをえなくなるのである。

　国籍条項撤廃運動を担った在日朝鮮人の多くは，在日二世，三世──実態としての「日本人」──が中心である。国籍条項撤廃運動とはそのような世代だからこそおきた，朝鮮半島上の「祖国」への「帰国」ではない，日本で生きる「在日」を志向した運動である。指紋押捺拒否運動でみたとおり，徐正禹の指摘によれば在日二世，三世とは，「言葉や文化・風習の違いからくる困難さや生活基盤などから，祖国には住めず，もはや日本でしか生活しえない存在」[徐正禹 1985] である。つまり指紋押捺拒否運動と同様，国籍条項撤廃運動も二世以降を中心とした「日本でしか生活しえない存在」だと自己認知した在日朝鮮人の運動である。しかし，指紋押捺拒否運動が日本社会の「市民」／「住民」としての承認を求める運動だったとすれば，国籍条項撤廃運動は「国際化」という言葉を用いて在日朝鮮人が自らを「外国人」と定義し，「外国人」の承認を求めることで差別の撤廃をはかった運動だといわざるをえない。

　先にみたが，指紋押捺拒否運動では在日朝鮮人を「外国人」としていたが，それ以上に「市民」／「住民」とする言説が展開されていた。一方，1990年代以降の国籍条項撤廃運動では，「外国人」とする言説が，より展開されている。二つの運動とも在日朝鮮人差別の撤廃がその目的であるのはたしかである。しかしながら，国籍条項撤廃運動は差別の撤廃のために唱えた「国際化」という言説に囚われていき，はからずも変質したのである。

　当初，撤廃の一手段として唱えた「国際化」，そして自らを「外国人」とす

第6章　最も身近な外国人　　*139*

る言説は，自らが「外国人」と囚われていく言説ともなった。在日朝鮮人が自らを「外国人」と唱えることによって，その実態から乖離した「外国人」という枠組みと他者からのまなざしに自らを閉じ込めてしまったのである。そしてそれは，外国籍者と日本国籍者の境界線を確定した。「公権力の行使および公の意思形成にたずさわる職」と「それ以外の職」での就任制限を意図せざる結果として黙認し，外国籍者を「その者の属する国家の対人主権をおかすおそれ」のない「それ以外の職」への就任にとどめる結果を確定したのである。

　国籍条項撤廃の動きを加速させたとされる白川であるが，「要するに，公権力の行使または公の意思の形成に参画するというのは国籍が要る，それ以外は要らない」といい，同時に「一般職の中でもこれはいいというのもあるし，これはやはりだめだというものを精査して，そしてできる限り外国人にも採用の機会をふやしたらどうか（略）」ともしている。外国籍者は「それ以外の職」ならば公務員として採用される機会が拡大されたのはたしかである。しかし一方では，「公権力の行使および公の意思形成にたずさわる職」から，ますます排除されると理解すべきである。

　撤廃運動は「国際化」という言葉を用い，自らを「外国人」と定義することで，その目的の達成をはかろうとした。にもかかわらず，「公権力の行使および公の意思形成にたずさわる職」と「それ以外の職」との間にある就任制限を厳格化する論理——国籍が忠誠の証——を覆せず，いわばそれを承認したといえなくもない。運動は「当然の法理」を逆用することで「それ以外の職」ならば外国籍者であっても就けるとする言説をつくりあげた。しかし，それは，「公権力の行使および公の意思形成にたずさわる職」には就けないとする論理の強化につながるものでもあった。

　さらにいえば，「外国人」という存在が，いずれかの「国家」への帰属が前提とならざるをえないことが，運動にとっては視野外だったのかもしれない。自らを「外国人」とする表象は，実態としての「日本人」である在日朝鮮人を「外国人」に固定化する役割をはたした。これこそ，国籍条項撤廃運動の最大の弊害だったのではないだろうか。

140

6 小 括

　先述したとおり，1997年の「97－98公務員採用国籍条項全国実態調査委員会」調査では，776人の外国籍公務員の存在が報告されている［水野 1998：77］。同調査は，外国籍公務員が「公権力の行使および公の意思形成にたずさわる職」，「それ以外の職」のいずれに就いているかを問うていないが，これまでの検証からは，その多くが「それ以外の職」に就いていると容易に推測できる。

　国籍条項撤廃運動とは生活の場での差別撤廃が目的であり，そのような目的から言説がつくられていたのは明らかである。しかし一方，国籍条項撤廃運動では在日朝鮮人を「外国人」と位置づけた言説が展開され，その意図せざる結果として，在日朝鮮人を「外国人」に固定化した。使用言語，生活習慣などからいえば，在日朝鮮人の実態がきわめて「日本人」化しているのは疑いがなく，「外国人」とする位置づけとは乖離が生じているのは明らかである。2001年から2010年の間，日本国籍を取得した韓国籍者，朝鮮籍者は9万775人と10万人近い[18]。[19]いかに運動の言説が在日朝鮮人を「外国人」と固定化しようとも，生活の場では「日本人」としての実態と「外国人」とする帰属のずれの解消がはじめられている。

　次章で検証する日本国籍取得論は，このような在日朝鮮人の実態と帰属のずれを解消する試みであり，まさしく，在日朝鮮人の現実からうまれたものといえよう。

［注］
1) 「日本国籍を喪失した場合の公務員の地位について」1953年3月25日　法制局一発第二九号　内閣総理大臣官房総務課長栗山廉平，法制局第一部長高辻正己回答。仲原良二，1993，『在日韓国・朝鮮人の就職差別と国籍条項』所収，明石書店，105－110
2) 外務公務員法第7条には「国家公務員法第38条の規定（官職就任の欠格事項を定めている）に該当するほか，国籍を有しない者又は外国の国籍を有する者は，外務公務員となることができない」とあり，外務公務員への外国籍者の就任を明確に否定している。
3) 国立公文書館デジタルアーカイブ，「公務員たる朝鮮人及び台湾人の帰化の手続に関する件」，http://www.digital.archives.go.jp/，2009年9月24日アクセス。
4) 同上。

5) ここに書かれた職種は約80種にのぼる。ただし，削除の意味からか職によっては斜線が引かれており，すべての職が「公権力の行使および国家意思の形成にたずさわる公務員」かどうかは不明でもある。

6) 「日本の国籍を有しないものは日本政府の警察官や臨時職員になることができるか。」1948年8月17日 法務調査意見長官 兼子一回答。仲原良二，前掲書1)所収，111‐113。

7) 「自治省公務員第一課長回答」1973年5月28日，自治公28，大阪府総務部長あて，仲原良二，前掲書1)所収，42‐43。

8) 「在日韓国・朝鮮人の地方公務員任用に関する質問」に対する大平正芳内閣総理大臣答弁書 内閣衆質87‐13，1979年4月13日，仲原良二，前掲書1)所収，62。

9) 松下正美衆議院法制局第二部長答弁。1982年8月4日衆議院文教委員会。国会会議録検索システム，http://kokkai.ndl.go.jp/，2009年2月18日アクセス。

10) 秋山收内閣法制局第一部長答弁。1996年5月23日参議院地方行政委員会。同上，2009年2月25日アクセス。

11) 高知県人事委員であった山本卓は，高知県での国籍条項撤廃に対して反対意見を表明している。山本がいうところの公務員とは，「国家に対して全体の奉仕者として全力を尽くし，国家や国民全体からの信頼が充分期待され得るものでなければならず，従って，このような公務員としての地位・身分を取得・維持するためには，日本国籍を保有するものでなければならない」[山本 1996]とするものである。中川八洋筑波大学教授は「仮に日本が，憲法を含めて日本国の法令や"当然の法理"に反してまで公務員権や参政権を現在58万人の"非国民"（特別永住権を持つ在日韓国・朝鮮人：筆者注）に付与するとすれば，相互主義（レシプロシティ）を原則とする国際社会の規範（ルール）において，日本は韓国・北朝鮮に対して対等な主権国家でなくなる」[中川 1996]と主張する。ジャーナリストの櫻井よしこも「地方自治体や国家の運営に参加するには，その人物が国籍を取得していることが必須条件であると考える。なぜなら，そのような立場に立つ人びとは，なにを置いても日本という国の，そしてそこにすむ人びとの利益を最優先して考えてもらわねば困るからである」[櫻井 1996]としている。なお，朝鮮総聯は1996年に呉亨鎮中央副議長談話で「日本の公権力行使と直接関連する一般事務職に在日同胞を採用することについては問題があると考える。」としたうえで，「国家機構であれ地方公共団体であれ，日本の公権力行使と関係する公務員職への在日同胞の就職は，本質的には，一部勢力が主張する「参政権」と同様，日本に対する内政干渉になる」[現代コリア研究所 1996]としており，国籍条項撤廃反対論者との一致がみられる。

12) これら地域レベルの実践のほとんどは，民闘連に結集する地域活動団体によって取り組まれたといっても過言ではない。なお，1970年代中旬に兵庫県下の国籍条項撤廃運動に高校教員として取り組んだ藤原史郎は，「76年に，朝鮮人を自治体に入れていくことは（教師は別として），同化政策に荷担するという批判を朝鮮人の団体から受けている」と述べている[神谷ほか 1989：17]。年代はあとになるが，注12での朝鮮総聯副議長声明でも「外国人の公務員採用問題が在日同胞の民族性を弱め，ひいては同化を促すということに憂慮せざるを得ない」とある。

13) 松永光文部大臣答弁。1985年3月28日参議院文教委員会。国会会議録検索システム，http://kokkai.ndl.go.jp/，2009年2月18日アクセス。

14) 佐藤心自治省行政局公務員部公務員第一課長答弁。1990年4月17日衆議院法務委員会。同上，2009年2月18日アクセス。

15) 栗田久喜人事院事務総局任用局長答弁。1995年11月30日参議院外務委員会。同上，2009年

2月24日アクセス。

16）白川勝彦自治大臣答弁。1996年12月5日衆議院地方行政委員会。同上，2009年2月25日アクセス。

17）1996年12月17日参議院地方行政委員会。同上，2009年2月18日アクセス。

18）法務省統計上の「韓国・朝鮮」には，在日朝鮮人のみならず，近年来日したいわゆるニューカマーの韓国人が含まれていることに留意する必要がある。

19）法務省，「帰化許可申請者数等の推移」，http://www.moj.go.jp/MINJI/toukei_t_minj03.html，2011年9月8日アクセス。

第7章

「コリア系日本人」という衣装に着替える時代
―― 日本国籍取得論をめぐって

1　いかに日本社会に参加していくか

　先にみた「言葉や文化・風習の違いからくる困難さや生活基盤などから，祖国には住めず，もはや日本でしか生活しえない存在」［徐正禹 1985］との在日朝鮮人の自己認知は，地域運動，国籍条項撤廃運動などを進展させる一因であった。そして，これら運動による制度的差別の減少は，在日朝鮮人が外国籍であったとしても，日本で生き続けることを可能とする環境を整えてもいる。

　しかし一方，在日朝鮮人が「日本でしか生活しえない存在」となり，日本での定住を自明視するならば，いかに日本社会に参加するのかが問われていく。国籍条項撤廃運動，指紋押捺拒否運動とも外国籍である在日朝鮮人の日本社会への参加が言説化されていたが，在日朝鮮人が日本国籍を取得すればその政治的権利や法的扱い，政治的参加の機会は日本人となんら変わらなくなる。在日朝鮮人運動が在日朝鮮人の現実をふまえたうえですすめられるものであり，かつ，「日本でしか生活しえない存在」としてその現実をとらえるならば，外国籍維持ばかりではなく，日本国籍取得への対応が不可避とならざるをえない。その是非は別として，在日朝鮮人の日本国籍取得は，在日朝鮮人とその運動の歩むべき道の一端を指し示している。

　在日朝鮮人の日本国籍取得論は1960年代末からあらわれているが，本章では，在日朝鮮人の定住が疑いようのない現実となった1990年代以降の日本国籍取得論を主に検証する。それらから，まずは鄭大均に焦点をあてる。後述するが，鄭大均は在日朝鮮人の日本国籍取得論を展開する数少ない在日朝鮮人知識人であり，いいかえれば，言論による日本国籍取得運動を展開してきた在日朝

144

鮮人であり，日本国籍取得論を検証するのにふさわしい[2)]。

　ついで，民闘連に結集していた人びとが主となった「在日コリアンの日本国籍取得権確立協議会（確立協議会）」を検証する。これまでみてきたが，1990年代はじめは民闘連が主となって国籍条項撤廃運動などが活発に展開され，「外国人」としての在日朝鮮人が表象されていた。このような状況下で鄭大均はそれに抗うかのように日本国籍取得論を展開していた。そして，「外国人」としての在日朝鮮人運動を展開した民闘連は，のちにその幾人かが日本国籍取得運動を展開したのである。

　日本国籍取得論では在日朝鮮人の実態がいかに表象され，展開されたのであろうか。以下，主に鄭大均と確立協議会から検証していこう。

2　在日朝鮮人の国籍の状況

　まずは在日朝鮮人の国籍の状況を簡潔にみていこう。

　これまで検証してきた地域運動，国籍条項撤廃運動などによって，韓国籍，朝鮮籍である在日朝鮮人への差別が減少したのは疑いのない事実であり，韓国籍，朝鮮籍を保持しながら日本で暮らす在日朝鮮人が存在する。

　「韓国・朝鮮籍」者は，2001年末の63万2,405人から2010年末では56万5,989人となり，減少の一途をたどっている[3)]。この数字の動きには，自然減，さらには日本国籍取得が含まれてもいるであろう。また，ここには，近年日本に渡航してきた，いわゆるニューカマーの韓国人も含まれている。

　本書で主に扱ってきたオールドタイマーの在日朝鮮人の多くは「特別永住」の在留資格を有している。「特別永住」資格の「韓国・朝鮮籍」者は2010年末で39万5,234人となる[4)]。韓国籍，朝鮮籍を保持しながら日本で暮らす在日朝鮮人，もしくは韓国人が50万人以上存在し，「特別永住」資格保有者が約40万人存在するのがたしかである。

　一方，2001年から2010年までの10年間，「韓国・朝鮮籍」から日本国籍を取得した者は9万775人にのぼる[5)]。この数字にもニューカマーの元韓国籍者が含まれているが，その多くを日本の植民地支配に由来するオールドタイマーの在日朝鮮人が占めているのに疑いはないであろう。つまり，在日朝鮮人が日本国

籍を取得する傾向にあるのはたしかである。

3 国籍取得の論理

1）鄭大均から

　外国籍維持，日本国籍取得のいずれの志向であろうとも，運動は在日朝鮮人の実態をとらえることからはじまる。では，鄭大均は在日朝鮮人の実態をどうとらえていたのであろうか。まずは，その言説から検証していこう。

　先述したが，鄭大均は日本国籍取得を積極的に主張する数少ない在日朝鮮人知識人である。「一世が戦前から日本に住んでいる特別永住者たちはどんどん日本国籍を取得して，日本人として生きていけばいい。わたしはそんなことを1990年ごろから主張していた」［鄭大均 2006：179］というように，1990年代の比較的はやくから日本国籍取得を主張しており，2004年には実際に日本国籍を取得している［鄭大均 2006：179］。

　鄭大均がいう在日朝鮮人とは，「日本人との関係ではコリアンであることが了解されても，日本の外では，その了解が保証されるとは限らない。日本で生まれ，日本語を母語にし，東京を中心にして世界を眺めるような在日が，日本の外に出たとき，彼や彼女は自分がコリアンであることを，日本にいるときのような自明性で語ることができるのか。あるいは自分がコリアンであるということが，かつての自明性で了解されるのか」［鄭大均 2006：20］とされる存在である。

　鄭大均は，在日朝鮮人という存在を日本，日本人との関係のみでなく，それ以外の国，人との関係からもとらえている。そのうえで，在日朝鮮人が日本人との関係では朝鮮人だと理解されても，日本以外ではそうとはされないと指摘する。また，在日朝鮮人には「韓国・朝鮮籍をもちながらも朝鮮半島への帰属意識が稀薄であり，外国籍をもちながらも外国人意識が稀薄であるというワン・セットの状況」［鄭大均 1996］があり，朝鮮半島への帰属意識の希薄化により「アイデンティティと帰属，つまり心理的帰属と政治的帰属の間の乖離や齟齬という状況」［鄭大均 1996］にあるとして，これを「在日のアイデンティティと帰属（国籍）の間にはズレがある」［鄭大均 2003］とする。

ここで鄭大均がいう在日朝鮮人の「アイデンティティ」を，「外国人意識が稀薄である」というその言葉から解釈すれば，「朝鮮人（韓国人）」ではなく，「日本人」に近いとする意識であろう。一方の「帰属」は国籍の保有であり，在日朝鮮人が保有する韓国籍，もしくは朝鮮籍である。

　このアイデンティティと帰属のズレについて，「二世や三世たちは日本語を母語とし，ソウルや平壌をではなく，東京を中心にして世界を眺め，自分を眺めている（略）アイデンティティと帰属の間にズレがあるということは在日が不透明な存在になっているということであり，不透明であるということは自分が説明しにくいということ」[鄭大均 2005a]だと指摘する。そして，「在日は要するに名が体を表していない。韓国籍や朝鮮籍を持っていても，本国に連帯意識があるわけではないし，外国人登録証明書を持っていても，自分が本当の外国人だとは思っていない」[鄭大均 2003]という。つまり，在日朝鮮人の外国籍保有はあくまでも書面上のものであり，実態とアイデンティティは限りなく「日本人」だとするのである。そのうえで，「日本国籍を持たない限り，内国人との間に機会や権利の完全な平等を獲得することもできない」[鄭大均 2003]ものの，「日本国籍を取得すれば，参政権や公務任用の問題は自動的に解決するのであり（略）アイデンティティに合わせて帰属を変えればいい。つまり日本国籍を取得すればいいのであり，望むならコリア系日本人として生きればいい」[鄭大均 2003]として，「コリア系日本人」というカテゴリーを創出している。

　あらためて整理しよう。鄭大均は在日朝鮮人という存在を日本との関係のみではなく，韓国，北朝鮮，日本以外の国をも視野に入れてとらえている。鄭大均は，在日朝鮮人は日本ではその存在が理解されるものの，日本以外の国では日本に住む朝鮮人（韓国人）としてその存在の合意が得られないとしていた。また，在日朝鮮人は韓国籍，あるいは朝鮮籍であるにもかかわらず，朝鮮半島上の「祖国」への帰属意識を有していないとして，外国籍を有しながらも外国人意識が希薄ともいう。つまり，鄭大均は，韓国籍の保有は韓国への帰属意識を有する必要があるとしている。そして，そのような帰属意識が希薄な在日朝鮮人への否定感をあらわしているのである。

　このような鄭大均の「在日朝鮮人」表象を一言であらわすならば，「宙ぶら

り」ではないだろうか。これを第2章でみた帰国運動時の言説からいいあらわせば、「パンチョッパリ」である。しかし、たとえ在日朝鮮人が「宙ぶらり」であり、「パンチョッパリ」だとしても、半分は日本人であり半分は朝鮮人となる。つまり、在日朝鮮人はけっして「純粋」な「日本人」、これを鄭大均の表現を借りれば、「エスニック日本人」[鄭大均 2004：62] とはならない。鄭大均は在日朝鮮人を日本人とは異なる存在として認知しており、認知しているからこそ、在日朝鮮人と「純粋」な「日本人」とを区別し、「コリア系日本人」という「日本人」でも「在日朝鮮人」でもない新たなカテゴリーを創出している。日本人と朝鮮人を異なる存在とする認知には、血縁的系譜的関係による常識知が作用しているであろう。しかし一方では、「民族」の血縁的系譜的関係をあえて否定せず、「国籍」と「民族」の不一致を肯定的に述べることによって、それらの一致を当然視する在日朝鮮人、日本人に対しての認知の転換を迫る戦略であったとも考えられなくもない。

いずれにしろ、鄭大均は在日朝鮮人を「宙ぶらり」な存在ととらえつつ、その状態に否定感を持っているのは明らかである。したがって、在日朝鮮人の「宙ぶらり」状態への否定感が、その日本国籍取得論を展開する一因になったとまずは考えられよう。

2)「外国人」の運動の限界

鄭大均は日本国籍取得論を1990年頃から展開してきたという。1990年頃とは91年問題[6]といった在日朝鮮人問題が日本社会をにぎわしていた時期であり、また、大阪市では、撤廃されれば政令指定市初となる一般職採用試験の国籍条項撤廃運動[7]が行われていた。91年問題は在日朝鮮人を「外国人」と位置づけた国家間交渉であり、国籍条項撤廃運動は在日朝鮮人を「外国人」として位置づけたうえで差別撤廃をはかった運動であった。しかし、結果として「日本人」と「外国人」の壁を完全に崩すことはできず、「外国人」としての限界を明示した運動でもあった。

他方、鄭大均は、「在日は政治的な権利をもたないかぎり自己の運命をコントロールすることができないということであり、政治的な権利をもつということは、日本国籍を取得（帰化）するということである。日本国籍を取得すれ

ば，今日議論されているような公務就任や参政権の問題は自動的に解消する」［鄭大均 1996］として，日本国籍取得論を展開する。また，「日本国籍を取得すれば，参政権や公務任用の問題は自動的に解決するのであり，そうすることによって，私たちはハンディキャップゆえに同情される人間でも，特権ゆえにねたまれる人間でもない普通の人間としてこの社会で生きていくことができるはずである」［鄭大均 2003］ともいう。

　先にみたとおり，鄭大均が唱える在日朝鮮人の日本国籍取得論は，アイデンティティと帰属のズレの解消をはたし，名実ともに「日本人」になることが目的であろう。在日朝鮮人が日本国籍を取得すればその政治的権利は日本人となんら変わらなくなり，国籍条項撤廃運動が直面した「外国人」の壁をも突き破ることができる。鄭大均は，国籍条項撤廃運動が崩せなかった日本国籍と外国籍の壁を在日朝鮮人の日本国籍取得によって崩すことを唱え，アイデンティティと帰属のズレの解消を促すだけではなく，在日朝鮮人の日本社会への政治的参加をも促している。

　ただし，在日朝鮮人の日本国籍取得によって在日朝鮮人と日本人が同等の立場になることを「普通の人間」と鄭大均は表現しているが，つづく「できるはずである」という「はず」からは，それを確信していないようでもある。鄭大均が主張するように，在日朝鮮人が日本国籍を取得すれば公務就任や参政権の問題はたしかに解決する。本書で検証してきたが，在日朝鮮人運動が「外国人」の運動として行われてきたのに対し，その言説から理解すれば，鄭大均は在日朝鮮人が「外国人」であることの限界，そして，「アイデンティティと帰属のズレ」ともするように，その存在の「宙ぶらり」状態を批判的に表象している。あるいは，日本国籍取得の正当化を訴えるために「外国人」としての在日朝鮮人，「外国人」の運動である在日朝鮮人運動の限界を展開したといえなくもない。しかしながら，いずれであったとしても，その言説は日本国籍の取得が私人間の差別の撤廃にもつながるかのように読解可能であり，注意が必要である。

　さらにみていけば，鄭大均は在日朝鮮人の日本国籍取得と日本社会への政治参加が「この国（日本：筆者注）の多元化に寄与するものでもあろう」［鄭大均 1996］ともいう。在日朝鮮人の日本国籍取得を訴えるばかりではない。在日朝

鮮人の日本国籍取得と日本社会への政治参加が日本の多元化に寄与するとしており，つまり，ここからも「外国人」の運動として展開される在日朝鮮人運動の限界を指摘し，それらへの対抗言説を展開しているのである。

「多文化共生社会を実現する最も確かな方法は，日本国民という枠を広げることであり，コリア系日本人の誕生はそれに貢献すると思われる」[鄭大均2005b] として，鄭大均は日本国籍取得のみならず日本社会への貢献をも謳っている。「在日のように本国への帰属意識に欠けるような集団が外国人として扱われ続けるようでは，この国は永遠の日本人，つまり世襲の日本人だけで構成されることになる。それでいいのだろうか」[鄭大均 2005b]，「共生社会を実現したいというなら，なぜ日本国民という枠組みそのものを広げようとはしないのか」[鄭大均 2003] ともいい，在日朝鮮人だけではなく，日本の国のあり方にも苛立ちを表明している。つまり，鄭大均は在日朝鮮人の存在が日本の多元化に寄与するとしているのがわかる。鄭大均は日本社会が単一的な社会であることをまずは認めており，そのうえで在日朝鮮人という異質な存在が「日本国民」として参入することにより日本社会は多元化にむかうという。このような，在日朝鮮人が日本の多元化に寄与できる存在とする言説をみれば，賛同する在日朝鮮人は多数であろう。

これまで本書で検証した地域運動や指紋押捺拒否運動，国籍条項撤廃運動が地域社会，日本社会の多元化を求めていたのは明らかである。しかし一方では，これらは在日朝鮮人を「外国人」として位置づけた運動であり，結果的に「日本人」の壁を崩せずに「外国人」の運動の限界を明示したのは明らかであった。指紋押捺拒否運動を一例にすれば，第5章でも指摘したが，鄭大均は社会保障制度の国籍条項が撤廃された1982年以後は，在日朝鮮人運動が国籍選択権を含む国籍取得に関心をむける時期であったという。にもかかわらず，行われた指紋押捺拒否運動を「これほど在日社会からの批判や非難から自由であった運動はなかったし，これほど遊戯的で即興的な運動というのも例を見ない（略）たしかに運動は差別に対する闘いとして語られた。しかし押捺拒否の運動は差別に対する闘いだったとしても，それは在日の実質的な生活の質とは直接にはかかわりのない差別の象徴に対する闘いであったのであり，差別の象徴に運動が移行したということは本物の差別がもはやさほど問題ではなくなっ

たということを示唆している」[鄭大均 1996] としていた。

　鄭大均は指紋押捺拒否運動を厳しく批判しているが，在日朝鮮人の日本国籍取得が日本社会の多元化に寄与する行為としていたのも先述のとおりである。

　指紋押捺拒否運動では，指紋押捺拒否が「もっと住みよい社会を作り出そうではないか，誰であれ人間らしく生きていこうではないか，"共に生きよう"ではないか」[裵重度 1985] とする言説が展開されていた。さらには，在日朝鮮人が「外国人」でありつつも「市民」／「住民」であり，「市民」／「住民」である「外国人」との立場からの日本社会への貢献が言説として展開されていた。運動が求めていたのは日本社会の多元化であろう。

　国籍条項撤廃運動では，「国際化」が運動のキーワードと化していた。「国際化」という「国」と「国」の関係が前提であれば，在日朝鮮人は「外国人」である必要がある。しかし，「外国人」でありながらも日本社会の「国際化」を謳うということは，日本社会への貢献を唱えるにも等しい。

　つまり，これら運動はいずれもなんらかの社会への貢献を唱えている。もちろん，それによって，運動への支持をえるねらいがあったのは明らかであろう。しかし，仮にそうであったとしても，これら運動の言説と鄭大均の言説は，その経路が異なるものの目的とする先は同じなのである。

　さらにみていこう。鄭大均は，在日朝鮮人が日本国籍を取得することによって単一的な「日本人」という枠組みを多元的に拡げることが日本社会への貢献ともしていた。国籍条項撤廃運動や指紋押捺拒否運動が，外国籍保有者が外国籍のままで日本国籍保有者となんら変わらず共存できる日本社会の多元化を求めた運動だとすれば，日本国籍取得論は日本国籍保有を前提として日本社会の多元化を訴えた運動である。しかしながら，日本国籍取得により社会へ貢献できるとするならば，外国籍では社会に貢献できないと述べていることにもつながりかねない。よりきびしくいえば，鄭大均は，外国籍の在日朝鮮人——のみならず「外国人」——の存在もが日本社会では役に立たないとする言説を展開しているとも解釈できるのである。

　なお，鄭大均は，「外国籍を持つ限り，私たちは政治的な権利から遠ざけられるというだけではなく，責任や義務の感覚からも遠ざけられてしまう」[鄭大均 2003] ともしており，そこには個人が国家への責任や義務をはたす必要が

あるとする意が含まれている。「韓国の国籍を持っているということは，ある
程度は韓国と運命をともにするということを意味するはず」［鄭大均 2005a］と
いい，「日本人であれ韓国人であれ，自己と国家をあまりにも重ね合わせる思
考には問題がある。しかし国家の主権者たる国民にはよりよい自国を形成する
のに貢献する義務があるはず」［鄭大均 1996］ともしている。韓国籍の保有が
韓国と運命をともにすることを意味するならば，日本国籍の所有は日本と運命
をともにする行為ということになる。在日朝鮮人が国籍を取得して日本国家の
主権者となることだけではなく，国家への義務をなす必要があるともするので
ある。

　以上，鄭大均の日本国籍取得論とは，在日朝鮮人のアイデンティティと帰属
のズレを解消すると同時に，日本社会の多元化をすすめようとしたものである
ことが明らかとなったが，在日朝鮮人に対してあらたな生き方を提示している
といえなくもない。しかし一方では，そのいうところのアイデンティティと帰
属のズレの解消が，国家への義務と責任をともなっているのもたしかである。
在日朝鮮人に対し，韓国や北朝鮮ではなく，日本国籍取得による日本国家への
貢献，同一化を迫っているのであり，それは在日朝鮮人に国家へのあらたな従
属を求めるものである。「国籍」による国家への帰属を求めるその姿は，かつ
ての在日朝鮮人の民族組織による運動と本質的には変わらないのではないだろ
うか。

3）「在日コリアンの日本国籍取得権確立協議会」から

　鄭大均が日本国籍取得の言説を展開しはじめたのは1990年代初頭であるが，
2003年に「在日コリアンの日本国籍取得権確立協議会（確立協議会）」が発足し
ている。この会には，在日朝鮮人の地域運動を担い，かつ，民闘連に結集して
いた者が参加しているのが特徴である[9]。

　鄭大均が指摘するとおり，民闘連は1982年以降，在日朝鮮人の日本国籍取得
ではなく，指紋押捺拒否運動など，国籍による差別の撤廃へとむかっている。
日本国籍取得への関心が欠如していたと考えられるが，民闘連に参加し，のち
に確立協議会の会長となる李敬宰がいう限りでは，実状は異なるようである。

　李敬宰は民闘連と日本国籍取得論について，「「第5回民闘連全国集会」（79

年）で「在日と日本国籍」について議論する場を持ったが，日本国籍について議論しただけでも在日韓国・朝鮮人社会は騒然となり，民族系新聞などは特集を組んで「民闘連はネオ同化主義」などと大々的な批判を展開した。これ以降，「タブーなき議論」が自慢の「民闘連」ですら国籍問題はタブーとなってしまい，その後「国籍問題」は長く黒いベールに覆われてしまった」[李敬宰2006a] という。

　李敬宰は，この集会で在日朝鮮人の日本国籍取得を議論する一因になったのが「坂中論文」[10] だとしている。李敬宰はその内容を「在日朝鮮人の将来の処遇を「日本人と同等の権利を与え，すすんで日本国籍を取得するようにし，日本人として生きていく」道を提唱した」[李敬宰 2006a] と指摘する。しかし一方では，「在日朝鮮人から「日本人に同化」させようとしていると猛烈な反発を呼び，「坂中論文」は「同化政策」の代名詞のように言われた」[李敬宰 2006a] ともあり，在日朝鮮人の大きな反発を招いた論文だったのはたしかなようである。以降，民闘連の組織内では国籍問題がタブーになったとしているが，1991年までの民闘連全国集会と，民闘連全国集会が衣替えした「在日韓国・朝鮮人の未来と人権」研究集会の資料を1995年まで検証した限りでは，たしかに，日本国籍取得をテーマとした分科会は開かれていない。

　その後，「1997年，日本社会での在日韓国・朝鮮人の処遇は一定の改善が見られ，社会制度上の民族差別は，国民年金や公務員採用の差別は残されたままだが，ほぼ廃止された。他方，在日韓国・朝鮮人社会は世代交代が進み，在日一・二世中心の世代から，在日三・四世が世代の中心を占めるようになっていた。そこで，そうした状況を踏まえながら，坂中英徳氏（「坂中論文」筆者：筆者注）を招請し，第1回民闘連実践交流集会（97年）で「「坂中論文」から20年──在日はどう生きてきたのか」というテーマで在日韓国・朝鮮人社会を検証することにした」[李敬宰 2006a] という。この集会での検証以降，3年間の議論を経て，「日本国籍の取得を在日韓国・朝鮮人の生き方の一つとして受け止めようとする意見と，日本国籍は理屈以前に「不快」とする意見とに分かれた。また，日本人の一部からは，在日韓国・朝鮮人が日本国籍を取得することは「植民地支配等の歴史への敗北」とか「日本が国籍に関わりなく生きていける日本国家を目指す方向と相容れない」とか，情緒的な空想的な意見が出され

第7章　「コリア系日本人」という衣装に着替える時代　　*153*

て議論が混迷した感もあったが，それでも，在日韓国・朝鮮人が日本国籍を取得する方向を否定する理論は出なかった」［李敬宰 2006a］とする。

　以上，李敬宰の語りから確立協議会発足の経緯をみてきたが，そのいうところの「在日韓国・朝鮮人社会」の反発が日本国籍取得論の議論の妨げになっていたが，けっして日本国籍取得への関心が欠如していなかったこと，そして，議論が妨げられるほどに日本国籍取得が「在日韓国・朝鮮人社会」から反発されるものであったことがわかる。

　日本国籍取得運動の契機となった「在日韓国・朝鮮人社会」の検証であるが，この検証にあたり，李敬宰をはじめとした確立協議会は，「日本社会での在日韓国・朝鮮人の処遇は一定の改善が見られ，社会制度上の民族差別は，国民年金や公務員採用の差別は残されたままだが，ほぼ廃止された」［李敬宰 2006a］と指摘し，日本社会での制度的差別が減少したことをまずは認知している。

　ついで，「在日韓国・朝鮮人社会は世代交代が進み，在日一・二世中心の世代から，在日三・四世が世代の中心を占めるようになっていた」［李敬宰 2006a］として，在日朝鮮人の世代交代をも認知している。このような認知にもとづき李敬宰がいうところの「在日韓国・朝鮮人社会」の検証と議論が行われ，結果，日本国籍取得へと運動の舵を切った経緯がみられる。したがって，在日朝鮮人の日本国籍取得論は，制度的差別の減少，世代交代といった社会的文脈の変化により展開されるといえる。それを裏返せば，制度的差別が厳存し，かつ在日朝鮮人の世代の中心が一世であった時代には，日本国籍取得論は展開されづらかったとなる。これはあとであらためて検証しよう。

　さて，確立協議会事務局長の鈴木は，「在日コリアンが，もはや日本の社会のかけがえのない構成員であることは言うまでもないことです。三世を主流とする子どもたちに至っては，〈定住〉〈定着〉などということばとはかかわりなく日本の社会の一員であることは，自明のことのように見えます」［鈴木 2006］といい，在日朝鮮人を日本社会の一員，かけがえのない構成員としている。

　鈴木のような，在日朝鮮人を日本社会の一員とする言説は，先の指紋押捺拒否運動，国籍条項撤廃運動においても類似していた。ただし，先に検証したとおり，これの運動は在日朝鮮人が「外国人」であっても日本社会の一員とする

言説を展開した，あくまでも「外国人」としての運動であり，日本国籍取得運動が「日本人」をめざす運動であることからも，その趣は異なる。しかし，いずれにしろ，この２つの運動と日本国籍取得運動とも，在日朝鮮人を日本社会の一員としているのはたしかである。

　鈴木はつづいて，「なんの実態もない国籍〈韓国または朝鮮〉を付与されて「なぜ韓国人なの？」「なぜ外国人なの？」と，人知れず悩んでいる子が多いのではないでしょうか。親や教師たちは，その悩みに気づいたとき，「血統」を持ち出してきて説明するのが関の山なのではないでしょうか。祖父や祖母が朝鮮半島の出身であることがわかっても，なぜ，いま自分が日本国民でないのかを充分に理解することは困難なことです。朝鮮民族の血を引いていることと国籍とは，そもそも別の次元のことだからです」[鈴木 2006]という。鈴木は，在日朝鮮人が日本国籍を取得しても「日本人」にはならないとしており，これを鈴木は否定的にとらえていないであろう。さらには，「民族と国籍を同一視する排他的な単一民族国家観という虚構に，朝鮮人も日本人もともに縛りつけられていた」[鈴木 2006]として，民族と国家が統一的な概念ではないとも指摘する。

　朴一は，鈴木が指摘するような民族と国家を統一的にとらえる在日朝鮮人の傾向を，「在日社会には，依然として日本籍取得に根強い抵抗感があるのは事実である。しかし帰化や国際結婚によって誕生した日本籍朝鮮人のなかから，在日コリアンとしての生き方を模索するものが増加している今日，民族＝国籍という論理に立った国籍絶対論には再検討が必要」[朴一 1999：87]と批判する[11]。鈴木が民族と国家を別概念とする言説を展開するのは，朴一がいうところの「在日社会」の日本国籍取得への抵抗感をふまえ，在日朝鮮人の日本国籍取得への抵抗感を和らげるためとも考えられる。しかしながら，国籍と民族の概念を別ととらえることは，日本人と朝鮮人の国籍がたとえ同じになったとしても，一方では，あくまでも民族を異なるものととらえることでもある。つまり，日本人と朝鮮人を本来的に異なる存在として扱っているのである。

　以上，鄭大均，確立協議会の言説を検証してきた。その共通点として指摘できるのが，国籍と民族を異なる概念とする思考を互いに有し，かつ，国籍が日本になろうとも「朝鮮人」であることは変わらないとすることである。これを

第7章　「コリア系日本人」という衣装に着替える時代　*155*

鄭大均が「コリア系日本人」として言説化したのは先にみたが，同様に，李敬宰も「もう，サイズが合わなくなった民族という窮屈な衣装を脱ぎ捨て，新しく「コリア系日本人」という衣装に着替える時代がやってきている」［李敬宰2006a］という。[12] 「コリア系日本人」が新たなカテゴリーとして創出され，表象されはじめたのである。

4）1960年代末から1970年代中頃までの日本国籍取得論

　在日朝鮮人の国籍取得論は1990年代にはじめてあらわれたのではなく，1960年代末にはすでにあらわれている。

　崔昌華は，第3章でふれた金嬉老事件後，同事件に自己がかかわった経過などを『金嬉老事件と少数民族』として著している。これの「少数民族の生きる道」と題した章では，在日朝鮮人の日本国籍取得についての私見がみられる。

　ここで崔昌華は，在日朝鮮人が「一人，一人という考えよりも，又一人の外国人という考えよりも，少数民族として，考えるべきである」［崔昌華 1968：350］として，在日朝鮮人を「外国人」というよりは，日本の少数民族として規定している。また，「日本における少数民族としての60万は韓国にいる人びとと運命を共に出来るだろうか？　わたしは率直にいって否といいたい。（略）どこまでも日本におる60万である。韓国におる人びとと同じ考え，同じ苦しみ，同じなやみをもっているわけでない。それは地域的にも，成長した環境からもちがう。二世，三世はこの点一世とずいぶん違った感情をもっている」［崔昌華 1968：353］ともいう。ここでは在日朝鮮人一世と二世以降の違いを指摘しているが，二世以降の在日朝鮮人を「どこまでも日本におる」，「韓国におる人びとと同じ考え，同じ苦しみ，同じなやみをもっているわけでない」とするように，「本国」の朝鮮人（韓国人）とは異質であるとも指摘する。

　そのうえで，「むしろ運命を共に出来るのは現実に住んでいる地域社会である。火事だ！　洪水だ！　交通事故だ！　水道の水が出なくなつた！　教育問題！　地域発展の問題！　これら共通のなやみはむしろ日本の地域社会である。この地域社会でわたしたちは胸をはって，地域社会のためにも生きていくべきだと思う。このように考えて見ると積極的に日本の国籍を穫得（ママ）するため努力すべきである。消極的姿勢でなく，むしろ積極的姿勢で，韓国系日

本人として生きていって何が悪いだろうか！　むしろこれが良心的な生き方の一つと考えている。このためにも国籍選択の自由を主張すべきである」[崔昌華 1968：353] という。

　先述したとおり，崔昌華が在日朝鮮人を「本国」の朝鮮人とは異なる存在としてとらえているのは明らかであろう。しかも，崔昌華がいうところの「在日朝鮮人」と鄭大均，確立協議会がいうそれとは同一に近い。崔昌華は在日朝鮮人を「日本における少数民族」といい，国家と民族を別概念でとらえてもいるが，それも「コリア系日本人」という言説を展開する鄭大均，確立協議会と類似している。

　崔昌華は在日朝鮮人の国籍選択の自由を主張しているが，「国籍選択の自由」であって，在日朝鮮人が必ずしも日本国籍を取得すべきとはしておらず，国籍を選択する自由を与えるべきという。崔昌華は「60万少数民族が「日本」の国籍を自由なる意思で離脱したのでなく日本政府の政策的施策によって一方的に剥奪されたのである。といつて過言であろうか？　（略）世界人権宣言，日本国憲法を尊重して個人の基本的人権を認めると共に，個人個人が自由なる意思，誰からも強制されない人権によって「日本」国籍をかつてはもつていたし，今ももつていると考へ，信じている」[崔昌華 1968：347] ともいい，つまり，崔昌華がいう「国籍選択の自由」とは，基本的人権とするものである。

　つづいてみていこう。1971年8月13日発行の紙面上に「「私は日本人だ」逮捕覚悟で“在日朝鮮人”は訴える」との記事がある。京都で暮らす宋斗会が「日本は，戦時中，朝鮮民族を大日本帝国臣民だといい，その一方で，さんざん踏みにじってきた。ところが，8月15日がきたら，「オマエらは，よそ者だから，よそものらしく振舞え」という。報奨金まで出して密航朝鮮人の密告を奨励する。」腹に据えかねた宋さんは，おととし，国を相手どって「自分は日本人であることを認めよ」と訴訟を起こした[13]」というものである。

　本書でふれてきたとおり，在日朝鮮人は1952年以前には日本国籍を有していたが，サンフランシスコ講和条約締結後に外国籍となっている。だが，宋斗会は「対日平和条約は日本とどこの国との条約なのか，朝鮮側が調印国でないのに，発行日をもって朝鮮人の日本国籍消失の日時と勝手に「解し」てもらっては困る」[千本 1974] といい，在日朝鮮人が保有する日本国籍は喪失していな

いとする。宋斗会がおこした訴訟とは[14]，在日朝鮮人が講和条約発効以降も日本国籍を喪失していないことを確認するものであり，これも厳密には崔昌華と同様，在日朝鮮人に対して日本国籍取得を奨励したものではない。

さらに，1976年5月発行『部落解放』では，北九州市にて金鐘甲がおこした「日本国籍確認訴訟」が紹介されている。これは宋斗会と同様，サンフランシスコ講和条約後に剥奪された日本国籍が「国際法上無効な措置によって国籍は奪い得ないから金さんは元々日本国籍を保有しつづけている」［大山 1976］とするものであり，この訴訟の理論的支柱は崔昌華ともある［大山 1976］。

以上，筆者が把握する限りではあるが，1960年代後半以降，三つの日本国籍取得論が展開されている。ただし，厳密にいえば，一つは在日朝鮮人の国籍選択の自由を求めたものであり，あとの二つは在日朝鮮人の日本国籍剥奪を無効とするものであって，鄭大均，確立協議会の日本国籍取得論とは趣が異なっている。これまで本書では，1970年代以降の在日朝鮮人運動が「外国人」の運動として展開されてきたのをみたが，つまり，これら1960年代後半以降の日本国籍取得論は大きな展開をみせなかったのである。では，日本国籍取得論が1960年代，70年代に拡がらなかった理由は，どう考えられるであろうか。

青柳は，崔昌華，宋斗会のケースから日本国籍取得運動が拡がらなかった背景には，「南北は戦時体制にあり，在日はその影響をまともに受けた。進歩的と目される日本のメディア，知識人は長い間，北朝鮮に社会主義の幻想を抱き，北朝鮮に攻め込まれて，国土も人心も荒廃した韓国の苦難には無関心だった。民団は，日本のメディアや知識人から，長い間，無視されていた。その状況で，日本国籍の重要性に気づくことができなかった」［青柳 2006］状況があったと推測する。

宋斗会の裁判は1969年10月にスタートし，「宋斗会の裁判を支援する会」が発足したとされる［千本 1974］。会は在日朝鮮人の団体に支援を申し入れたが，「「個人の問題であって，われわれ総体にかかわることではない」としりぞけられたという。日本社会の"少数者"として存在そのものが風化されかねない朝鮮人が，さまざまな形で民族の回復をはかろうとしているとき，「日本人になるのだ」という宋さんの主張は違和感を持って迎えられたようだ（略）世代的にいっても，自分で玄界灘を渡った体験を持つ在日朝鮮人一世に宋さんの

158

信条は理解できない」[千本 1974] とある。これをみれば，在日朝鮮人一世が
日本国籍取得への抵抗感を有していたことが日本国籍取得論が拡がらなかった
一因とまずは考えられよう。

　一方，本章で検討してきた1990年代以降の日本国籍取得論は在日朝鮮人二世
以降が主になって展開している。民闘連が1980年代以降の在日朝鮮人を指して
「一世の占める割合は15％を大きく割り込んでいると予想される。この世代交
替は単なる交替を意味するものでなく，民族に関する一切のものに対する意識
の変化をも取らし，価値観の相違を生み出している，在留意識に関しても，帰
国志向よりは，はるかに定住化志向が深まっている」[民族差別と闘う連絡協議
会第10回全国交流集会実行委員会 1984：13] とするように，1960年代と比較して
はるかに日本への定住志向が深まっていた。また，在日朝鮮人二世は「言葉や
文化・風習の違いからくる困難さや生活基盤などから，祖国には住めず，もは
や日本でしか生活しえない存在」[徐正禹 1985] と指摘されてもいた。そし
て，李敬宰が日本国籍取得の議論をはじめた経緯としてあげていたのは「日本
社会での在日韓国・朝鮮人の処遇は一定の改善が見られ，社会制度上の民族差
別は，国民年金や公務員採用の差別は残されたままだが，ほぼ廃止された」
[李敬宰 2006a] とする日本社会の現状への認知である。

　以上からは，制度的差別の減少，世代交代などといった在日朝鮮人をとりま
く社会的文脈の変化が日本国籍取得の言説を展開させる一因と考えられる。こ
れを逆からみれば，自己を被差別の存在とする日本（人）へのなんらかの反発
があるからこそ，韓国籍または朝鮮籍への依拠とつながる。また，差別がある
からこそ在日朝鮮人は民族と国家を同一視し，韓国籍または朝鮮籍が自己を朝
鮮人と認知する拠りどころとなり，固執することとなる。したがって，在日朝
鮮人に対する厳しい差別が1960年代末の日本国籍取得の言説の展開を阻んだの
は明らかであろう。

　李敬宰は指紋押捺拒否時の運動について，「在日のなかからは，「そういう厳
しい状況（指紋押捺）があるからこそ民族を意識するのだ，指紋押捺や外国人
登録証の常時携帯がなくなったらどこで民族を意識するんだ」というような人
たちがいたのです」[李敬宰 2006b] として，在日朝鮮人が被る差別が自己の
「民族」を意識させると指摘する在日朝鮮人たちが存在したという。これまで

みてきたように，在日朝鮮人が民族と国籍の一致を自明視していたのは明らかであり，この李敬宰がいうところの「民族」を「国籍」と読みかえても支障はない。これらからも，在日朝鮮人は差別があるからこそ反作用として国籍，民族に固執することとなり，差別が減少すれば国籍，民族にそれまでより固執する作用が生じなくなるといえる。その是非はともかくとして，誰もが差別が減少したと一定は認めざるをえない社会的文脈の変化が日本国籍取得運動論の展開に作用したのである。

　先にみた帰国運動では，実際にみることのできない「祖国」が在日朝鮮人に想像／創造され，在日朝鮮人と「日本」，さらには朝鮮半島上の「祖国」との関係性によって「帰国」が言説化されていた。金嬉老事件では，在日朝鮮人と「日本」，「祖国」との関係性によって「民族」が表象されていた。地域運動，指紋押捺拒否運動，国籍条項撤廃運動のいずれも在日朝鮮人差別撤廃を目的とした自己を「外国人」と規定する運動，もしくは，「市民」／「住民」とする運動であった。つまり，在日朝鮮人運動では，在日朝鮮人の現実に照らし合わせたうえで，「祖国」もしくは「日本」との関係性により「在日朝鮮人」という存在が表象され，展開されている。日本国籍取得論も，日本での定住が疑いもなく，日本でしか生活しえない存在となった在日朝鮮人の現実をふまえ，「祖国」や「日本」との関係性からあらわれたのは明らかであろう。

　したがって，1960年代末に日本国籍取得論が拡がらなかったのは，在日朝鮮人一世が世代の中心であり，しかも，差別されることによる反作用として自らを苦しめる日本の国籍ではなく，韓国籍，朝鮮籍に依拠せざるをえなかったからである。その逆に，差別が減少したからこそ，在日朝鮮人は韓国籍または朝鮮籍を保有する現実を客観視できるようにもなったのである。

4　同質感と異質感をめぐって

　あらためて，1990年代以降の鄭大均，確立協議会に戻ろう。鄭大均は1981年から95年まで生活の拠点を韓国においていたという［鄭大均 2006］。鄭大均がいう「祖国」は想像でも創造でもない実体験である。そのような体験からか，鄭大均は「私の場合は，ほかの在日と違った物言いができる一つの理由は，韓

国に長く住んでいたということもあるかもしれません」，「一般的に在日論というのも，どうも日本人との間の差別，被差別とか，支配，被支配とか，そういうものに非常に関心が払われていて，もう一つは，韓国との関係で在日を語るということも必要だと思うんです。ですから，私の在日論には本国との関係での議論が入ってきている[16]」として，在日朝鮮人という存在を日本との関係のみではなく，朝鮮半島上の「祖国」との関係からも言説化している。

　鄭大均は，韓国での生活は「共感よりも違和感を覚えることの方が多い」[鄭大均 1987] ものだったという。出生からの日本での生活が日本社会への適応を深め，かつ，日本社会の価値観を内面化するに至ったからこそ，日本社会とは異なる韓国社会への違和感を抱いたのであろう。在日朝鮮人と名指し／名のったとしても，日本で生まれ，生活を送り続ける限り，使用言語，生活習慣などからその実態と価値観が日本人と「同質」に近づくのは否めない現実である。だが一方では，血縁的系譜的関係によって「在日朝鮮人」と名指しされ，「日本人」とは異なる存在とされるのも現実である。しかしながら，日本人に近しい価値観，実態にある在日朝鮮人が，「本国」の朝鮮人（韓国人）から朝鮮人（韓国人）とは異なる存在として名指しされることも容易に考えられる[17]。

　つまり，在日朝鮮人の現実から，鄭大均は在日朝鮮人が韓国という国からはあくまでも「在日」の朝鮮人（韓国人）という存在であり，かつ，「本国」の韓国人とは同質になりえないことを指摘しているのである。鄭大均は実際に韓国で暮らし，韓国社会との相互作用によって在日朝鮮人の韓国社会との同質感ではなく異質感が勝るのを確認し，同時に，在日朝鮮人の日本社会での異質感ではなく同質感をも深めたのである。これが日本国籍取得論を展開させる一因になったのは明らかであろう。

　さらには，在日朝鮮人が「本国」の朝鮮人（韓国人）とは異質であり，かつ，同質になれないとの前提から，より同質に近い「日本人」として日本国籍取得を主張し，「望むなら，コリア系日本人として生きればいいのである」[鄭大均 2003] として日本国籍取得を促し，「コリア系日本人」というアイデンティティを保持すべきとする言説を展開したのである。しかしながら，「望むなら」という言葉からは，その「コリア系日本人」というアイデンティティが積極的とはいいづらい。また，「コリア系」の「日本人」とあるように，日本

第7章　「コリア系日本人」という衣装に着替える時代　*161*

国籍取得により在日朝鮮人が「日本人」になったとしても，在日朝鮮人が日本人とは本質的に異なる存在としているのも明らかではないだろうか。

　ついで，確立協議会をみていこう。副会長である呉嵩柄は1965年に渡日し，その言葉から説明すれば「20歳のとき日本にやってきた在日一世です（略）「在日」二世と結婚して荒川区に住み（略）「遅く来たオールドカマー」ですが，「早く来たニューカマー」でもある」[呉嵩柄 2006]。そのような呉嵩柄が，「私が家族で韓国に行くと，韓国にいる人たちは，親戚でさえも，日本人という意識で迎えます。私は向こうで一緒に大きくなっているし（略）おそらく私に日本人だとは言わないでしょう。しかし，私の妻や子どもたちを，決して韓国人だとは思わないのです。（略）身内だけでなく，韓国内の旅行先で，妻がたどたどしい朝鮮語で喋ると彼らは，あ，日本人ですか，と言う。いや，わたしは韓国人なんだと妻が抗弁しても，「いやもう，日本で生まれて育てば日本人ですよ」と言う」[呉嵩柄 2006]とする。呉嵩柄は，妻は日本生まれの二世になるが，「本国」の韓国人からは「日本人」と名指しされるという。このエピソードは，在日朝鮮人が「本国」の韓国人からは異なる存在とされるものだが，一方では，在日朝鮮人と日本人との同質感の強調とも読み取れる。

　先の帰国運動や金嬉老事件の言説では，在日朝鮮人による「祖国」，「民族」の構築には，実際に行き来できない，実際にみることができない状況が荷担していた。想像が「祖国」と「民族」を創造したのである。一方，時代が変化し，在日朝鮮人は実物の「祖国」と往来できるようになり，「祖国」を実体としてとらえることが可能になった。朝鮮半島上の「朝鮮人（韓国人）」との相互作用は，在日朝鮮人があくまでも「在日」の「朝鮮人（韓国人）」であり，さらには，「朝鮮人」でもなければ「日本人」でもないと理解するに至らせたのである。

　鄭大均，呉嵩柄とも，在日朝鮮人を日本人とは異なる存在と認知しているが，一方では，両者とも韓国を実体験することで，在日朝鮮人が「本国」上の朝鮮人（韓国人）とは異なることをも認知している。もちろん，日本国籍取得論を展開させるために，在日朝鮮人と「本国」上の朝鮮人（韓国人）との異質感，あるいは日本人との同質感を過度に強調したと考えられなくもない。しかし，運動を展開するには現実がどのような状況かをまずは把握することが必須

である。在日朝鮮人の「本国」上の朝鮮人（韓国人）との異質感，日本人との同質感が疑いのない現実だったからこそ，このような言説が展開されたのは明らかであろう。

しかしながら，在日朝鮮人の日本人との同質感を認知したといえども，「コリア系日本人」とあるように，国籍が「日本」になったとしても，民族は「日本」ではない。つまり，社会的文脈の変化にもかかわらず，日本人，在日朝鮮人とも，各々を本質的，生来的に異なる存在として表象していたのであり，その揺らぎのない前提のもとで日本国籍取得論が展開されていたのも明らかである。

5　小　　括

日本国籍取得論をあらためて整理すると，制度的差別の減少，在日朝鮮人の世代交代と日本定住の現実，朝鮮半島上の「祖国」の実体化がその展開の諸要因だったといえる。鄭大均は在日朝鮮人が「宙ぶらり」状態であるといい，朝鮮半島上の「祖国」の朝鮮人（韓国人）との同質感ではなく異質感が勝り，さらには，日本人との同質感もが勝ることを実体験から言説化していた。

確立協議会も，鈴木が在日朝鮮人の子を「なんの実態もない国籍〈韓国または朝鮮〉を付与されて「なぜ韓国人なの？」「なぜ外国人なの？」と，人知れず悩んでいる子が多いのではないでしょうか」［鈴木 2006］と指摘するように，在日朝鮮人と「本国」との朝鮮人（韓国人）との異質感を認めており，にもかかわらず，「国籍」が「韓国」または「朝鮮」となることへの違和感をあらわしている。鄭大均，確立協議会ともに在日朝鮮人を「宙ぶらり」の存在として表象しているのである。

先の帰国運動においても，在日朝鮮人のアイデンティティと帰属のズレ——「宙ぶらり状態」——は表象されていた。しかしそれは，鄭大均が表象した1990年代後半から21世紀にかかる日本とは状況が異なる。1950年代半ばの帰国運動で表象された在日朝鮮人のアイデンティティと帰属のズレとは，実態が「日本人」であっても自己を「朝鮮人」だとあくまでも規定——アイデンティティ——しつつ，他方では日本で居住するのでなく，自己に由来し，かつ，

「国籍」を有する朝鮮半島上の「祖国」に帰還——帰属——することで，ズレをただそうとするものである。

　一方，鄭大均，確立協議会がいうところの在日朝鮮人のアイデンティティと帰属のズレは，在日朝鮮人の実態とその思考が「日本人」であるにもかかわらず，国籍が日本になっていないというものであった。

　しかしながら，鄭大均らが創出した「コリア系日本人」というカテゴリーは，在日朝鮮人の国籍が日本になったとしても民族は朝鮮とするものであって，朝鮮人が「日本人」になりきれるものではけっしてない。在日朝鮮人は国籍と民族を統一的概念とする思考を脱し，各々を別なものとしてとらえることが可能になりつつあると考えられるが，他方では日本人，朝鮮人が本質的，生来的に異なる存在という前提は保持され続けており，そのような前提に拠ってアイデンティティと帰属のズレを表象し，日本国籍取得論を展開したのである。

　帰国運動時の1950年代末から日本国籍取得論の1990年代以降とも，社会的文脈の変化にもかかわらず，アイデンティティと帰属のズレを解消すべきとする思考が在日朝鮮人運動の根底にあったのが本書の検証からは明らかである。それは，曖昧な存在への否定感，つまり，単一的アイデンティティへの肯定感から生じているのではないだろうか。そして，日本人と朝鮮人が本質的，生来的に異なる存在とされていたのも明らかである。

　つまり，在日朝鮮人を取りまく社会的文脈が変化したといえども，帰属とアイデンティティを一致させなければいけないとする言説は，姿こそかえどもその内実は変わっていない。在日朝鮮人を日本人と異なる存在とした言説も，姿をかえどもその内実は変わっていないのである。

　　［注］
　　1）　鄭大均は執筆論文等の表記では漢字の日本語読みの「てい・たいきん」であるが，自身の投稿による1990年6月12日付読売新聞（東京版）「論点」では「チョン・テキュン」と朝鮮語読みが付されている。
　　2）　本文中にあるとおり本章では日本国籍取得論を言論による運動ととらえ，「日本国籍取得論」のみではなく，文脈に応じて「日本国籍取得運動」とも表記している。
　　3）　法務省，「平成22年末現在における外国人登録者統計について」，http://www.moj.go.jp/nyuukokukanri/kouhou/nyuukantourokusyatoukei110603.html，2012年2月1日アクセス。
　　4）　政府統計の総合窓口「国籍（出身地）別在留資格（在留目的）別外国人登録者」，http://

www.e-stat.go.jp/SG1/estat/List.do?lid=000001074828，2012年２月１日アクセス。なお，2015年末ではさらに特別永住者は減少し，34万8,626人である（法務省「平成27年末現在における在留外国人数について（確定値）」，http://www.moj.go.jp/nyuukokukanri/kouhou/nyuukokukanri04_00057.html，2016年９月15日アクセス）。この確定値では，「韓国」籍と「朝鮮」籍を分離して集計しており，合算すればよいものの，旧植民地である朝鮮出身者とその子孫の実態がさらにみえづらくなっている。よって，本章では「韓国」籍と「朝鮮籍」を合算している2010年の数字にした。前掲注3）も同様である。

5) 法務省，「帰化許可申請者数等の推移」，http://www.moj.go.jp/MINJI/toukei_t_minj03.html，2011年９月８日アクセス。

6) 91年問題とは，「日韓条約の法的地位協定で1991年までに協議すると定められていた，在日韓国人３世以下の法的地位，待遇をめぐる諸問題。協定では韓国籍者とその子についてのみ永住が許可され，退去強制の適用緩和等が認められていた。91年１月，日韓外相会談で，３世以下の永住権のほか，指紋押捺，外国人登録証携帯，教育，地方公務員採用，地方参政権問題等を扱った覚書が調印され，これに基づき入管法の特例法が11月施行された」[和田・石坂編 2002：230]とされる問題である。この覚書によって「韓国籍」，「朝鮮籍」などにかかわらず，旧植民地出身者は「特別永住者」とされる安定した在留資格を有するようになった。しかし一方では，この覚書以前から正規採用の外国籍教諭がすでに数名いた地方自治体があったが，覚書以降の採用はすべて「常勤講師（指導専任）」とされることとなり，管理職登用の道が塞がれるという反作用もうんだ。なお，日韓条約の法的地位協定にかんしては第５章を参照のこと。

7) 第６章を参照のこと。

8) 第５章注7）を参照のこと。

9) 確立協議会会長の李敬宰は大阪府高槻市で活動する「高槻むくげの会」代表であり，副会長の呉秉柄は東京都荒川区で在日朝鮮人を対象に活動する「コブクソン子ども会」代表である。事務局長の鈴木啓介は教員として東京の「〈多文化共生をめざす〉在日韓国・朝鮮人生徒の教育を考える会」の世話人を務め，各々が民闘連の活動に結集していた。

10) 「坂中論文」は，法務省入国管理局が入国管理行政発足25周年を迎えるのを記念して，全国の入管職員から「今後の出入国管理行政のあり方について」のタイトルで募集した論文の優秀作として選ばれたものである。執筆した坂中英徳は当時入国管理局参事室勤務のキャリア官僚であった。論文は，１．出入国管理行政の意義と，２．今後の出入国管理行政のあり方，の二つにわかれ，２のなかでの「在日朝鮮人の処遇」がとりわけ注目されたとされる。このなかで坂中は，在日朝鮮人を外国人として処遇する政策が民族意識を高揚させることとなり，在日朝鮮人が日本国内にて少数民族を形成し，少数民族問題として将来の日本に禍根を残す可能性が強いとした，とされる[国際高麗学会日本支部『在日コリアン辞典』編集委員会 2010：204]。

11) 朴一の引用は1999年発行の著作からであり，鈴木は2006年の論文である。朴一は「在日社会」の閉鎖性を1999年時に指摘しており，鈴木が同様の趣旨を指摘しているのは2006年となる。この約７年間に「在日社会」の閉鎖性が和らぐことも考えられ，鈴木の指摘以前の朴一を引用することへの整合性が問われるかもしれない。しかし，この鈴木論文は，1998年に自身が執筆したものに大きく依拠して再執筆されている。つまり，鈴木と朴一は「在日社会」の閉鎖性をほぼ同時期に指摘していたのである。

12) これが「日系アメリカ人」などの表現からつくられたとは容易に推測できるが，両者がそのように記述したものは筆者がみたところではなかった。

13) 朝日新聞東京版，1971年8月13日朝刊19面。

14) この訴訟は1969年に国を相手として提訴されたが，1980年に京都地裁にて判決が出され，「①サンフランシスコ平和条約は朝鮮人の国籍について明記しておらず，②同条約中の朝鮮の独立承認は朝鮮人の日本国籍喪失に関する規定でもあるとみるべきであるとし，一方，③国籍非強制の原則は国際慣習法として未確立であり，かつ，④同条約中の朝鮮の独立承認は朝鮮における民族国家の形成を予定するものである故，朝鮮人の日本国籍喪失の結果を伴っても同原則に反しない」とされ，原告宋斗会の請求は棄却されている［国際高麗学会日本支部『在日コリアン辞典』編集委員会 2010：342］。

15) 宋斗会は，本引用からみれば1920年，5歳時に日本に渡ってきたとされる。

16) 2000年11月22日，衆議院第150回国会「政治倫理の確立および公職選挙法改正に関する特別委員会会議録第14号」，国会会議録検索システム，http://kokkai.ndl.go.jp/，2011年9月12日アクセス。鄭大均は同委員会での「永住外国人に対する地方公共団体の議会の議員および長の選挙権等の付与に対する法律案」審査の参考人として，辛容祥・在日本大韓民国民団中央本部前団長（当時），田中宏・龍谷大学教授（当時）とともに出席し，同法案に反対の立場から意見を述べている。

17) 演出家であるつかこうへいによる『娘に語る祖国』には，つかが韓国での劇上演のために入国しようとした際の，空港での入国審査官とのやりとりがある。「おまえは韓国人のくせに，なんで祖国の言葉がしゃべれないんだ」，「あんたは母国の言葉をしゃべれなくて，はずかしくないのか」，「だから，おまえら在日韓国人はダメなんだ」とあり，さらには，「つか，おまえは日本でちょっと売れてるからと言って，威張るんじゃない！！」などの，きわめて厳しい言葉が投げかけられている。これに対し，つかは「（略）そうだよ，オレはパンチョッパリだよ（略）」と返す場面がある［つか 1990：84-86］。つかのみならず，入国時，もしくは韓国滞在時にてこのような言葉を投げかけられ，自分たちが「朝鮮人（韓国人）」とは異なる存在と自覚する在日朝鮮人は多かったといわれる。つかがこれを発表したのは1990年であり，鄭大均が日本国籍取得の言説を展開しはじめたのもほぼ同時期である。昨今，筆者の体験からは，このような言葉を韓国入国時や滞在中に投げかけられるのは少なくなったと思われるが，皆無になったともいいきれない。

18) ここで行き来できる「祖国」とは朝鮮半島南部の韓国のことである。ただし，国籍に関係なくすべての在日朝鮮人がなんら制限もなく往来できているとは断言できない。同様に，北朝鮮への自由往来をすべての在日朝鮮人ができない状況にあるのもたしかである。

終　章
在日朝鮮人を「在日朝鮮人」たらしめるのはなにか

1　「在日朝鮮人」という存在

　これまで，本書では，在日朝鮮人がいかに表象され，かつ，在日朝鮮人運動の言説がいかに展開されてきたのかを，1950年代末よりほぼ10年間隔の経年で検証してきた。

　あらためて整理しよう。帰国運動では朝鮮半島上の「祖国」への帰還，「祖国」との同一化の言説が展開され，金嬉老事件では，「民族」への同一化が言説化されていた。地域運動でも在日朝鮮人の「民族」は言説化されていた。ただし，金嬉老事件での「民族」が朝鮮半島上の「民族」への同一化をはたそうとするものであったのに対し，地域運動での「民族」とは在日朝鮮人差別に抗うための在日朝鮮人の集団化が目的であり，そのうえで日本人との違いが強調されていた。指紋押捺拒否運動では，在日朝鮮人を「外国人」としつつも日本社会に生きる「市民」／「住民」とする言説が展開され，国籍条項撤廃運動では，国籍条項撤廃の戦略として在日朝鮮人を「外国人」と規定していた。そして，日本国籍取得論では在日朝鮮人を「コリア系日本人」とする言説が展開されていた。

　1950年代末の帰国運動から2000年代の日本国籍取得運動まで半世紀近くの時間を経ている。しかし，これまでの本書の検証からは，在日朝鮮人運動においては，時間の経過にとらわれることなく，「朝鮮人」という存在が日本人とは異なる存在として常に表象されていたのが明らかになった。このように在日朝鮮人運動によって表象された「在日朝鮮人」がメディア等を介して流布されることで在日朝鮮人の総体として扱われ，かつ，運動の言説が在日朝鮮人の声を

反映したものとしてとらえられ，日本社会に受容されることで，日本人とは異なる「在日朝鮮人」という存在が再生産され続けてきたのである。

では，「在日朝鮮人」という存在をあらためて考えていこう。

日本社会における在日朝鮮人という存在が，日本人というマジョリティに対する疑いのないマイノリティ（少数者）であるのは明らかであろう。ただし，この「マイノリティ」とは，日本人という大多数に対して人口的に少数という意味ではない。

第1章でもみたが，上野は，「（社会的）少数者とは，人口学的少数者とはちがって，社会資源の不均等配分を含む権力関係の用語」だとする。「だれかが対象を「マイノリティ化」しなければ，マイノリティは存在しない。つまり少数者とは，少数者化という言説実践の効果としてしか存在しない（傍点原文）」［上野 2005：30 - 31］といい，マイノリティがあらかじめマイノリティとして存在するのではなく，言説実践の効果としてマイノリティと化すと指摘する。

あらためて「言説」を述べると，序論でみたとおり，バーは「何らかの仕方でまとまって，出来事の特定のヴァージョンを生み出す一群の意味，メタファー，表象，イメージ，ストーリー，陳述，等々を指している。それは，一つの出来事（あるいは人，あるいは人びとの種類）について描写された特定の像，つまりそれないしそれらをある観点から表現する特定の仕方を指す（略）あらゆる対象，出来事，人，等々をめぐり，さまざまの異なる言説がそれぞれ，当該の対象について異なるストーリーや，世界にそれを表現する異なる仕方を伴って存在する」［Burr 1995=1997：74 - 75］としていた。

バーの指摘からいえば，在日朝鮮人，もしくは日本人が各々の差異を表象すること，またはメタファー，イメージ，ストーリー等を「ある観点」から描き出されたのが「言説」である。これまで本書は在日朝鮮人運動を検証してきた。そこでは在日朝鮮人，もしくは日本人が各々の差異を表象しており，さらには，メタファー，イメージ，ストーリー等をも各々の観点から描き出していた。つまり，これらが描き出されたものが言説であり，それによって，自己とは異なる他者という存在があぶり出されることになる。

先述のとおり，在日朝鮮人が日本人という多数者——マジョリティ——に対するマイノリティであるのは明らかである。しかし，在日朝鮮人だけが存在し

たところで在日朝鮮人がマイノリティとなることはありえず，マイノリティは
マジョリティという存在を前提として成立する。同様に，マジョリティもマイ
ノリティという存在があるからこそ成立するのであり，つまり，マジョリティ
とマイノリティは対でこそ成立する。

　また，「だれかが対象を「マイノリティ化」しなければ，マイノリティは存
在しない」ともあるが，マイノリティとは対の関係性にあるマジョリティだか
らこそ，自己とは異なる対象を「マイノリティ化」できる。これを日本社会に
あてはめたうえで，「少数者」が「権力関係の用語」という指摘から考える
と，在日朝鮮人をマイノリティとして対象化できるのは，その対の関係性にあ
るマジョリティの日本人にほかならない。

　しかも，「少数者とは，少数者化という言説実践の効果としてしか存在しな
い（傍点原文）」ともあり，ならば，マジョリティが対象をマイノリティとする
には，マイノリティとするための言説が必要となる。本書では日本人の言説に
によりつくり出された「在日朝鮮人」もみてきた。これらの言説は，在日朝鮮人
差別の撤廃を目的として表象されていたものが多かったが，いずれの目的であ
ろうとも「在日朝鮮人」という存在を表象することは，日本人とは異なる存在
としての「在日朝鮮人」を浮かびあがらせることになる。つまり，マイノリ
ティとしての在日朝鮮人の存在は，在日朝鮮人がマジョリティの日本人とは異
なるとする言説実践によってつくり出されている。

　以上の上野の指摘は，マイノリティが言説によりマジョリティによってつく
り出されるというものである。しかし一方では，マイノリティが自己をマイノ
リティだとあらかじめ認知し，言説を展開することによっても，それは再生産
され続けるのではないだろうか。

　マイノリティがマイノリティだと自己認知するのを在日朝鮮人におきかえる
と，血縁的系譜的関係が大きな要素を占めているのは明らかである。在日朝鮮
人を日本人とは異なるとする言説の展開に血縁的系譜的関係が作用していたの
は，これまでみてきたとおりである。血縁的系譜的関係が自己と他者を隔てる
一因となり，その違いが日本人と在日朝鮮人の違いを各々が認知する要因に
なっていた。血縁的系譜的関係は在日朝鮮人と日本人が各々を異なる存在とし
て自己認知する一因である。

　　　　終　章　在日朝鮮人を「在日朝鮮人」たらしめるのはなにか　　*169*

序章で指摘したとおり，在日朝鮮人を説明するには，日本の植民地支配とその結果日本に渡ってきた人々とその子孫という歴史，つまりは朝鮮半島からの来歴が必須となり，これは，在日朝鮮人の血統的系譜的関係にもとづいている。一方，「血縁」は主観的概念でもある。在日朝鮮人が自己の血縁を朝鮮人とする客観的，決定的証拠はなく，まして，それが連続しているか否かは主観的に把握するしかない。血統的系譜的関係は虚構であり，それは在日朝鮮人が過去から未来まで一貫した実体としてとらえる常識知に荷担するが，それを疑う作業が行われることは多くない。だからこそ，「日本人」と「朝鮮人」を異なる存在とする言説は常識知として日本社会に受容され続け，日本人と在日朝鮮人の違いを規定する一因となる。

　在日朝鮮人が自己を日本人とは異なる存在と認知することは，自己をマイノリティとして認知することでもある。一方，「マイノリティ」とは「社会資源の不均等配分を含む権力関係の用語」ともされていた。これをふまえると，マジョリティたる日本人が在日朝鮮人をマイノリティとすることで両者には「権力関係」が発生し，「社会資源の不均等配分」がなされていると考えるべきであろう。

　この「社会資源の不均等配分」の是正をもとめ，かつ「権力関係」の打破をも目指したのが，本書でみてきた在日朝鮮人運動であった。在日朝鮮人は血縁的系譜的関係という虚構により，日本人とは異なる「在日朝鮮人」としての共同感情や共同意識を培い，かつ，集団的記憶を有することで，自集団が被る差別の撤廃，自集団の社会的地位向上をはかるため，つまりは「権力関係」の打破を目指した運動を展開してきた。それは一定の成果を収めており，その虚構はけっして否定すべきものではない。しかしながら一方では，言説の展開は在日朝鮮人という存在を日本人とは異なる存在として固定化する役割をもはたしてきたのである。

2　言説の変化と不変化

　本書が検証してきた1950年代末から2000年代までの在日朝鮮人運動において，いずれの運動でも，在日朝鮮人と日本人が異なる存在とする言説が展開さ

れていた。

　さらにいえば，在日朝鮮人が被差別の存在として表象されるのも50年近い経年にもかかわらず，変化がみられなかった。ただし，帰国運動時に金達寿が在日朝鮮人を「働こうにもその働くところがないのである。大企業はもちろんのこと，小企業も朝鮮人を受け入れようとは，──つまり，働かしてはくれないのである」［金達寿 1959］としていることをみれば，1950年代末の在日朝鮮人差別が厳しかったことは疑いがない。

　一方，日本国籍取得論が展開された2000年代近くでは，李敬宰が「1997年，日本社会での在日韓国・朝鮮人の処遇は一定の改善が見られ，社会制度上の民族差別は，国民年金や公務員採用の差別は残されたままだが，ほぼ廃止された」［李敬宰 2006］とするように，在日朝鮮人差別が減少したのはたしかであり，その減少にこれまでみてきたような地域運動，国籍条項撤廃運動が作用していたのは明らかである。

　鄭大均は指紋押捺拒否運動について，それを批判する文脈から，「押捺拒否の運動は差別に対する闘いだったとしても，それは在日の実質的な生活の質とは直接にはかかわりのない差別の象徴に対する闘いであったのであり，差別の象徴に運動が移行したということは本物の差別がもはやさほど問題ではなくなったということを示唆している」［鄭大均 1996］としていた。鄭大均は指紋押捺が生活の質とは直接かかわりがないというが，一方では，指紋押捺が差別の象徴であるともしている。差別の象徴たる指紋押捺制度が残存していることから，それらを強いられる在日朝鮮人の押捺拒否運動が起こり，それに対する批判も有効となりえる。すなわち，鄭大均は在日朝鮮人差別が皆無になったとはけっして断言していない。つまり，在日朝鮮人を被差別の存在として表象するのは，帰国運動時の1950年代末から2000年代に至るまで変化がみられないのである。

　また，先に述べたとおり，1950年代末から2000年代に至るまで，在日朝鮮人と日本人の各々が異なる存在として言説化されていたのも変化はない。ただし，帰国運動時では在日朝鮮人は日本人とは異なる存在として表象され，かつ，朝鮮半島上の「祖国」との同一化が自明視されていた。金嬉老事件では「民族」がよりクローズアップされていたが，在日朝鮮人と日本人が「違う」

ことが自明視されていたのに疑いはない。しかしながら，いずれも「違い」の解消は，日本社会への「同化」ではなく，朝鮮半島上の「祖国」と「民族」への同一化によってはたされるものであった。したがって，ここでの「違い」は日本社会で生きるうえでの否定的要因として表象されていた。

一方，1970年代以降の地域運動，指紋押捺拒否運動，国籍条項撤廃運動，さらには日本国籍取得論とも，在日朝鮮人が日本人とは「違う」，「異なる」ことが自明視され，表象されてはいるが，これらは「違う」ことに積極性を持たせた言説が展開されている。日本人と「違う」ことを理由として在日朝鮮人が排除されるのは，日本人とは「違う」在日朝鮮人に問題があるからではなく，「違う」，「異なる」ものを排除する社会の側に問題があると，その責任を日本社会に差し戻しており，したがって，1970年代以降の在日朝鮮人運動で言説化された日本人との「違い」は，在日朝鮮人運動の武器であった。

つまり，帰国運動時から日本国籍取得論まで，在日朝鮮人と日本人の「違い」を強調する言説は「違い」そのものを自明視することには変わりがなかったが，そこに込められた意味には大きな変容があったのである。

金石範は，「「在日」を限定することで，そこに他と違う者，個別的なもの，そして異質な存在としての自分を認めているのでないのか。また「在日」を限定することで何らかの共同意識が形成されるだろう」［金石範（1981）2001：54］という。これをみれば，在日朝鮮人が日本人との違いを強調するのは，在日朝鮮人としての共同意識を育むためであったといえよう。だが，共同意識が欠けているからこそ共同意識を育む必要が生じる。共同意識が欠けているのは，在日朝鮮人が個人化された状態にあるということであり，個人化されているというのは，在日朝鮮人自身が自己の被る問題，つまりは在日朝鮮人問題に関心がいかなくなるということでもある。個々の関心がいくつものベクトルを描くようでは，すべての在日朝鮮人の社会的立場を向上させるのは困難となる。であるならば，個々の在日朝鮮人を「在日朝鮮人」として集団化するためにも，在日朝鮮人の誰もが納得できる言説が必要となる。

先の地域運動，指紋押捺拒否運動，国籍条項撤廃運動を例にあげれば，これら運動の駆動力となったのは，「周縁部の抑圧されてきた弱者が単一のアイデンティティによって抑圧者に対抗するためのアイデンティティの政治学」であ

172

り，「抵抗のための戦略には必要な一段階として評価する「戦略的本質主義」」
［小田 2001：301 - 302］である。本書で検証してきた運動がはたして「戦略的」
であったか否かの判断はつきにくいが，しかしながら，戦略的であろうともな
かろうとも，その者の持つ性質・特質が生来的，本質的に備わっているとする
本質主義に荷担するには，まずは，すでに日本人化しつつあった在日朝鮮人を
国籍，血縁的系譜的関係などから日本人とは異なる単一の「朝鮮人」として成
立させる言説が必然となる。ついで，被差別，疎外感などの共通体験，共通感
情から共同意識を育み，自己と他者との区別を行う言説が必要にもなる。この
ような経路から自己と他者を区別することで，相対的に有利とされる他者への
対抗性を訴える言説，さらには，自己が不利とされる原因が他者に存在すると
した言説もが展開されていく。「違い」を肯定しつつ，その「違い」がなんら
劣るものではなく自己の責任ではないという言説が作用することによって，戦
略的本質主義はその戦略性が不可視され在日朝鮮人に機能していくのである。
被差別の立場である在日朝鮮人を日本人と同等の立場に導くには日本社会への
対抗性を有する必要があり，そのためには「朝鮮人」の「違い」を強調し，本
質的に異なる存在としてとらえつつ，共同意識を形成する必要があったのであ
る。

　したがって，金石範がいうところの共同意識とは，世代を重ね日本人化しつ
つあった在日朝鮮人に失われていたからこそ育む必要があり，しかもそれは，
日本人，日本社会へのなんらかの対抗性を有するためにこそ必要だったのであ
る。このような共同意識を育む言説がなにかを本書の検証からいえば，帰国運
動では「祖国」であり，金嬉老事件，地域運動でいえば「民族」であった。指
紋押捺拒否運動では「市民」／「住民」であり，国籍条項撤廃運動では「外国
人」，日本国籍取得運動では「コリア系日本人」であった。

　これらの言説が社会的文脈によって異なる展開をみせるのは必然である。世
代交代がみられ，日本社会での定住が自明視される状況下において，在日朝鮮
人に朝鮮半島上の「祖国」への帰国をすすめる言説は到底受け入れられるもの
ではない。植民地支配から解放され自民族国家が成立した一方では日本で暮ら
し，しかも，差別に呻吟する状況下の在日朝鮮人が，自らを差別する日本の国
籍取得をすすめられたとしても，受け入れることは多くはなかったであろう。

終　章　在日朝鮮人を「在日朝鮮人」たらしめるのはなにか　　173

運動とその言説は社会的文脈に照らし合わせながら選択され展開されるのである。しかしながら，いずれの運動と言説が社会的文脈に応じて変化したとしても，在日朝鮮人を日本人とは異なる存在として表象していたのに変化がなかったのは本書の検証からは明らかである。

　また，帰国運動，金嬉老事件のような，「民族」，「祖国」の存在が在日朝鮮人差別に抗う根拠となる言説をみたが，被差別の存在としての在日朝鮮人が自己を卑下せず，日本人と対等であるとするには，在日朝鮮人差別に荷担する日本人や日本国家への同一化は差別に荷担することにつながり絶対的に避ける必要があり，だからこそ，日本人とは異なる「祖国」，「民族」に依拠せざるをえない。このような言説も戦略的本質主義に荷担したのである。「朝鮮人」が「日本人」とは異なる，違うという言説は在日朝鮮人のみならず日本人の誰もが疑わないものであり，それら言説と血縁的系譜的関係という常識知，共通体験，共通感情が作用したうえで，在日朝鮮人という存在が本質的，生来的に日本人とは異なる存在としてカテゴリー化されていったのである。

　つまり，戦略的本質主義は在日朝鮮人の共通体験・共通感情——被差別体験，疎外感等——に作用することで機能する。これらにもとづいて機能したということは，これらが在日朝鮮人を「在日朝鮮人」たらしめる要因となる。血縁的系譜的関係の常識知と在日朝鮮人の共通体験・共通感情を訴える言説が日本人，在日朝鮮人に作用することで在日朝鮮人というカテゴリーがつくり出され，日本人との境界線が画定されていくのである。

　しかしながら，本書で検証してきたとおり，在日朝鮮人運動が「戦略的」に本質主義を採り入れたことで在日朝鮮人への差別が減少したともいえ，それはけっして否定すべきではない。しかし一方では，「戦略的本質主義には（誰が「戦略的」なものと判定するのかという問題点を措いても），マイノリティの対抗的アイデンティティであろうと，その集団の内部にある異質性や多様性の抑圧を招いてしまうという問題点がある」［小田 2001：302］とも指摘されるように，戦略的本質主義が在日朝鮮人という集団内部の異質性，多様性を無視し，単一，均質の集団とする常識知に作用したのも明らかである。これは先にみた金石範がいうところの「共同意識」が，在日朝鮮人を単一的存在であり，かつ均質的な集団として扱うものであったことからも明らかである。

島は，金時鐘が在日朝鮮人各々の社会的属性にそって分断され，利害対立が存在していたのを「朝鮮人の内部に抱え持っている朝鮮人自身のくらがり」と呼んだことを引用しながら，「在日朝鮮人もまた，日本人を「構成的外部」としてあちら側に置くことによって，自らの内部の「くらがり」を押し殺し，隠蔽してきたのであり，そうすることによって「同胞」としての「一様な」在日朝鮮人をつくりあげてきたのではないか。民族的な主体，エスニックな主体が政治的にせり出してくるときにはとりわけそうなのである（傍点原文）」[島2009：383]と指摘する。

　在日朝鮮人「もまた」とあることからは，日本人が在日朝鮮人という他者，外部をつくりあげることでその内部を単一化したのをまずは指摘しているが，同様に，朝鮮人自身も日本人と同様のメカニズムで日本人を他者化し，「在日朝鮮人」を単一的な存在にしたともいうのである。これまで検証してきたように，島がいうような「民族的な主体」，「エスニックな主体」が政治的に迫り出した時，つまり，在日朝鮮人がその運動の主体として表象した「在日朝鮮人」が，「在日朝鮮人」を単一的な同質化した存在として扱っていたのは明らかであった。しかしながらそれは，日本人，日本社会からマイノリティとして，かつ，日本人とは異なる他者として名指しされることにより，日本人とは異なる存在として単一化されたのもたしかであり，政治的に迫られた結果だったのは明らかであろう。だが，いずれにしろ，それは島の指摘にあるように，日本人という存在が単一化される常識知と通底していたのに疑いはない。

　ひるがえって，地域運動以降でみたが，在日朝鮮人が差別に抗い，闘ったのは日本人と同等の権利を求めるがゆえであったが，批判をおそれずにいいかえれば，「日本人」化を求めたものであったともいえる。もっとも，強いていえば，それは「日本人」カテゴリー，「在日朝鮮人」カテゴリーを流動化させるため，無効化させるための戦略であったはずであり，各々の運動の社会的文脈に照らし合わせれば妥当性をともなうものであったと考えたい。しかしながら，制度的差別の減少など一定の成果がみられた現状では，カテゴリーを強調する有効性を再検討する必要があるのではないだろうか。

　地域運動以降でいえば，在日朝鮮人がその被差別状況を表象し，言説化したのは，差別に抗い，かつ，「反差別」の主体形成をねらいとしたからであり，

血縁的系譜的関係，共通体験，共通感情，反抗性をもとにカテゴリーの境界線が画定されていた。しかしながら，「反差別」の「反」とは差別に対するアンチであり，誤解をおそれずにいえば，必然的に差別に依拠した主体を形成することとなり，在日朝鮮人をいつまでも被差別状況下におかなければならず，かつ，そのように表象し続ける必要が生じざるをえない。これまでみたとおり，血縁的系譜的関係と共通体験，共通感情，さらには反抗性を強調するほどにカテゴリーが維持されるが，他方では，これらの言説が強調されるほどに，差別に抗い，自己を在日朝鮮人として語り，誇れる在日朝鮮人こそがモデルケースとなりかねない。被差別性を有することこそが「朝鮮人」たる証明となってしまうのである。「戦略的」本質主義とカテゴリーの強調が差別の減少に貢献したのはたしかである。だが，その反面，在日朝鮮人をいつまでも被差別の存在として束縛し，個々の多様性の抹殺に加担してしまったのである。

3　境界線の固定化から曖昧化・流動化へ

　ここで序章の問題意識にもどろう。現代において在日朝鮮人が自己を「在日朝鮮人」と表象し，言説化するのはなにをもってであろうか。これまで本書が明らかにしてきたとおり，これには血縁的系譜的関係だけではなく被差別的立場にあることが必要であるが，それは共通体験，共通感情ともいいかえ可能であろう。さらに付け加えれば，日本人，日本社会への対抗性が必要でもある。これらを有すること，もしくは，マジョリティから保有を強要されることで在日朝鮮人は「在日朝鮮人」として自己を表象することとなる。ここで強要とするのは，これらはいずれとも日本人，日本社会との関係を抜きにしては成立しないからである。また，自らの被差別性を語れる在日朝鮮人が「在日朝鮮人」と認知されると考えれば，これらの被差別性とはマジョリティとマイノリティの権力関係によりまさしく強要されたといえるのである。

　しかしながら，これらの権力関係は不可視化されており，血縁的系譜的関係が在日朝鮮人を日本人とは異なる存在として本質化し，言説を展開する主要素となるのはこれまでの検証から明らかである。あわせて，被差別体験，疎外感にともなう共通感情，共通体験，対抗性もが言説としての「在日朝鮮人」を展

開していく要素となっていた。

　誤解を招きかねないので述べておくが，筆者は在日朝鮮人差別が皆無になったとはけっして考えておらず，在日朝鮮人が日本人への「同一化」をはたすべきとも考えていない。本書で検証してきたとおり，戦略的本質主義の在日朝鮮人運動によって制度的差別が減少したのであり，一方ではそれによって在日朝鮮人が囚われたことも明らかである。よって，「祖国」，「民族」，「反差別」といったナショナルなものに帰属しない，これまでの定義に囚われない新たな「在日朝鮮人」を，きわめて難問ではあるが，言説化すべきだと考えているのである。

　これまで述べてきたとおり，カテゴリー内部への参入とナショナルなものへの帰属は共同意識を育む一方，他者を生みだし排除する思考でもある。在日朝鮮人が日本社会から排除されてきたからこそ，「在日朝鮮人」という存在が言説化され，それによって日本以外のナショナルなものへの帰属意識を生み出してきた。しかし，いずれのカテゴリーに参入，帰属しようとも，そこにあるのは一つのものへの参入，帰属でしかない。

　序章でもふれたが，朴一は在日朝鮮人を指して，朝鮮半島上の「本国」の朝鮮民族と同一視できない独自のエスニック集団に変貌したという。それが在日朝鮮人の「独自性」としたうえで，「韓国や北朝鮮の国民に統合する，いいかえれば本国の人びとと変わらぬ存在にすること自体，彼らの「日本人でもない朝鮮人でもない」エスニシティとしてのオリジナリティを損なうことになりかねない。在日コリアンはそろそろ，日本の国民にも統合されない生き方を探ると同時に，本国の国民にも統合されない新たなエスニック集団としての独自性をもっと模索すべき段階にきているのではないだろうか」［朴一 1999：234］と指摘する。

　朴一は，在日朝鮮人が「日本人」でもなければ朝鮮半島上の「朝鮮人（韓国人）」でもないといい，しかもそのような状態を，おそらくではあるが肯定的に述べている。朴一がいうところの在日朝鮮人とは一つのものに帰属しない在日朝鮮人であり，これまでの議論をふまえて考えれば，ナショナルなものへの帰属が幾分かは和らいでいる。しかし一方では，「日本人でもない朝鮮人でもない」ともあり，在日朝鮮人はいずれの存在でも「ない」ということとなる

終　章　在日朝鮮人を「在日朝鮮人」たらしめるのはなにか　　*177*

が，裏を返せば，日本人，朝鮮人とも，もともと「ある」とする存在になる。しかしながら，在日朝鮮人という存在をより肯定的にとらえるならば，「日本人でもない朝鮮人でもない」状態から一歩すすめ，「日本人であり朝鮮人である」と読みかえるべきであり，かつ，そこでいう「日本人」「朝鮮人」とも，第三者が定義するのではない，自らだけが定義できるものとするべきではないだろうか。

　ここで野口がいうところの「ディアスポラ」に注目したい。野口によると，ディアスポラとはバビロンに囚われていたユダヤ人が離散したことを本来は意味し，それが転じて「故郷を離れた人たち」を意味するようになったという。その定義として，「一つの中心だけをもつのではなく，二つの（あるいは二つ以上の）中心をもった存在である」とする［野口 2009：187－188］。さらには，「(1)故郷を離れて生きること，(2)被差別の歴史や体験の記憶を共有すること，(3)マジョリティ社会との緊張関係を強いられていること（完全には受けいれられないという感覚，あるいは完全に融和したくないという思い）」［野口 2009：191］とも定義する。これを野口は部落民概念が時代と共に変容しつつあるのを念頭において述べているが，本書で検証してきたケースからいえば，この定義は在日朝鮮人にもあてはまるのではないだろうか。在日朝鮮人は「故郷を離れた人たち」であり，「被差別の歴史や体験の記憶を共有」しており，さらには「マジョリティ社会との緊張関係」を強いられている。そして，日本，韓国，北朝鮮，もしくはそれ以上の複数の中心を持つ可能性を有してもいる。

　さらに野口は，「ディアスポラという視点を導入する意味は，アプリオリに故郷への帰還を望ましいとする強迫観念から自由になることだと考える」［野口 2009：189］ともいう。この「故郷への帰還」を「祖国」，「民族」といった「ナショナルなものへの帰属」と読みかえることはできないだろうか。先の島の指摘からも，一つのナショナルなものの容認は他のナショナルなものを排除することにつながる。ディアスポラという視点から在日朝鮮人を表象，言説化することによって，在日朝鮮人を「祖国」や「民族」という自明視されたナショナルな軛から解き放つことが可能となるのではないだろうか。「日本人」もしくは「在日朝鮮人」のいずれのカテゴリーに参入しようとも，それは一つのみへの参入が自明視される常識知への荷担であり，さらには，一つのみへの

参入とは，単一のナショナルへの帰属であり，他の排除となるからである。

　先に述べた「違い」を有しながらも「市民」／「住民」として「同じ」とする言説をあらためて考えれば，それは，一つの中心だけではなく二つの（それ以上の）中心を持つことだったといえる。しかし，その中心の一つは「祖国」もしくは「民族」であり，在日朝鮮人自身の「祖国」もしくは「民族」への帰属をアプリオリに織り込んでいたのに疑いはなく，これらへの帰属が「日本人」と「在日朝鮮人」の境界線を固定化してもいた。在日朝鮮人が持つ二つの中心が「祖国」または「民族」と「地域住民」だけならば，結果として「日本人」と「朝鮮人」の境界線の固定化に荷担することになりかねない。境界線の固定化とは「祖国」や「民族」への帰属に囚われた在日朝鮮人像を言説化することであり，さらには，在日朝鮮人ならずとも日本人までもが「祖国」や「民族」への帰属が自明視される社会を再生産することであり，一方では帰属できない他者を排除する社会を再生産することでもある。

　ならば，境界線を曖昧化，流動化させるには「在日朝鮮人」の定義そのものを変更することこそ必要である。つまり，在日朝鮮人が朝鮮半島上の「祖国」や「民族」のみならず，「日本」，「日本人」という中心を持ってもよいはずであり，持つべきである。それには韓国籍，朝鮮籍の維持のみならず日本国籍の取得もが視野に入るが，日本国籍の取得が即「日本」の中心のみの保有と考えるならば，「祖国」，「民族」の中心のみの保有であったのと単に対象が変わっただけとなる。国籍がなにであろうとも国籍に囚われず，「祖国」，「民族」，「日本」，「住民」等々，一つのみへの帰属ではない，二つの，あるいはそれ以上の複数の中心を持つことによって，単一のものに囚われず他者への排除を防ぐことができると考えたい。それこそが，境界線上に存在する在日朝鮮人に求められるものであり，このような視点にもとづいた在日朝鮮人像を表象することこそ必要であろう。

　在日朝鮮人運動が求めていたのも，まさしく排除を排除することであったはずである。しかしながら，これを集団，組織，さらには「祖国」，「民族」に依拠して行ったことが──社会的文脈による制約があったとはいえ──結果として内部の同一化を招き，多様性を抹殺してしまったのである。ならば，「祖国」，「民族」といった集団，組織に依拠せずに在日朝鮮人の個々が自らの定義

を変更する権利を有し，個々が「朝鮮人」である自己を表象し，言説化すべきである。いいかえれば，集団，組織の運動ではなく，個人の運動こそが「朝鮮人」と「日本人」の定義を変更する可能性を有する。個人の運動が幾重にも積み重なることによって，「朝鮮人」，「日本人」の境界線が，ゆるやかではあるが，徐々に変化，無効化していくのではないだろうか。

　「朝鮮人」であって「朝鮮人」でない，「日本人」であって，「日本人」でない。さらにいえば，「日本人」であり「朝鮮人」でもあり，「朝鮮人」ではなく「日本人」でもない。「在日朝鮮人」の定義を行う権利を有するのは集団，組織ではなく，個人である。個々人が定義する「在日朝鮮人」という存在を個々人が自己の生活の現場から表象し，言説化していく。このような個人の運動こそ，「朝鮮人」，「日本人」の境界線を流動化，無効化させる地道だが確実な道のりではないだろうか。

あ と が き

　時は細川護熙が総理大臣だった頃，筆者はそれまでの会社勤めから，本書でも取りあげたトッカビ子ども会の専従の指導員となった。大学に通っていたときから在日朝鮮人問題にかんするサークルにかかわり，トッカビにもわずかばかしかかわっていたのだが，その関係からだった。

　トッカビでは，子どもたちからたたかれ，蹴られ，罵声をあびせられ，子どもって，本当，天使じゃなく悪魔だよ，と，心の内側で幾度もつぶやきながら，トッカビの活動場所のあった，耐用年数がはるかに過ぎ去った朽ちたプレハブの建物のなかで，ほぼ毎夜遅く，ほぼ休みのない毎日を過ごしていた（すべてけっして誇張ではない）。

　どうして，そんなにもつらい日々を過ごすことができたのだろうか。いま思えば疑問である。「在日朝鮮人社会の役に立ちたい！」という青臭い使命感が薄給のトッカビ指導員となる後押しをしていたわけで，そんな使命感もいまとなれば恥ずかしい。その頃から時間も経ち，いろんな意味で力が抜けてきたかなと思う。もっとも，力が抜けすぎだと，いまでは怒られるかもしれないが。

　話を戻すと，そんなトッカビでの昼間の子どもたちの相手のあと，毎週１回夜，ふだんは会社などで働くトッカビの卒業生たちが集まる「青年部」があった。そこでは，時折，「自分が在日であることをどう感じるか」や，「在日としてどう生きるか」みたいな議論があったりした。このような議論ができるのは，自己のアイデンティティになんらかの葛藤を持つ若者ならではの「特権」とでもいえようか。しかも，その場にいるのはみんな在日だから，そんな議論はけっして他人事ではない。いまふりかえると，それは在日どうしの結束力を高める「儀式」だったような気もする。

　そんなあるとき，どのような経緯でそうなったのかは忘れたのだが，その場

でしゃべるだけではなく一人ずつ文章にまとめてこようとなって，筆者も書かざるをえなくなってしまった。どのようなことを書いたのかほとんど忘れてしまったのに，ただ一つ，「朝鮮人は朝鮮人としてうまれるのではなく，朝鮮人になるのではないか」と書いたことだけはいまでも覚えていたりする（「在日」だったかも）。これは読んだこともないボーボワールから借用しているわけだが，このあとがきのために資料が残っているかとトッカビを探したものの見つけることはできず，いまはパナソニックに吸収合併されたサンヨーのワープロで書き残していたデータも，もちろんない。筆者の記憶に残るのみである。

さて，この一文，その当時，「子どもたちに民族の自覚と誇りを」なんてうたっていたトッカビと，そこで育った人たちからすれば当然受け入れられず，絶対に怒りを買うはずだとけっこうビクビクしながら読み上げたのだが，待ち受けていたのは，意外や意外，「おもしろい」という反応だったりした。それで気をよくしたのか，発表後，どのような議論となったのかまったく覚えておらず，他の人たちがどのようなことを言っていたのかもまったく覚えていない。自分の記憶だけが都合よく残っていたものだと思う。

しかし，その当時，筆者はいわば「運動の最前線」にいたわけで，このように書くのはある意味「背信」といえなくもない。けれども，「朝鮮人」という不変的に扱われていた存在へのぼんやりとした疑問があったからこそ，この一文につながったのだと思う。だとすると，運動とは縁のない人はもっとそのように感じていたのかもしれないし，トッカビという運動のなかで育った青年からの「おもしろい」という反応も，筆者と同じようにうすうそう感じていたことの屈折した表現だったのかもしれないと，いまでは思えてしまう。

このできごとから20年以上が経過する間，筆者は子どもたちにたたかれ，蹴られることも少なくなり，それなりにトッカビにかかわり続けている。よいこともあれば，人間不信になるようなことも多々ありながら，それでも続けてこられたのは，「在日朝鮮人社会の役に立ちたい！」という青臭い使命感が残っていたからかもしれないし，それとも，ただ単に辞める勇気がなかっただけだろうかと，思いはぐるぐるめぐって尽きなかったりする。

筆者は大阪市生野区で育った。まちかどでキムチを売るおばあちゃんや，そ

こに集ってきて長い話にいそしむおばあちゃんたち，毎日，段ボールを山積みした乳母車を押していたおばあちゃんもいた。近所には日本名は大きく朝鮮名は小さく書かれた表札の家や，日本名しか書かれていない表札をあげた在日の家が多かった。学校には日本名を名のる在日の友人ばかりだったけれども，なかには，日本語読みの民族名の友人もいた。小学校の民族学級では『愛国歌』と『故郷の春』をよくうたわされた。盆や正月になるたび，それ以外にもたくさんの親戚が家にやってきての祭祀（チェサ）があり，祭祀の前には家中にごま油のにおいがただよっていたりしていた。親戚の家での祭祀にも幾度も行き来した。朝鮮語をほとんど忘れてしまっていたのに亡くなる前には自然と朝鮮語が出た祖母。小学校の担任から民族名を名のったらどうかと言われ，それを伝えたら猛反対した在日二世の母。子どもの頃はわからなかったけれども，筆者が成長してから在日一世の父の日本語には朝鮮語なまりがあるとも気づいた。筆者の「朝鮮」をめぐる原風景の欠片である。

　このような原風景と，微力ながらも大学やトッカビなどで在日朝鮮人の運動にかかわった経験が，筆者の「在日朝鮮人」という存在への視点を固定していたと思う。それはけっして悪いものばかりではなかったはずだけれども，視点を少しずらせば異なるものがみえてくるかもしれないのに，ずらすことができるとも気づいていなかった。

　これを気づかせてくれたのが，2008年に入学した大阪市立大学大学院創造都市研究科都市共生社会研究分野だった。仕事が終わってからの夜と土曜に同研究科のサテライトキャンパスのある大阪駅前に通い，修士課程と博士課程をあわせた5年間を過ごした。

　「民族」や「国家」，「在日朝鮮人」という存在について自分なりの問題意識を整理することができず，ましてや言語化しづらかった筆者であるが，それらに対しての自己の経験から得た視点だけではない，異なる視点や考え方に気づかせてくれたのは，ここでの学びだった。くせ者揃いの教員と，全員がこれまたくせ者揃いの社会人の同級生にかこまれ，学び，議論し，それまで感じることもなかった知的かつ強烈な刺激をあたえられ，そして，大量のレポートに四苦八苦しつつ，時にはあきらめようと考えたことも何度かあったものの，愚痴や文句を言いあえる友人がいたこともあってか，なんとか修了することができ

あとがき　　183

た。友人には感謝している。

いまふりかえると，この5年間はもっとも充実した時間だったと思う。ここ
での学びがあったからこそ，「朝鮮人は朝鮮人としてうまれるのではなく，朝
鮮人になるのではないか」というぼんやりした疑問が本書のようになんとかそ
れなりに形となって，やっと答えが出せたわけである。

もっとも，その答えは完全に出たとはまだまだ言いづらいし，当然ながら誰
もが納得できるものでもなく，考察や分析にはなはだ不十分な点があるのも
重々承知している。今度こそ本当に怒りを買うのではともビクビクしていたり
する。きびしいながらもあたたかいご批判をいただければと思う。そして，本
文中でふれているとおりに，筆者は在日朝鮮人への差別がなくなったとはまっ
たく考えていない。「日本人」になるべきとも思っていない。そこだけは誤解
がないようにとも思う。

ただ，こうやってあとがきをつづっていくと，本書は筆者なりのトッカビや
在日朝鮮人運動にかかわった「総括」といえるかもしれないとも気づいたわけ
である。

本書は，大阪市立大学創造都市研究科博士課程に提出した博士学位請求論文
「在日朝鮮人運動の言説と「民族」アイデンティティ」をもとに，大幅に加筆
修正したものである。

初出は以下のとおりである。

第1章「『在日』のカテゴリー呼称を考える（1）〜（8）」トッカビ182号
〜189号（2013 - 2014年）

第2章「帰国運動から考察する在日朝鮮人の祖国」解放社会学研究25号
（2012年）

第4章「在日朝鮮人の権利獲得運動，その駆動力と条件〜トッカビ子ども会
の事例〜」コリアンコミュニティ研究2号（2011年）

第6章「国籍条項撤廃運動に関する考察——撤廃の論理と運動の変容，その
功罪——」共生社会研究6号（2011年）

第7章「在日朝鮮人のアイデンティティ，経路と模索——鄭大均と鄭香均」
人権問題研究12・13合併号（2013年）

本書の出版にあたっては，日本学術振興会科学研究費補助金（研究成果公開促進費「学術図書」）JP17HP5178の助成を受けている。

　大学院生時代には，同研究科の島和博先生にたいへんお世話になった。博士課程に進学してからは主指導教員になっていただき，本書のもととなる博士論文を書くにあたって，あたりまえだが自分で考えること，自分の言葉で書くことを「ていねい」に指導していただいた。先に書いた「民族」や「国家」というものへの異なる視野や考え方は，島先生との対話で得たといっても過言ではない。島先生と対話するたび，「知識人」というのはこういう人のことなのだなと思ったりもした（こんなことを書くと怒られてしまうかもしれないが）。また，運動の世界にいた筆者の文章は，批判しているようなしてないような「行間を読め」的なところがあり，それが身に染みついてしまっていていまも苦労しているところが多々あるが，島先生からは筆者のドラフトを読んではそれをやんわりと指導していただき，ゼミでのきびしいコメントにへこたれ挫折しそうになったときには幾度も相談にのってもらい，支えていただいた。

　副指導教員の柏木宏先生には，博士論文のドラフトをすべて読んでいただき，そのすべてにていねいにコメントをいただいた。きびしいと感じることもけっこうあったが，そのおかけでドラフトのひどい文章に比較すると，より読めるようになったかと思う。

　朴一先生には研究科は異なるものの副指導教員になっていただき，ドラフト全体の構成への的確なコメントをいただき，現在も学会などでお世話になっている。

　同研究科修了後は，大阪市立大学人権問題研究センターの所長でもあった島先生から，同センターに特別研究員としてかかわる機会をあたえていただいた。済州4・3と在日朝鮮人とのかかわりや集団的記憶，ナショナルヒストリーなどにかんして視野をひろげることができたが，この経験も本書には活かされている。同センターのみなさんや，現在，筆者が研究面でなにかとお世話になっている大阪市立大学都市研究プラザのみなさん，筆者を育ててくれたトッカビとトッカビを支えてくれているみなさん，出版元の法律文化社の杉原仁美さんと前任の掛川直之さん，先に書いた科学研究費補助金の助成など，多

くの方の支えがあったおかげで本書は出版することができた。ありがとうございました。

　最後に，陰に陽に支えてくれた家族に最大の感謝を述べたい。働きながら夜に大学院に通いたいと相談したとき，快く送り出してくれたことが遅ればせながら筆者が研究をはじめるスタートとなり，本書のきっかけになった。もっとも，筆者のやりたいことに単にまったく興味がなかっただけかもしれないけれども，家族の支えがあってこそとりあえずはいまの地点にたどりつくことができたのだから，感謝の思いが尽きることはない。本当にありがとう。

2017年10月

鄭　栄　鎭

参 考 文 献

序　章

・Burr, Vivien, 1995, *An Introduction to Social Constructionism*, London, Routledge.（＝田中一彦訳，1997，『社会的構築主義への招待』，川島書店）
・伊藤亜人・大村益夫・梶村秀樹ほか編，2000，『朝鮮を知る事典〔新訂増補〕』，平凡社
・金時鐘，（1986）2001，『「在日」のはざまで』，平凡社
・国際高麗学会日本支部・『在日コリアン辞典』編集委員会，2010，『在日コリアン辞典』，明石書店
・文京洙，2007，『在日朝鮮人問題の起源』，クレイン
・野口道彦，2000，『部落問題のパラダイム転換』，明石書店
・朴一，1999，『〈在日〉という生き方——差異と平等のジレンマ』，講談社
・朴慶植，1989，『解放後在日朝鮮人運動史』，三一書房
・新村出編，2008，『広辞苑〔第六版〕』，岩波書店
・鈴木啓介，2006，「コリア系日本人宣言の秋」，在日コリアンの日本国籍取得権確立協議会編，『在日コリアンに権利としての日本国籍を』，明石書店，42-46
・鄭大均，2004，『在日・強制連行の神話』，文藝春秋
・和田春樹・石坂浩一編，2002，『岩波小辞典　現代韓国・朝鮮』，岩波書店
・八尾市教育委員会，1990，『在日外国人教育に関する指導のために』，八尾市教育委員会

第 1 章

・鄭大世，2011，『ザイニチ魂！——三つのルーツを感じて生きる』，NHK 出版
・福岡安則，1993，『在日韓国・朝鮮人——若い世代のアイデンティティ』，中央公論社
・Gergen, Kenneth, 1999, *An invitation to social construction*, Sage Publications of London, Thousand Oaks and New Delhi.（＝東村知子訳，2004，『あなたへの社会構成主義』，ナカニシヤ出版）
・原尻英樹，1998，『「在日」としてのコリアン』，講談社
・伊藤亜人・大村益夫・梶村秀樹ほか編，2000，『朝鮮を知る事典〔新訂増補〕』，平凡社
・姜尚中，（2004）2008，『在日』，集英社
・金時鐘，（1986）2001，『「在日」のはざまで』，平凡社
・金石範，（1981）2001，「「在日」の思想」『新編「在日」の思想』，講談社，11-63
・金英達・高柳俊男，1995，「帰国者数統計整理表」，金英達・高柳俊男編，『北朝鮮帰国事業関係資料集』，新幹社，338-341

- 金元祚，1984，『凍土の共和国——北朝鮮幻滅紀行』，亜紀書房
- 国際高麗学会日本支部『在日コリアン辞典』編集委員会，2010，『在日コリアン辞典』，明石書店
- 小坂井敏晶，2011，『民族という虚構〔増補〕』，筑摩書房
- 公立学校に在籍する朝鮮人子弟の教育を考える会，1971，『むくげ』，1，日本の学校に在籍する朝鮮人児童・生徒の教育を考える会編，1981，『むくげ——大阪の在日朝鮮人教育10年の歩み〔復刻版〕』，亜紀書房
- 李英秀，2006，「はじめに　在日コリアンの歴史を語り継ぐために」，『歴史教科書　在日コリアンの歴史』作成委員会編『歴史教科書　在日コリアンの歴史』，明石書店，3 - 4
- 李瑜煥，1980，『日本の中の三十八度線——民団・朝総連の歴史と現実』，洋々社
- 宮田浩人，1977，『65万人——在日朝鮮人』，すずさわ書店
- 森田芳夫，1996，『数字が語る在日韓国・朝鮮人の歴史』，明石書店
- 中谷豊，1975，「あとがき」，兵庫解放教育研究会編，『はるかなる波涛——在日朝鮮人生徒の再生にかけて』，明治図書出版，214 - 215
- 呉圭祥，2009，『ドキュメント在日本朝鮮人連盟　1945 - 1949』，岩波書店
- 大阪市教育委員会，1972，『学校教育の進歩　1972』，大阪市教育委員会
- 大阪市教育センター，1988，『研究紀要第18号　戦後大阪市教育史（Ⅳ）』，大阪市教育センター
- 同，1994，『研究紀要第71号　国際理解教育の構想とその展開（Ⅱ）』，大阪市教育センター
- 朴寿南，鈴木二郎，永井道雄ほか，1964，「座談会　部落・朝鮮人・差別」，『部落』，部落問題研究出版部，16（9）：30 - 43
- 重村智計，1997，『朝鮮病と韓国病——「差別」問題のタブーを明かす』，光文社
- 新村出編，2008，『広辞苑〔第六版〕』，岩波書店
- 辛容祥，1996，「まえがき」，在日本大韓民国民団中央本部組織局編，『Q&A100　北韓・総連——韓国民団は，いま，こう考えている』，五月書房
- 同，（1997）1998，「序文」，在日本大韓民国民団中央本部編，『図表で見る韓国民団50年の歩み〔増補改訂版〕』，五月書房
- 徐龍達，1987，「統一的「韓国・朝鮮」学のすすめ」，徐龍達編，『韓国・朝鮮人の現状と将来——「人権先進国・日本」への提言』社会評論社，111 - 119
- 田中宏，1991，『在日外国人——法の壁，心の溝』，岩波書店
- 鄭大均，1996，「「在日」の民族疲労——国籍条項についての少数意見」，『中央公論』，中央公論社，111（10）：74 - 79
- トッカビ子ども会，1984，『チングワハムケ　なかまとともに　トッカビ子ども会10周年記念誌』，トッカビ子ども会
- 坪井豊吉，1975，『〈戦前・戦後〉在日同胞の動き——在日韓国人（朝鮮）関係資料』，自由生活社
- 上野千鶴子，2005，「脱アイデンティティの理論」，上野千鶴子編，『脱アイデンティティ』，勁草書房，1 - 41
- 尹健次，（1990）2001，「「在日」の国籍と呼称——分断的・二分法的思考をどう乗り越えるか」，『「在日」を考える』，平凡社，143 - 176

第 2 章

・足立巻一，1965，「在日朝鮮人の表情」，『中央公論』，中央公論社，80(12)：138 - 146

・張斗植，1959，「帰国と半日本人」，『世界』，岩波書店，166：198 - 199

・張明姫，1959，「私は朝鮮人」，『部落』，部落問題研究所出版部，11(12)：30 - 31

・鄭雨沢，1959a，「北朝鮮はこういっている——帰還調印に当たつて日本・韓国側を批判」，『世界週報』，時事通信社，40(34)：44 - 47

・同，1959b，「帰国問題の歴史と現実」，『新日本文学』，新日本文学会，14(6)：53 - 63

・淡徳三郎，1954，「北鮮を行く」，『世界週報』，時事通信社，35(1)：62 - 66

・藤島宇内，1959，「朝鮮人帰国と日本人の盲点」，『世界』，岩波書店，166：190 - 195

・藤島宇内・丸山邦男・村上兵衛，1958，「在日朝鮮人60万人の現実」，『中央公論』，中央公論社，73(13)：175 - 196

・外務省，1960，「わが外交の近況」，4，金英達・高柳俊男編，1995，『北朝鮮帰国事業関係資料集』所収，新幹社，71 - 84

・外務省情報文化局，1959，「北鮮帰還問題について」，『世界の動き』，特集10，金英達・高柳俊男編，1995，『北朝鮮帰国事業関係資料集』所収，新幹社，103 - 135

・韓光熙，2002，『わが朝鮮総連の罪と罰』，文藝春秋

・法務省入国管理局，1971a，「北鮮帰還に関する協定資料および暫定期間中における北鮮帰還関係統計について」，『入管管理月報』，131，金英達・高柳俊男編，1995，『北朝鮮帰国事業関係資料集』所収，新幹社，199 - 218

・同，1971b，「出入国管理とその実態」，『入管白書　1971年』，金英達・高柳俊男編，1995，『北朝鮮帰国事業関係資料集』所収，新幹社，224 - 227

・伊藤亜人・大村益夫・梶村秀樹ほか編，2000，『朝鮮を知る事典〔新訂増補〕』，平凡社

・岩本信行，1960，「北朝鮮の印象——帰国者たちをたずねて」，『世界』，岩波書店，174：127 - 132

・金賛汀，2004，『朝鮮総連』，新潮社

・金達寿，1959，「ヒューズ，少女，大木君」，『新日本文学』，新日本文学会，14(6)：85 - 89

・金助殷，1960，「第二の祖国日本よ，さようなら」，『中央公論』，中央公論社，75(1)：127 - 135

・金時鐘，(1986) 2001，『「在日」のはざまで』，平凡社

・金英達・高柳俊男，1995，「帰国者数統計整理表」，金英達・高柳俊男編，『北朝鮮帰国関係資料集』，新幹社，338 - 341

・金元祚，1984，『凍土の共和国——北朝鮮幻滅紀行』，亜紀書房

・高春枝，1959，「変わらぬ友情を」，『世界』，岩波書店，166：196 - 197

・国際高麗学会日本支部『在日コリアン辞典』編集委員会，2010，『在日コリアン辞典』，明石書店

・李丞玉，1960，「祖国へ帰る人々——帰国協定期限延長をめぐつて」，『短歌』，角川学芸出版，7 (12)：58 - 61

・李瑜煥，1971，『在日韓国人60万——民団・朝総連の分裂史と動向』，洋々社

・文京洙，2007，『在日朝鮮人問題の起源』，クレイン

・内閣調査室，1968，「在日朝鮮人の北鮮帰還について（上）」，『調査月報』，149，金英達・高

柳俊男編，1995，『北朝鮮帰国事業関係資料集』所収，新幹社，174 - 186

・中川信夫，1959，「日本にいどむ北鮮経済」，『エコノミスト』，毎日新聞社，37（9）：45 - 48

・岡田憲一，1959，「ルポルタージュ　帰国を待つ人々」，『新日本文学』，新日本文学会，14（6）：45 - 52

・朴京子，1953，「祖國はどこ——在日朝鮮人學童の作文」，『歴史学研究』，青木書店（別）：91 - 93

・朴慶植，1989，『解放後在日朝鮮人運動史』，三一書房

・朴在一，（1957）1979，『在日朝鮮人に関する総合調査研究』，新紀元社

・新村出編，2008，『広辞苑〔第六版〕』，岩波書店

・鎮目恭夫，1960，「科学者のみた北朝鮮」，『中央公論』，中央公論社，75（1）：136 - 145

・角圭子，1996，『鄭雨沢の妻——「さよなら」も言えないで』，サイマル出版会

・寺尾五郎，1959，『38度線の北』，新日本出版社

・坪井豊吉，1975，『〈戦前・戦後〉在日同胞の動き——在日韓国人（朝鮮）関係資料』，自由生活社

・吉岡増雄，1980，「在日朝鮮人と生活保護」，吉岡増雄編，『在日朝鮮人の生活と人権——社会保障と民族差別』，社会評論社，177 - 212

第3章

・張暁，1968，「読者から　ライフル事件に思う　民族問題をぼかすな」，『朝日ジャーナル』，朝日新聞社，10（10）：115

・崔昌華，1968a，『金嬉老事件と少数民族』，酒井書店

・同，1968b，「声　かれらを社会に復帰　韓国人の問題は同胞の手で」，『朝日新聞』，1968年2月27日，5面

・鄭貴文，1968，「金嬉老との1時間」，『民主文学』，新日本出版社，30：128 - 135

・韓美妃，1968，「在日朝鮮人の犯罪にみる差別に抗して——最近のいくつかの著書を読んで」，『部落』，部落問題研究所出版部，20（9）：19 - 23

・皇甫康子，1999，「「在日」にとっての金嬉老事件」，『ひょうご部落解放』，兵庫部落解放研究所，90：24 - 28

・任展慧，1968，「読者から　ライフル事件に思う　民族教育を奪うな」，『朝日ジャーナル』，朝日新聞社，10（10）：114

・伊藤成彦，霜田正次，佐藤勝巳ほか，1968，「座談会　金嬉老問題をどうみるか」，『朝鮮研究』，日本朝鮮研究所，74：16 - 32

・金達寿，1969，「金嬉老とはなにか」，『中央公論』，中央公論社，84（10）：320 - 329

・金嬉老，1970，「金嬉老の法廷陳述」，金嬉老公判対策委員会編，『金嬉老の法廷陳述』，三一書房，5 - 168

・金一勉，1968，「金嬉老事件と在日朝鮮人——13人の人質で在日朝鮮人60万 "人質政策" への対決」，『コリア評論』，コリア評論社，10（5）：32 - 37

・金時鐘，1972a，「私の中のテロリスト」，『別冊経済評論〔増刊号〕』，日本評論社：196 - 203

・同，1972b，「証言」，金嬉老公判対策委員会編，『金嬉老問題資料集Ⅶ　証言集Ⅲ』，57 - 67，金嬉老公判対策委員会

・高英梨，1971，「「裁く者は誰か」——金嬉老における人間性崩壊の一考察」，金嬉老公判対策委員会，『金嬉老公判対策委員会ニュース』，25，16 - 19，金嬉老公判対策委員会
・高史明，1972，「証言」，金嬉老公判対策委員会編，『金嬉老問題資料集Ⅶ　証言集Ⅲ』，41 - 56，金嬉老公判対策委員会
・国際高麗学会日本支部『在日コリアン辞典』編集委員会，2010，『在日コリアン辞典』，明石書店
・李恢成，1972，「抑圧される側の論理」，『別冊経済評論〔増刊号〕』，日本評論社：204 - 209
・李承牧，1968，「民族的偏見と差別のキズ——事件の性格と内包する問題性」，『朝日ジャーナル』，朝日新聞社，10(10)：22 - 24
・三橋修，1969，「トピックス金嬉老事件の波紋——成合子供会と「生い立ちの記」」，金嬉老公判対策委員会，『金嬉老公判対策委員会ニュース』8，10 - 11，金嬉老公判対策委員会
・朴鐘碩，1971，「裁判を傍聴して」，金嬉老公判対策委員会，『金嬉老公判対策委員会ニュース』，26，19 - 21，金嬉老公判対策委員会
・朴寿南，1968，「民族偏見ないだろうか　ライフル男事件に思う」，『朝日新聞』，1968年2月26日，11面
・佐藤勝巳，1968，「金嬉老の「行為」を支持するわけ——Ｙさんへの返事」，『朝鮮研究』，日本朝鮮研究所，74：34 - 38
・同，1991，『在日韓国・朝鮮人に問う——緊張から和解への構想』，亜紀書房
・吉岡治子，1972，「証言」，金嬉老公判対策委員会編，『金嬉老問題資料集Ⅴ　証言集１』，31 - 55，金嬉老公判対策委員会
・尹隆道，1968，「私も“犯罪”に参加した」，『週刊読売』，読売新聞社，27(11)：20 - 21
・和田洋一・韓美妃・木村京太郎，1968，「座談会　「金嬉老事件」をどうとらえるか」，『部落』，部落問題研究所出版部，20(５)：64 - 75

第４章
・安商徳，1982，「教育基本方針の要求をめぐって」，民族差別と闘う連絡協議会第8回全国交流集会実行委員会，『第8回民闘連全国交流集会　資料集』，民族差別と闘う連絡協議会　第8回全国交流集会実行委員会
・部落解放同盟大阪府連合会・解放新聞社大阪支局，1982，『被差別部落に生きる朝鮮人』，部落解放同盟大阪府連合会　解放新聞社大阪支局
・部落解放同盟安中支部・結成15周年記念行事実行委員会，1981，『安中における部落解放運動15年のあゆみ』，部落解放同盟安中支部・結成15周年記念行事実行委員会
・稲富進，1974，「報告１　大阪における「在日朝鮮人教育」運動」，『部落解放』，解放出版社，(55)：160 - 162
・伊藤亜人・大村益夫・梶村秀樹ほか編，2000，『朝鮮を知る事典〔新訂増補〕』，平凡社
・国際高麗学会日本支部『在日コリアン辞典』編集委員会，2010，『在日コリアン辞典』，明石書店
・宮田浩人，1977，『65万人——在日朝鮮人』，すずさわ書店
・無窮花編集局，1974，「無窮花 NO.1」，NPO法人トッカビ所蔵資料
・大阪市外国人子弟教育研究協議会，1972，「わたしたちの先生を　母国の言葉を返せ　長橋小

学校民族学級の継続を」,『市外教』3，1，大阪市外国人教育研究協議会，1986,『外国人教育資料　市外教　合冊　創刊号（1972・8・2）〜30号（1986・2・15）』,大阪市外国人教育研究協議会

・太田利信，1974,「報告3　西成長橋小における在日朝鮮人教育のとりくみ」,『部落解放』,解放出版社，55：165‒167

・朴一，1999,『〈在日〉という生き方——差異と平等のジレンマ』,講談社

・差別国籍条項撤廃市民共闘会議幹事会，1978,「共闘会議ニュースNo.1」,NPO法人トッカビ所蔵資料

・しんぼく会「トッカビ」,1974,「トッカビニュースNo.1」,NPO法人トッカビ所蔵資料

・トッカビ子ども会，1974,「トッカビ子供会の参加日に来て下さい」,NPO法人トッカビ所蔵資料

・同，1975a,「トッカビ子供会サマースクール活動案内」,NPO法人トッカビ所蔵資料

・同，1975b,「トッカビ子ども会サマースクール　低学年歴史」,NPO法人トッカビ所蔵資料

・同，1975c,「民話」,NPO法人トッカビ所蔵資料

・同，1975d,「サマースクール教材研究VOL Ⅱ.「歴史」」,NPO法人トッカビ所蔵資料

・同，1975e,「「トッカビ」はいたずら好きな妖精」,NPO法人トッカビ所蔵資料

・同，1976a,「3／11全体会議討議資料」,NPO法人トッカビ所蔵資料

・同，1976b,「ノレ」,トッカビ子ども会所蔵資料

・同，1976c,「サマースクール　歴史（高学年）総括」,NPO法人トッカビ所蔵資料

・同，1977a,「サマースクール総括　〈在日朝鮮人問題の質的変遷とその教育〉」,NPO法人トッカビ所蔵資料

・同，1977b,「トッカビ子供会サマースクールの案内」,NPO法人トッカビ所蔵資料

・同，1978,「トッカビ子ども会1978年度総括」,NPO法人トッカビ所蔵資料

・同，1979a,『チングワハムケ　なかまとともに　トッカビ子ども会5年の歩み』,トッカビ子ども会

・同，1979b,「1979年度トッカビ子ども会活動方針（案）」,NPO法人トッカビ所蔵資料

・同，1979c,「全体会議討議資料」,NPO法人トッカビ所蔵資料

・同，1980a,「トッカビ子ども会1980年度方針（案）」,NPO法人トッカビ所蔵資料

・同，1980b,「1980年1月6〜7日臨海H　トッカビ子ども会指導員討議合宿」,NPO法人トッカビ所蔵資料

・同，1984,『チングワハムケ　なかまとともに　トッカビ子ども会10周年記念誌』,トッカビ子ども会

・トッカビ高校生部会，1978,「私達は訴える！　市教委は我々在日朝鮮人に対する奨学金打ち切りをやめろ」,NPO法人トッカビ所蔵資料

・トッカビサマースクール実行委員会，1978,「1978年度　第4回トッカビサマースクール総括集」,NPO法人トッカビ所蔵資料

・和田春樹・石坂浩一編，2002.『岩波小辞典　現代韓国・朝鮮』,岩波書店

・八尾市公務員一般事務職・技術職差別国籍条項撤廃市民共闘会議，1978,「基調提案」,NPO法人トッカビ所蔵資料

・同，1979,「「八尾市公務員一般事務職・技術職院受験資格における差別国籍条項撤廃闘争報

告」，NPO法人トッカビ所蔵資料
・同，1980，「八尾市公務員一般事務職・技術職員受験資格における差別国籍条項撤廃争」，日本の学校に在籍する朝鮮人児童生徒の教育を考える会，『むくげ』，65，日本の学校に在籍する朝鮮人児童・生徒の教育を考える会編，1981，『むくげ——大阪の在日朝鮮人教育10年の歩み〔復刻版〕』，亜紀書房
・八尾市立安中小学校民族教育を考える会，1974，「サマースクール開講の取り組み」，NPO法人トッカビ所蔵資料
・八尾市立安中小学校在日朝鮮人教育を考える会・八尾市立高美南小学校有志，1975，「安中地区における在日朝鮮人教育——トッカビこども会」，NPO法人トッカビ所蔵資料
・安中同胞親睦会，1976，「親睦会・会報13号」，NPO法人トッカビ所蔵資料
・吉田道昌，1974，「報告2　在日朝鮮人教育のとりくみ」，『部落解放』，解放出版社，55：163-165

第5章

・裵重度，1985，「●「いやなら帰れ，帰化せよ」という主張に対して——2●在日の現実から“共に生きる”社会を求めて」，民族差別と闘う関東交流集会実行委員会編，『指紋押捺拒否者への「脅迫状」を読む』，明石書店，74-81
・崔善愛，2000，『「自分の国」を問いつづけて——ある指紋押捺拒否の波紋』，岩波書店
・鄭和江，1986，「女・民族・指紋拒否」，在日本大韓基督教会指紋押捺拒否実行委員会編，『日本人へのラブコール——指紋押捺拒否者の証言』，明石書店，93-105
・第14回全国交流大阪集会実行委員会，1988，『第14回民闘連全国交流集会報告資料集』，第14回全国交流大阪集会実行委員会
・第15回民闘連全国交流神奈川集会実行委員会，1989，『第15回民闘連全国交流神奈川集会報告資料集』，第15回民闘連全国交流神奈川集会実行委員会
・姜博，1986，「人間らしく生きるしんどさを選ぶ」，在日本大韓基督教会指紋押捺拒否実行委員会編，『日本人へのラブコール——指紋押捺拒否者の証言』，明石書店，22-45
・韓宗碩，1987，「私は何故指紋押捺を拒否したか」，『ウリ生活』，在日同胞の生活を考える会，創刊号：143-159
・韓さんの指紋押捺拒否を支える会，1990，『指紋押捺拒否者が裁いたニッポン』，社会評論社
・陳伊佐・鄭宏溶・金康治ほか，1987，「座談会　「共生」の原理のために——指紋拒否から見えてきたもの」，『世界』，岩波書店，242-258
・神奈川新聞社会部，1985，『日本の中の外国人——「人さし指の自由」を求めて』，神奈川新聞出版局
・川本地平，1982，「「指紋」を拒否する在日外人の闘い——法廷で問われる外国人登録法」，朝日ジャーナル，24(27)：36-39
・金智隆・金智裕・金智重ほか，1986，「ぬるま湯に入ってると，どこからが自分なのかわからない」，鄭暎惠編，『オレ指紋おしてへんねん——指紋拒否と十代の発言』，明石書店，80-90
・金石範・朴容福・金明植，1987，「〈座談会〉指紋拒否の思想」，金明植，『指紋拒否の思想——民衆の連帯を求めて』，明石書店，164-192

・国際高麗学会日本支部『在日コリアン辞典』編集委員会，2010，『在日コリアン辞典』，明石書店
・李仁夏，1985，「●「悪法も法は法」という主張に対して──1 ●市民的不服従としての指紋押なつ拒否」，民族差別と闘う関東交流集会実行委員会編，『指紋押捺拒否者への「脅迫状」を読む』，明石書店，9－17
・李相鎬，1983，「指紋押捺を拒否して」，『季刊　三千里』，三千里社，33：97－100
・同，1986，「共に生きる日本人へのラブコール」，在日本大韓基督教会指紋拒否実行委員会編，『日本人へのラブコール──指紋押捺拒否者の証言』，明石書店，106－144
・李英俊，1986，「民族差別を制度化する外登法」，在日本大韓基督教会指紋拒否実行委員会編，『日本人へのラブコール──指紋押捺拒否者の証言』，明石書店，145－159
・民族差別と闘う連絡協議会第9回全国交流集会実行委員会，1983，『第9回民闘連全国交流集会資料集』，民族差別と闘う連絡協議会　第9回全国交流集会実行委員会
・民族差別と闘う連絡協議会第10回全国交流集会実行委員会，1984，『第10回民闘連全国交流集会資料集』，民族差別と闘う連絡協議会　第10回全国交流集会実行委員会
・丹羽雅雄，1991，「金一文指紋裁判闘争の経緯と総括」，金一文さんの裁判闘争を支える会，『金一文さんと共に指紋裁判を闘って』，3－6
・徐正禹，1985，「課題別公演Ⅶ─3　在日韓国・朝鮮人差別の現状と課題～指紋押捺制度の現状と課題～」，『部落解放』，238：254－260
・同，1989，「指紋押捺拒否から補償人権法へ」，『季刊　青丘』，青丘文化社，1：174－181
・総務省，2012，「外国人住民の住民基本台帳制度がスタートします！！」，総務省作成パンフレット
・田中宏，1991，『在日外国人──法の壁，心の溝』，岩波書店
・鄭大均，1996，「「在日」の民族疲労──国籍条項についての少数意見」，『中央公論』，中央公論社，111(10)：74－79
・上林得郎ほか，1984，「外国人登録事務担当者匿名座談会　治安管理の手先にならないために──恐るべき外国人登録職場に実態」，『月刊自治研』，自治研中央推進委員会，26（2）：27－47
・梁泰昊，1987，『サラム宣言』，神戸学生青年センター出版部
・在日本大韓基督教会指紋拒否実行委員会，1986，『日本人へのラブコール──指紋押捺拒否者の証言』，明石書店
・在日本大韓民国居留民団，1985，『指紋拒否した人のために』，在日本大韓民国居留民団中央本部

第6章
・尼崎工業高校朝鮮文化研究部顧問団，1974，「「市役所を受けたのは，私一人のためではありません」──尼崎工高の朝鮮人生徒と教師」，『部落解放』，解放出版社，52：83－91
・現代コリア研究所，1996，「（データ）朝鮮総聯の参政権・公務員採用反対声明」，『現代コリア』，現代コリア研究所，362：10－13
・法務研修所，1955，『在日朝鮮人処遇の推移と現状』，法務研修所報告書第43集3号（『在日朝鮮人処遇の推移と現状　現代日本・朝鮮関係史資料第3輯』，1975，湖北社）

・神谷重章・藤原史郎・孫敏男ほか，1989，「座談会　兵庫の15年をふりかえる　いろんな国の人間が市役所で働いておって当り前なんや」，岡義昭・水野精之編，『外国人が公務員になったっていいじゃないかという本――在日外国人の地方公務員・教員就職マニュアル』，ポット出版，10 - 42
・公務員採用の国籍条項撤廃を求める大阪連絡会議・文公輝くんの大阪市受験を認めさせる会，1991，『在日韓国・朝鮮人の採用を求めて――ひらけおおさか　公務員になりたいんや。』
・李君・孫君を囲む会，1984，『李君・孫君を郵便外務職へ――郵便外務職差別「国籍条項」撤廃にむけて』
・水野精之，1998，「地方公民採用における国籍による制限の現状」，岡義昭・水野精之編，1998，『外国人が公務員になる本――在日外国人の地方公務員・教育公務員就職データブック』，ポット出版，76 - 78
・長塚進吉，1972，「差別のカベ乗越えて…――職場を取戻した徐翠珍さん」，『朝日ジャーナル』，朝日新聞社，14(54)：22 - 25
・中川八洋，1996，「「国籍条項」撤廃という「反日」運動」，『正論』，産経新聞社，292：130 - 140
・仲原良二，1993，『在日韓国・朝鮮人の就職差別と国籍条項』，明石書店
・同，1997，「公務員任用の国籍条項――経緯と問題点」，『青鶴』，KMJ研究センター，9：2 - 28
・中井清美，1989，『定住外国人と公務就任権――70万人を締め出す論理』，柘植書房
・岡崎勝彦，1990，「公務員への外国人採用――「制約基準」（任用基準）――の形成と展開に即して」，『青鶴』，在日韓国・朝鮮人問題学習センター，3：1 - 62
・同，1997，「外国人の公務就任権（3）・完――「当然の法理」の崩壊」，『自治総研』，地方自治総合研究所，23(8)：1 - 44
・朴一，1999，『〈在日〉という生き方――差異と平等のジレンマ』，講談社
・櫻井よしこ，1996，「オピニオン縦横無尽―154　安易な「国籍条項」撤廃は国の基盤をあいまいにしないか」，『週刊ダイヤモンド』，ダイヤモンド社，84(12)：142
・徐正禹，1985，「課題別公演Ⅶ - 3　在日韓国・朝鮮人差別の現状と課題〜指紋押捺制度の現状と課題〜」，『部落解放』，238：254 - 260
・トッカビ子ども会，1984，『チングワハムケ　なかまとともに　トッカビ子ども会10周年記念誌』，トッカビ子ども会
・山本卓，1996，「国籍条項の撤廃に付いて」，『現代コリア』，現代コリア研究所，364：24 - 37

第7章

・青柳敦子，2006，「在日韓国・朝鮮人はなぜ外国人なのか――在日の日本国籍について」，在日コリアンの日本国籍取得権確立協議会編，『在日コリアンに権利としての日本国籍を』，明石書店，122 - 134
・裵重度，1985，「●「いやなら帰れ，帰化せよ」という主張に対して――2●在日の現実から“共に生きる”社会を求めて」，民族差別と闘う関東交流集会実行委員会編，『指紋押捺

拒否者への「脅迫状」を読む」，明石書店，74-81
- 崔昌華，1968，『金嬉老事件と少数民族』，酒井書店
- 国際高麗学会日本支部『在日コリアン辞典』編集委員会，2010，『在日コリアン辞典』，明石書店
- 李敬宰，2006a，「「在日コリアンの日本国籍取得権確立協議会」設立の経緯」，在日コリアンの日本国籍取得権確立協議会編，『在日コリアンに権利としての日本国籍を』，明石書店，31-38
- 同，2006b，「在日韓国・朝鮮人と国籍」，在日コリアンの日本国籍取得権確立協議会編，『在日コリアンに権利としての日本国籍を』，明石書店，53-72
- 民族差別と闘う連絡協議会第10回全国交流集会実行委員会，1984，『第10回民闘連全国交流集会　資料集』，民族差別と闘う連絡協議会　第10回全国交流集会実行委員会
- 呉嵀柄，2006，「「帰化」ではない国籍の取得」，在日コリアンの日本国籍取得権確立協議会編，『在日コリアンに権利としての日本国籍を』，明石書店，73-96
- 大山良造，1976，「在日朝鮮・韓国人の三つの提訴──「日本国籍確認」「参政権要求」そして「原音で名前を読め」提訴」，『部落解放』，86：92-103
- 朴一，1999，『〈在日〉という生き方──差異と平等のジレンマ』，講談社
- 千本健一郎，1974，「ルポ　「棄てられた日本人」として──日本国を訴えた宋斗会さん」，『朝日ジャーナル』，朝日新聞社，16(1)：32-35
- 徐正禹，1985，「課題別公演Ⅶ─3　在日韓国・朝鮮人差別の現状と課題〜指紋押捺制度の現状と課題〜」，『部落解放』，238：254-260
- 鈴木啓介，2006，「コリア系日本人宣言の秋」，在日コリアンの日本国籍取得権確立協議会編，『在日コリアンに権利としての日本国籍を』，明石書店，42-46
- 鄭大均，1987，「近景の祖国」，『思想の科学　第七次』，思想の科学社，93：33-38
- 同，1996，「「在日」の民族疲労──国籍条項についての少数意見」，『中央公論』，中央公論社，111(10)：74-79
- 同，2003，「在日は祖国に離別宣言を！」，『中央公論』，中央公論社，118(4)：76-78
- 同，2004，『在日・強制連行の神話』，文藝春秋
- 同，2005a，「都管理職試験・外国籍拒否は「差別」か──在日」の歪んだ"偶像"」，『諸君！』，文藝春秋，37(4)：190-197
- 同，2005b，「WORLD AFFAIRS　妹よ，在日は日本国籍を取れ」，『Newsweek』，阪急コミュニケーションズ，20(7)：35
- 同，2006，『在日の耐えられない軽さ』，中央公論新社
- つかこうへい，1990，『娘に語る祖国』，光文社
- 和田春樹・石坂浩一編，2002，『岩波小辞典　現代韓国・朝鮮』，岩波書店

終　章

- Burr, Vivien, 1995, *An Introduction to Social Constructionism*, London, Routledge.（＝田中和彦訳，1997，『社会的構築主義への招待』，川島書店）
- 金達寿，1959，「ヒューズ，少女，大木君」，『新日本文学』，新日本文学会，14(6)：85-89
- 金石範，(1981)2001，「「在日」の思想」，『新編「在日」の思想』，講談社，11-63

・李敬宰，2006，「「在日コリアンの日本国籍取得権確立協議会」設立の経緯」，在日コリアン
　　の日本国籍取得権確立協議会編，『在日コリアンに権利としての日本国籍を』，明石書店，
　　31 - 38
・野口道彦，2009，「ディアスポラと部落，そしてパラダイムの変換」，大阪市立大学人権問題
　　研究センター企画，野口道彦・戴エイカ・島和博著，『批判的ディアスポラ論とマイノリ
　　ティ』，明石書店，185 - 203
・小田亮，2001，「越境から，境界の再領土化へ——生活の場での〈顔〉のみえる想像」，杉島
　　敬志編，『人類学的実践の再構築——ポストコロニアル転回以後』世界思想社，297 - 321
・朴一，1999，『〈在日〉という生き方——差異と平等のジレンマ』，講談社
・島和博，2009，「「下方の」あるいは「下方への」ディアスポラ——ディアスポラはインター
　　ナショナリズムの夢を見るか？」，大阪市立大学人権問題研究センター企画，野口道彦・
　　戴エイカ・島和博著，『批判的ディアスポラ論とマイノリティ』，明石書店，317 - 409
・鄭大均，1996，「「在日」の民族疲労——国籍条項についての少数意見」，『中央公論』，中央
　　公論社，111(10)：74 - 79
・上野千鶴子，2005，「脱アイデンティティの理論」，上野千鶴子編，『脱アイデンティティ』，
　　勁草書房，1 - 41

事 項 索 引

あ 行

アイデンティティ……………………147
アイデンティティの政治学…………172
尼崎工業高校朝鮮文化研究部顧問団………134
異 化……………………………081
李君・孫君を囲む会………………135
異質感……………………………161
異質性……………………………174
一 世……………………………159
インターナショナリズム……………058
運 動……………………………005
エスニック日本人…………………148
大阪市外国人子弟教育研究協議会……094
大阪府高槻市………………………085
大阪府八尾市………………………085

か 行

外国人………………045, 049, 118, 148
外国人登録法………………………109
外国籍…………………………014, 090
加害者性……………………………103
カテゴリー……………………016, 017
神奈川県川崎市…………………085, 136
川崎方式……………………………136
関係性………………………………019
韓 国………………………………024
韓国・朝鮮…………………………926, 027
韓国・朝鮮人………………………926, 027
韓国人…………………024, 925, 026
韓国籍…………………………094, 145
帰 還………………………………167
季刊まだん…………………………026
帰国運動……………………………012, 045
帰国事業……………………………046
帰 属………………………………141
帰属意識……………………………037
北朝鮮………………………………022

北朝鮮公民…………………………022
客体化………………………………082
91年問題……………………………148
境界線………………………………036
強制連行………………………007, 107
共通感情……………………………036
共通体験……………………………036
協定永住資格………………………094
共同意識……………………………172
共同体の思考………………………017
金嬉老事件……………………012, 066
血 縁………………………………018
血縁的系譜的関係………………003, 017
言 説………………………004, 168
言説実践……………………………039
言説分析……………………………015
権力関係……………………………039
構成的外部…………………………175
公務員採用の国籍条項撤廃を求める大阪連絡会
　議・文公輝くんの大阪市受験を認めさせる
　会………………………………135
公立学校に在籍する朝鮮人子弟の教育を考える
　会………………………………020
国際化………………………………138
国 籍………………………009, 134
国籍条項……………………………097
国籍条項撤廃運動………………014, 127
国籍選択の自由……………………157
国 民………………………………058
国民化………………………………077
個 人………………………………180
国 家………………………………134
コリア系日本人……………………147
コリアン………………………029, 030

さ 行

差 異…………………………127, 168
再生産………………………………168

在　日‥‥‥‥‥‥‥‥‥031, 032, 033, 034
在日韓国・朝鮮人‥‥‥‥‥‥‥‥‥‥026
在日韓国・朝鮮人社会‥‥‥‥‥‥‥‥154
在日韓国人‥‥‥‥‥‥‥‥‥‥024, 025
在日コリアン‥‥‥‥‥‥‥‥‥‥‥‥029
在日コリアン人権協会‥‥‥‥‥‥‥‥029
在日コリアンの日本国籍取得権確立協議会
　　（確立協議会）‥‥‥‥‥‥145, 152
在日社会‥‥‥‥‥‥‥‥‥‥‥‥‥‥155
在日朝鮮人‥‥‥‥‥‥‥‥‥‥001, 020
在日朝鮮人運動‥‥‥‥‥‥‥‥‥‥‥003
在日朝鮮人教育‥‥‥‥‥‥‥‥091, 093
在日朝鮮民主統一戦線（民戦）‥‥‥008, 057
在日本大韓民国居留民団（韓国民団，民団）
　　‥‥‥‥‥‥‥‥‥‥‥‥‥‥‥‥024
在日本大韓民国民団（韓国民団，民団）‥‥006
在日本朝鮮人総聯合会
　　（朝鮮総聯，総聯）‥‥‥‥‥006, 046
在日本朝鮮人連盟（朝連）‥‥‥‥008, 057
差　別‥‥‥‥‥‥‥‥‥‥‥‥‥‥‥001
38度線の北‥‥‥‥‥‥‥‥‥‥‥‥‥051
三　世‥‥‥‥‥‥‥‥‥‥‥‥‥‥‥156
サンフランシスコ講和条約‥‥‥‥‥‥045
自己表象‥‥‥‥‥‥‥‥‥‥‥‥‥‥011
自然化‥‥‥‥‥‥‥‥‥‥‥‥‥‥‥082
実体的存在‥‥‥‥‥‥‥‥‥‥‥‥‥002
市　民‥‥‥‥‥‥‥‥‥‥‥‥‥‥‥117
指紋押捺‥‥‥‥‥‥‥‥‥‥‥‥‥‥112
指紋押捺拒否運動‥‥‥‥‥‥‥013, 108
指紋押捺制度‥‥‥‥‥‥‥‥‥‥‥‥109
社会構築主義‥‥‥‥‥‥‥‥‥‥‥‥014
社会的記憶装置‥‥‥‥‥‥‥‥‥‥‥018
社会的文脈‥‥‥‥‥‥‥‥‥‥‥‥‥019
周縁化‥‥‥‥‥‥‥‥‥‥‥‥‥‥‥076
集　団‥‥‥‥‥‥‥‥‥‥‥‥093, 180
集団的アイデンティティ‥‥‥‥‥‥‥092
集団的記憶‥‥‥‥‥‥‥‥‥‥‥‥‥018
住　民‥‥‥‥‥‥‥‥‥‥‥‥090, 117
主観的概念‥‥‥‥‥‥‥‥‥‥‥‥‥018
主　体‥‥‥‥‥‥‥‥‥‥‥‥‥‥‥074
常識知‥‥‥‥‥‥‥‥‥‥017, 101, 174
少数者化‥‥‥‥‥‥‥‥‥‥‥039, 168

少数民族‥‥‥‥‥‥‥‥‥‥‥‥‥‥060
植民地支配‥‥‥‥‥‥‥‥‥‥032, 170
生活保護‥‥‥‥‥‥‥‥‥‥‥‥‥‥049
制度的差別‥‥‥‥‥‥‥‥‥‥‥‥‥089
世代交代‥‥‥‥‥‥‥‥‥‥‥118, 159
戦略的本質主義‥‥‥‥‥‥‥‥‥‥‥173
相互作用‥‥‥‥‥‥‥‥‥‥‥‥‥‥103
想　像‥‥‥‥‥‥‥‥‥‥‥‥‥‥‥081
創　造‥‥‥‥‥‥‥‥‥‥‥‥‥‥‥081
祖　国‥‥‥‥‥‥‥‥003, 004, 045, 160
組　織‥‥‥‥‥‥‥‥‥‥‥‥‥‥‥180
存外公民‥‥‥‥‥‥‥‥‥‥‥‥‥‥055

た　行

大韓民国（韓国）‥‥‥‥‥‥‥‥001, 024
他　者‥‥‥‥‥‥‥‥‥‥‥‥‥‥‥177
他者化‥‥‥‥‥‥‥‥‥‥‥‥081, 175
他者性‥‥‥‥‥‥‥‥‥‥‥‥‥‥‥081
他者表象‥‥‥‥‥‥‥‥‥‥‥‥‥‥011
多様性‥‥‥‥‥‥‥‥‥‥‥‥‥‥‥174
地域運動‥‥‥‥‥‥‥013, 085, 144, 145
地域社会‥‥‥‥‥‥‥‥‥‥‥‥‥‥150
違　い‥‥‥‥‥‥‥‥‥‥‥‥‥‥‥004
宙ぶらり‥‥‥‥‥‥‥‥‥‥‥‥‥‥148
朝　鮮‥‥‥‥‥‥‥‥‥‥‥‥‥‥‥020
朝鮮人‥‥‥‥‥‥‥001, 020, 021, 023
朝鮮籍‥‥‥‥‥‥‥‥‥‥‥‥094, 145
朝鮮半島‥‥‥‥‥‥‥‥‥‥‥002, 020
朝鮮半島出身者‥‥‥‥‥‥‥‥‥‥‥020
朝鮮民主主義人民共和国（北朝鮮）‥‥‥‥001
ディアスポラ‥‥‥‥‥‥‥‥‥‥‥‥178
定住志向‥‥‥‥‥‥‥‥‥‥‥‥‥‥119
同一化‥‥‥‥‥‥‥‥‥‥077, 090, 167
同　化‥‥‥‥‥‥‥‥‥‥‥‥‥‥‥074
同質感‥‥‥‥‥‥‥‥‥‥‥‥‥‥‥161
当然の法理‥‥‥‥‥‥‥‥‥‥‥‥‥128
同族意識‥‥‥‥‥‥‥‥‥‥‥‥‥‥036
特別永住‥‥‥‥‥‥‥‥‥‥‥‥‥‥145
トッカビ子ども会‥‥‥‥‥‥‥‥‥‥085

な　行

ナショナリズム‥‥‥‥‥‥‥‥‥‥‥058

事項索引　　199

ナショナル‥‥‥‥‥‥‥‥‥‥‥‥‥‥179
二　世‥‥‥‥‥‥‥‥‥‥‥‥156, 159
日　本‥‥‥‥‥‥‥‥‥‥‥‥‥‥‥004
日本国籍取得運動‥‥‥‥‥‥‥‥‥014
日本国籍取得論‥‥‥‥‥008, 144, 152
日本社会‥‥‥‥‥‥‥004, 149, 150

は　行

排外意識‥‥‥‥‥‥‥‥‥‥‥‥‥063
排　除‥‥‥‥‥‥‥‥‥‥‥‥‥‥177
反差別‥‥‥‥‥‥‥‥‥‥‥‥‥‥176
反作用‥‥‥‥‥‥‥‥‥‥‥‥‥‥063
パンチョッパリ‥‥‥‥‥‥‥‥‥‥060
被害者性‥‥‥‥‥‥‥‥‥‥‥‥‥103
被差別‥‥‥‥‥‥‥‥‥‥‥‥‥‥001
被差別性‥‥‥‥‥‥‥‥‥‥‥‥‥104
被差別体験‥‥‥‥‥‥‥‥‥‥‥‥070
日立裁判‥‥‥‥‥‥‥‥‥‥‥‥‥093
貧　困‥‥‥‥‥‥‥‥‥‥‥‥‥‥049
二つのアイデンティティ‥‥‥‥‥‥081
部落解放運動‥‥‥‥‥‥‥‥‥‥‥087
部落解放同盟支部‥‥‥‥‥‥‥‥‥097

本質主義‥‥‥‥‥‥‥‥‥‥‥‥‥173
本質的存在‥‥‥‥‥‥‥‥‥‥‥‥017

ま　行

マイノリティ‥‥‥‥‥‥‥‥039, 168
マイノリティ化‥‥‥‥‥‥‥‥‥‥168
マジョリティ‥‥‥‥‥‥‥‥‥‥‥039
民　族‥‥‥‥‥‥‥‥‥‥‥‥‥‥004
民族意識‥‥‥‥‥‥‥‥‥‥‥‥‥060
民族教育‥‥‥‥‥‥‥‥‥‥‥‥‥087
民族差別‥‥‥‥‥‥‥‥‥‥‥‥‥066
民族性‥‥‥‥‥‥‥‥‥‥‥‥‥‥077
民族的主体性‥‥‥‥‥‥‥‥‥‥‥078
民族の「誇り」‥‥‥‥‥‥‥‥‥‥078
民闘連‥‥‥‥‥‥‥‥‥026, 085, 093

や　行

八尾市公務員一般事務職・技術職差別国籍条項
　　撤廃市民共闘会議‥‥‥‥‥‥‥‥098
八尾市立安中小学校在日朝鮮人教育を考える
　　会・八尾市立高美南小学校有志‥‥‥091
呼びかけ‥‥‥‥‥‥‥‥‥‥‥‥‥039

人名索引

A

足立巻一‥‥‥‥‥‥‥‥‥‥‥‥‥‥‥‥*050*
青柳敦子‥‥‥‥‥‥‥‥‥‥‥‥‥‥‥‥*158*

B

裵重度‥‥‥‥‥‥‥‥‥‥‥‥‥‥‥‥‥*122*
バー，ビビエン‥‥‥‥‥‥‥‥‥*004, 168*

C

張明姫‥‥‥‥‥‥‥‥‥‥‥‥‥‥‥‥‥*061*
張斗植‥‥‥‥‥‥‥‥‥‥‥‥‥‥‥‥‥*060*
張暁‥‥‥‥‥‥‥‥‥‥‥‥‥‥‥‥‥‥*072*
崔昌華‥‥‥‥‥‥‥‥‥‥‥‥‥‥*069, 156*
崔善愛‥‥‥‥‥‥‥‥‥‥‥‥‥‥‥‥‥*118*
鄭貴文‥‥‥‥‥‥‥‥‥‥‥‥‥‥‥‥‥*070*
鄭和江‥‥‥‥‥‥‥‥‥‥‥‥‥‥‥‥‥*119*
鄭雨沢‥‥‥‥‥‥‥‥‥‥‥‥‥‥‥‥‥*053*

D

淡徳三郎‥‥‥‥‥‥‥‥‥‥‥‥‥‥‥‥*052*

F

藤島宇内‥‥‥‥‥‥‥‥‥‥‥‥‥‥‥‥*047*
福岡安則‥‥‥‥‥‥‥‥‥‥‥‥‥‥‥‥*034*

G

ガーゲン，ケネス‥‥‥‥‥‥‥‥‥‥‥*017*

H

韓宗碩‥‥‥‥‥‥‥‥‥‥‥‥‥‥‥‥‥*111*
韓美妃‥‥‥‥‥‥‥‥‥‥‥‥‥‥‥‥‥*068*
原尻英樹‥‥‥‥‥‥‥‥‥‥‥‥‥‥‥‥*027*
橋本大二郎‥‥‥‥‥‥‥‥‥‥‥‥‥‥‥*137*
皇甫康子‥‥‥‥‥‥‥‥‥‥‥‥‥‥‥‥*071*

I

稲富進‥‥‥‥‥‥‥‥‥‥‥‥‥‥‥‥‥*093*

岩本信行‥‥‥‥‥‥‥‥‥‥‥‥‥‥‥‥*052*

K

姜博‥‥‥‥‥‥‥‥‥‥‥‥‥‥‥‥‥‥*114*
姜尚中‥‥‥‥‥‥‥‥‥‥‥‥‥‥‥‥‥*033*
兼子一‥‥‥‥‥‥‥‥‥‥‥‥‥‥‥‥‥*130*
金達寿‥‥‥‥‥‥‥‥‥‥‥‥‥‥*047, 069*
金康治‥‥‥‥‥‥‥‥‥‥‥‥‥‥‥‥‥*113*
金嬉老‥‥‥‥‥‥‥‥‥‥‥‥‥‥‥‥‥*066*
金助殷‥‥‥‥‥‥‥‥‥‥‥‥‥‥‥‥‥*061*
金鐘甲‥‥‥‥‥‥‥‥‥‥‥‥‥‥‥‥‥*158*
金一勉‥‥‥‥‥‥‥‥‥‥‥‥‥‥‥‥‥*078*
金八雄‥‥‥‥‥‥‥‥‥‥‥‥‥‥‥‥‥*076*
金石範‥‥‥‥‥‥‥‥‥‥‥‥‥‥‥‥‥*035*
金時鐘‥‥‥‥‥‥‥‥‥‥‥‥‥‥*001, 070*
金元祚‥‥‥‥‥‥‥‥‥‥‥‥‥‥‥‥‥*052*
高春枝‥‥‥‥‥‥‥‥‥‥‥‥‥‥‥‥‥*061*
高史明‥‥‥‥‥‥‥‥‥‥‥‥‥‥‥‥‥*079*
高英梨‥‥‥‥‥‥‥‥‥‥‥‥‥‥‥‥‥*071*
小坂井敏晶‥‥‥‥‥‥‥‥‥‥‥‥‥‥‥*017*

L

李敬宰‥‥‥‥‥‥‥‥‥‥‥‥‥‥‥‥‥*152*
李仁夏‥‥‥‥‥‥‥‥‥‥‥‥‥‥‥‥‥*116*
李珍宇‥‥‥‥‥‥‥‥‥‥‥‥‥‥‥‥‥*054*
李恢成‥‥‥‥‥‥‥‥‥‥‥‥‥‥‥‥‥*070*
李相鎬‥‥‥‥‥‥‥‥‥‥‥‥‥‥‥‥‥*112*
李承牧‥‥‥‥‥‥‥‥‥‥‥‥‥‥‥‥‥*071*
李丞玉‥‥‥‥‥‥‥‥‥‥‥‥‥‥‥‥‥*061*
李殷直‥‥‥‥‥‥‥‥‥‥‥‥‥‥‥‥‥*031*
李英俊‥‥‥‥‥‥‥‥‥‥‥‥‥‥‥‥‥*113*
任展慧‥‥‥‥‥‥‥‥‥‥‥‥‥‥‥‥‥*077*

M

松永光‥‥‥‥‥‥‥‥‥‥‥‥‥‥‥‥‥*135*
三橋修‥‥‥‥‥‥‥‥‥‥‥‥‥‥‥‥‥*071*
文京洙‥‥‥‥‥‥‥‥‥‥‥‥‥‥‥‥‥*008*

N

中谷豊 ···························· *024*
野口道彦 ························· *178*

O

小田亮 ···························· *173*
大平正芳 ························· *132*
呉崙柄 ···························· *162*
太田利信 ························· *094*

P

朴京子 ···························· *059*
朴慶植 ···························· *006*
朴在一 ·····················*049, 050*
朴鐘碩 ···························· *072*
朴一 ······························ *009*
朴寿南 ·····················*021, 077*

S

佐藤勝巳 ························· *074*
徐正禹 ···························· *090*
徐龍達 ···························· *026*
島和博 ···························· *175*

白川勝彦 ························· *137*
鎮目恭夫 ························· *052*
宋斗会 ···························· *157*
角圭子 ···························· *053*
鈴木啓介 ·················*003, 154*

T

高辻正巳 ························· *128*
田中宏 ·····················*030, 108*
鄭大均 ···············*007, 034, 144*
寺尾五郎 ························· *051*
坪井豊吉 ························· *057*

U

上野千鶴子 ···············*039, 168*

Y

梁泰昊 ···························· *114*
尹健次 ···························· *016*
尹隆道 ···························· *069*
吉岡治子 ························· *071*
吉岡増雄 ························· *049*
吉田道昌 ························· *093*

■著者紹介

鄭　栄鎭（ちょん　よんぢん）

大阪市生まれ。大阪市立大学大学院創造都市研究科博士後期課程修了。博士（創造都市）。現在，大阪市立大学都市研究プラザ特任助教，同人権問題研究センター特別研究員ほか。共著『エスニックミュージアムによるコミュニティ再生への挑戦』（大阪公立大学合同出版会／2015年），論文「在日朝鮮人が『4・3』を語るということ──済州島にルーツを持つ在日朝鮮人二世知識人を中心として」人権問題研究15号（2016年）など。

Horitsu Bunka Sha

在日朝鮮人アイデンティティの変容と揺らぎ
──「民族」の想像／創造

2018年1月15日　初版第1刷発行

著　者　　鄭　　栄　鎭
発行者　　田　靡　純　子
発行所　　株式会社　法律文化社

〒603-8053
京都市北区上賀茂岩ヶ垣内町71
電話 075(791)7131　FAX 075(721)8400
http://www.hou-bun.com/

＊乱丁など不良本がありましたら，ご連絡ください。
　送料小社負担にてお取り替えいたします。

印刷：中村印刷㈱／製本：㈱吉田三誠堂製本所
装幀：谷本天志
ISBN978-4-589-03891-3
Ⓒ2018 Chung Youngjin Printed in Japan

JCOPY　〈㈳出版者著作権管理機構　委託出版物〉

本書の無断複写は著作権法上での例外を除き禁じられています。複写される場合は，そのつど事前に，㈳出版者著作権管理機構（電話 03-3513-6969，FAX 03-3513-6979, e-mail: info@jcopy.or.jp）の許諾を得てください。

全 泫奎編

包摂都市を構想する
―東アジアにおける実践―

A5判・214頁・2800円

東アジアにおける社会的不利地域の再生にむけた政策や実践を紹介。それぞれの経験を共有することで，包摂都市を実現するための議論の材料を提供する。各都市が抱えるさまざまな不利を乗り越えるために必読の一冊。

全 泫奎著

包 摂 型 社 会
―社会的排除アプローチとその実践―

A5判・206頁・2800円

プロセスとしての貧困とそのメカニズムに着目した社会的排除アプローチを用いて，都市空間におけるさまざまな「貧困」の解決策を実証的に模索する。生活困窮者を包み込む都市空間の構築を指南し，包摂都市への実践に向けた手引書。

水内俊雄・福本 拓編

都 市 の 包 容 力
―セーフティネットシティを構想する―

A5判・90頁・800円

「余剰人口」の受入れに際して，現代都市はどのようなスタンスをとるのか。「包容力のある都市」を理論的フレームワークに据え，都市空間に内在する多様な社会的変容を包括的に捉えなおし，新たなアプローチを提示する。

水野有香編

地域で支える出所者の住まいと仕事

A5判・90頁・800円

矯正施設等出所者の社会復帰に不可欠な「住まい」と「仕事」。社会的企業による働きかけに着目し，包摂的な地域づくりを提唱。出所者を生活困窮者としてとらえることで，地域に根ざした支援のあり方を考える。

山田創平・樋口貞幸編

たたかうLGBT&アート
―同性パートナーシップからヘイトスピーチまで，人権と表現を考えるために―

A5判・76頁・800円

セクシュアルマイノリティの人が尊厳をもって生きるために，アートがもつ，社会の支配的な文脈や価値観をずらす「技」と「術」とを学びとる。侮辱的な言葉の意味合いをクリエイティブに変化させるためのたたかいの書。

金 尚均著

差別表現の法的規制
―排除社会へのプレリュードとしてのヘイト・スピーチ―

A5判・272頁・5000円

社会に向けて差別・排除を扇動するヘイト・スピーチ。対策として十分とは言い難い「ヘイト・スピーチ解消法」の改正，「包括的な差別撤廃のための施策推進法」の制定を意図し，ヘイト・スピーチに対する法的規制の是非，法制根拠ならびに規制態様について検討。

――― 法律文化社 ―――

表示価格は本体（税別）価格です